KB089399

일잘러의
무기가 되는 심리학

직장에서 바로 써먹는 72가지 심리 기술

일잘러의
무기가 되는 심리학

직장에서 바로 써먹는 72가지 심리 기술

완자오양 **지음** ― 이지은 **옮김**

일을 잘하고 싶다면 이 책을 읽어라.

당신은 '직장의 고수'로 거듭날 것이다!

_한근태 한스컨설팅 대표

현대
지성

5分鐘職場心理學

Copyright ⓒ 2020 by 萬兆陽. Originally published by Tsinghua University Press Limited.
Korean Translation Copyright ⓒ 2021 by Hyundae-Jisung
This translation is published by arrangement with Tsinghua University Press Limited. through
SilkRoad Agency, Seoul, Korea.
All rights reserved.

이 책의 한국어판 저작권은 실크로드 에이전시를 통해 Tsinghua University Press Limited.와
독점 계약한 ㈜현대지성에 있습니다. 저작권법에 의해 한국 내에서 보호를 받는 저작물이
므로 무단 전재와 복제를 금합니다.

사람은 언제 가장 많이 성장할까? 어디서 교훈과 깨달음을 가장 많이 얻을까? 인생에 꼭 필요한 경험은 무엇일까? 나는 직장생활이 가장 중요한 인생 경험이라고 생각한다. 실제로 학교보다 직장에서 배우는 것이 훨씬 많다. 일류 대학을 나왔지만 직장 경험이 없는 사람과 평범한 대학을 나왔어도 직장 경험을 제대로 해본 사람이 있다면, 나는 후자에게 더 높은 점수를 주고 싶다.

이 책 『일잘러의 무기가 되는 심리학』은 일을 잘하는 사람, 이른바 '일잘러'에 관한 흥미로운 심리학 책이다. 무엇이든 명확한 정의가 중요한데, '일을 잘한다는 것'도 마찬가지다. 내가 생각하는 '일을 잘한다는 것'은 일이 되게끔 하는 것, 과정도 중요하지만 결과로 말하는 것이다. 이와 대척점에 있는 것은 '나르시시즘'이다. 혼자서만 일을 잘한다고 생각하는 것은 별 의미가 없다. 이와 관련해 내가 주장하는 일에 관한 이론 두 가지를 소개한다.

첫째, 일을 잘한다는 것은 몰입할 때와 그렇지 않을 때를 구분하는 것이다. 일할 때는 열심히 일하고 놀 때는 화끈하게 놀아야 한다. 일을 못하는 사람은 이도 저도 아닌 상태로 지낸다. 달걀 프라이를 만들려면 프라이팬을 뜨겁게 달궈야 한다. 달구는 데는 불도 필요하고 시간도 들지만 한번 달군 뒤에는 쉽게 프라이를 만들 수 있다. 달걀이 열 개든 스무 개든 상관없다. 일도 마찬가지다. 몸과 머리를 달궈서 일하는 모드로 전환해놓으면 생산성을 극대화할 수 있다. 나는 이것을 '프라이팬 이론'이라고 부른다. 그런데 대부분의 직장인은 몸과 머리를 달구지 않고 늘 미지근한 상태로 일한다. 받는 월급만큼만 일하는 것이 현명하다고 생각하는 사람들이 있는데, 나는 동의하지 않는다. 여러분은 일할 때 얼마나 잘 몰입하는가?

둘째, 일을 잘한다는 것은 소통에 능하다는 것이다. 직장에서 가장 많이 이루어지는 소통은 '보고'다. 꽤 많은 직장인이 보고를 주요 업무가 아닌 부차적인 일로 생각한다. 과연 그럴까? 사실 직장에서는 보고가 일의 대부분이다. 직장은 혼자 일하는 장소가 아니다. 내가 해야 할 일이 무엇인지, 일에 필요한 자원은 무엇인지, 일을 언제까지 끝마칠 것인지 늘 상사나 동료에게 알려야 한다. 반대로 상사나 동료의 의견에도 항상 귀를 기울여야 한다. 그래야 일이 차질 없이 진행된다. 회사는 보고를 주고받으며 일을 처리하는 곳이다. 내가 생각하는 보고의 기본은 '타이밍'이다. 상사의 말이 나오기 전에 보고하는 것이 좋다. 상사가 궁금해하거나 재촉한다면 이미 때는 늦었다.

이 책에서 흥미로운 대목 중 하나는 '그랜드마 모지스(Grandma Moses) 효과'다. 한평생 땅과 씨름하며 살아온 농부 모지스 할머니는 76세에 관절염으로 더 이상 밭일을 할 수 없게 되었다. 이때부터 그림을 그리기 시작해

80세에 개인 전시회를 열고 101세까지 1,600여 점의 작품을 남겼다. 인생의 마지막 1년 동안에도 40여 점의 그림을 그렸다. 이 이야기를 굳이 꺼낸 이유는 직장에는 일찌감치 '늙는' 사람을 많이 보았기 때문이다. 40대 중반만 돼도 공부를 게을리 하고 새로운 일을 시도하지 않으면서 기존의 방식만 고수한다. 사실 직장생활이 주어진 일만 하고 월급만 받아 가는 것이라면 본인에게도 비극이 아닐 수 없다.

직장생활에서는 타성에 젖는 일이 가장 위험하다. 20년간 일했다고 모두 전문가가 되는 건 아니다. 대부분의 사람이 일은 오래 했지만 사실 비슷한 일을 반복한 것에 불과하다. 이와 관련해 책에서는 '모충 효과'를 소개한다. 프랑스 과학자인 장 파브르는 모충 여러 마리를 둥근 화분 가장자리에 일렬로 배치해 원으로 만든 다음 화분 주변에 모충이 좋아하는 솔잎을 뿌려 놓았다. 모충은 앞에 있는 모충을 따라가며 화분 가장자리를 밤낮으로 돌고 또 돌았다. 그렇게 일주일이 지나자 기력이 다한 모충은 모두 굶어 죽고 말았다. 혹시 우리도 모충처럼 살고 있는 건 아닌지 돌아보아야 한다.

요즘 이른바 '파이어족'이 늘고 있다. 경제적으로 자립해 조기에 은퇴하려는 사람들을 일컫는다. 그런데 나는 경제적 자립과 상관없이 죽을 때까지 일하며 살고 싶다. 일을 해야 존재의 이유를 느끼기 때문이다. 60대 중반이 된 나의 주변에는 일하는 또래 친구들이 별로 없다. 대부분 은퇴하고 골프를 치거나 등산을 하며 세월을 보낸다. 다들 일은 하고 싶지만 할 일이 없고 오라는 곳도 없다. 일을 오랫동안 잘하고 싶다면 늘 생각하면서 일을 해야 한다. 이 일이 무슨 일인지, 왜 이 일을 해야 하는지, 일을 잘하는 것은 무엇인지, 이 일을 열심히 했을 때 돌아오는 보상은 무엇인지…. 결론은 명확하다. 죽을 때까지 재미있게 일을 하려면 내가 일자리를 지켜야 한다. 압도적인 전문성을 가지고 '직장의 고수'로 거듭나야 한다. 이 책 『일잘러의 무기가 되는 심리학』이 그 방법을 알려줄 것이다.

한근태 _ 한스컨설팅 대표, 『일생에 한번은 고수를 만나라』 저자

파릇파릇한 학창 시절은 과거가 된다. 학교를 졸업하면 대부분 직장생활을 시작하는데, 직장은 연기 없는 전쟁터나 다름없다. 자욱한 안개에 휩싸인 사회에 진입한 당신은 모든 게 처음이라 누구를 기준으로 삼아야 하는지, 어떻게 업무를 처리해야 하는지, 타인의 신뢰는 어떻게 얻어야 하는지 온갖 문제에 부딪히게 된다. 옥석을 가리기 힘든 환경, 치열한 경쟁 앞에서 당신은 능력을 발휘하기도 전에 번번이 좌절을 겪을 것이다.

직장생활은 학교생활과 전혀 다르다. 당신이 신입이든 노련한 경력직이든 직장생활이 어렵기는 마찬가지다. 임무를 지시받으면 능력 밖의 일이라도 어떻게든 해나가야 한다. 막연함, 긴장감, 두려움 속에서 정신없이 주어진 임무만 겨우 완수하는 시기를 지나 최고 레벨에 도달하는 것, 이것이 직장인으로 성장하려면 거쳐야 하는 필수 과정이다. 이 기간에 당신은 업무 환경에 익숙해져야 하고 조직에 융화되어야 한다. 타인에게 오만한 사람이라는 느낌을 주지 않으려면 인간관계에도 신중해야 한다.

직장생활에 어느 정도 적응되었다고 느껴진다면 당신의 날개는 좀 더 단단해지고 언제든 날아오를 준비가 된 것이다. 근질근질 욕구가 샘솟을 무렵, 문득 당신이 갈고 닦아온 것은 기초적인 스킬일 뿐, 직장이란 천하를 평정할 만큼 실력을 갖춘 것은 결코 아니라는 사실을 문득 깨닫는다. 상사에게 업무를 보고할 때면 핵심을 짚지 못한다고 지적받는다. 얼마 되지 않는 업무 경험으로는 자신의 입장을 대변하지도 못하고 창의력도 부족하고 한 단계 점프하지도 못한다.

그래서 여러 가지 스킬을 지속적으로 배워야 한다. 기본적인 PC 활용 능력부터 직무상 필요한 고급 기술까지, 때로는 비용을 지불해서라도 전문 교육 과정을 이수하거나 자격증을 취득해 전문성을 증명해야 한다. 하늘은 스스로 돕는 자를 돕는다고 했다. 이렇게 노력해가다 보면 자신의 영역에서 눈에 띄는 성과를 거둘 수 있다.

하지만 세상일이 어디 뜻대로 되는가? 당신은 승진에서 번번이 고배를 마신다. 자신의 감정을 잘 컨트롤하지 못하고 여러 형태의 협업과 소통에 지쳐 있다. 말실수가 잦고 적당히 분위기를 맞추는 연기력도 이제 바닥이 드러났다. 완벽함을 꿈꾸지만 중도에 포기하는 일이 많다. 미약한 자신의 힘으로는 회사의 자원을 활용하기도 여의치 않다.

일상적인 수다 같은 사적인 일이나 업무 배분 같은 공적인 일에서도 마인드 컨트롤과 커뮤니케이션 능력이 중요하다. 핵심을 건드릴 줄 아는 능력, 사람들 앞에서 말할 수 있는 용기, 듣기 좋게 말하는 대화법 등이 요구된다. 다행히 모진 역경과 시련을 이겨내고 마침내 중견 간부 자리로 승진한 상황이라면? 하지만 승진 후 또 다른 차원의 도전이 당신을 기다리고 있다. 각자도생, 각개전투식 업무 스타일은 더 이상 통하지 않는다. 이런 식으로는 팀원들을 이끌 수 없다.

어떻게 전술을 펼 것인가? 인재를 어떻게 적재적소에 배치할 것인가? 사장은 어떤 직원을 선호하는가? 어떻게 해야 동료들에게 사랑받을 수 있는가? 어떻게 해야 팀원들이 자기 일처럼 업무를 수행할 수 있는가? 열심히 일하는 당신의 모습을 어떻게 사장에게(또는 상사에게) 보여줄 것인가? 어떻게 눈치를 키워 동료들의 생각을 읽을 수 있는가? 어떻게 말조심을 할 것인가? 어떤 룰을 활용해 승진할 텐가? 첩첩산중이다.

이렇게 많은 질문이 꼬리에 꼬리를 물지만 아무런 해답이 보이지 않는 것은 단지 노력이 부족하기 때문일까? 아니면 어리석고 둔한 편이라서? 그렇지 않다. 노력하지 않아서도, 우둔해서도 아니다. 당신이 아직 직장생활의 문법을 이해하지 못했고, 사람들의 생각과 행동을 움직이는 근본 원리를 제대로 파악하지 못했기 때문이다!

그저 열심히 하겠다는 생각을 버려야 한다! 그저 열심히 하겠다는 것은 단계별로 직면하는 업무에서 직접적으로 필요한 업무 처리 능력만 신경 쓰겠다는 말이다. 하지만 다음 단계나 새로운 직위로 이동하면 그 능력의 쓸모는 대폭 줄어든다. 그렇다면 까마득하게 긴 30여 년이란 세월 동안 직장에서 버티려면 얼마나 많은 스킬을 익혀야 하겠는가? 일터네서 평생 적용되는 비법은 정말 없단 말인가?

당연히 있다. 직장에서 성장하고 싶다면, 진정으로 즐기고 싶다면, 사업을 성공시키고 싶다면, 직장생활에 필요한 심리학을 배워 타인의 생각을 읽으면 된다. 이쯤에 혹자는 나 같은 비전문가가 배울 수 있다고? 직장 심리학은 또 뭐야?'라며 발을 뺄 궁리를 할지도 모른다.

직장에서 일어나는 다양한 상황은 모두 심리학과 관련 있다. 직장이라는 곳은 고도의 협업이 필요한 인적 교류의 네트워크이므로 타인을 배제한 채 단독으로 업무를 처리할 수 없다. 이런 이유로 자신은 물론 타인을 잘 알아야 하고, 무엇보다도 사람의 심리를 아는 것이 가장 중요하다.

그렇다면 심리학을 어떻게 공부해야 하는가? 유명한 심리학 책 몇 십 권을 파고들면 될까? 아니면 아예 학위라도 따야 할까? 열정을 품고 체계적으로 공부하면 그야말로 금상첨화겠지만 대다수에게는 어려운 일이다. 정신없이 바쁜 직장인에게 가장 좋은 심리학 공부 방법은 분할적 학습이다. 즉, 심리학의 역사에서 유명한 학자들이 남긴 핵심적인 심리학 개념을 마치 거인의 어깨에 올라타듯 선별적으로 공부하고 가슴에 새기는 것이다. 널리 알려진 '삶은 개구리 증후군', '메기 효과', '마태 효과' 등의 개념은 이미 기업관리에서도 광범위하게 활용되고 있다.

하지만 심리학 이론을 아무리 공부해도 직장생활은 여전히 제자리걸음이고, 공부한 지식을 업무에 어떻게 활용해야 할지 모르는 사람들이 있다. 사실 그렇게 어려운 일은 아니다. 직장인이라면 누구나 '시간'이나 '쓸모'라는 두 가지 관점에서 일련의 핵심적인 심리학 개념을 차근차근 습득할 수 있기 때문이다.

직장생활의 규칙이나 논리를 이해한다는 것은 직장에 존재하는 암묵적 규정을 알아가는 것과 궤를 같이한다. 대화의 원리, 인간관계 맺는 법, 퍼스널 브랜딩 전략 등 구체적인 수단과 방법을 알아가는 과정이다. 이런 규칙이나 논리는 시간이 흘러도 효력을 잃지 않는다. 따라서 시간이 지나고 직위가 바뀌더라도 한번 습득한 심리적 통찰은 업그레이드되어 직장생활의 원리를 더 깊이 이해하도록 돕는다.

이 책에서는 직장에서 성장해나가는 시간 축을 기초로 인지, 도구, 감정, 관리 등 여러 관점에서 직장생활을 분석한다. 전형적인 심리학 사례를 5분 정도의 분량으로 풀어낸 이 책은 직장생활에서 당신의 능력을 마음껏 펼칠 수 있도록 도와준다. 72가지 심리학 법칙을 통해 평범한 초짜에서 탁월한 인재로, 궁극적으로는 '프로 일잘러'가 될 수 있는 지름길로 안내한다.

저자 완자오양

차례

추천의 글   ··· 7

들어가며   ··· 11

1부   인지

▶ 처음은 누구나 어려운 법, 첫 단추부터 잘 끼우자

1장 직장에 처음 발을 내디딘 당신, 심리적 장벽을 깨자

01 초두 효과 _ 좋은 첫인상으로 기선을 제압하자 ··· 27

02 각인 효과 _ 직업이 주는 편견을 어떻게 없앨까? ··· 33

03 자기 사람 효과 _ 마음의 벽을 허물어야 처세의 달인이 될 수 있다 ··· 38

2장 살벌한 경쟁에서 어쩔 줄 모르는 당신, 타고난 본성을 되살리자

04 독수리 효과 _ 약육강식의 직장생활을 어떻게 제패할 것인가? ··· 43

05 게 바구니 증후군 _ 암투에 신물 나지 않는가? ··· 48

06 공생 효과 _ 경쟁 속에서도 성장을 추구하는 것이 지혜로운 행동이다 ··· 53

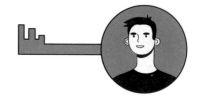

3장 직장의 '금기'를 번번이 건드리는 당신, 지뢰 제거 스킬을 연마하자

07 밴드왜건 효과 _ 패거리 짓는 행동은 금물이다 ⋯ 59
08 이성 효과 _ 남녀가 함께 일을 하면 시너지 효과가 난다 ⋯ 64
09 그랜드마 모지스 효과 _ 본능적인 두려움으로 자신을 망가뜨리지 말자 ⋯ 69

4장 직장의 암묵적 관행에 빠지지 않게 본질을 꿰뚫는 안목을 키우자

10 베버의 법칙 _ 교묘한 암묵적 관행을 조심하자 ⋯ 75
11 바넘 효과 _ 꼼수의 함정에 빠지지 않게 조심하자 ⋯ 80
12 어항 효과 _ 사적 영역에 대한 환상을 버리자 ⋯ 85

5장 직장에 갓 입사한 신참이라도 자기 수양에 신경 써야 한다

13 원탁 효과 _ 원탁회의는 모든 사람에게 평등할까? ⋯ 91
14 앉는 자리 효과 _ 어떻게 업무에서 유리한 고지를 차지할 수 있을까? ⋯ 96
15 디드로 효과 _ 목표에 맞게 행동함으로써 다각도로 개인의 소양을 높이자 ⋯ 102

6장 진흙탕에서 구르되 오염되지 않는 인간이 되자

16 새장 효과 _ 직장에서 꼼수에 당해본 적 있는가? ⋯ 108
17 배추 효과 _ 어떤 환경을 선택할 것인가? ⋯ 113
18 후광 효과 _ 후광 뒤에 가려진 진실이 보이는가? ⋯ 118

2부 도구

⋯▶ 일을 잘하고 싶다면 사람의 심리를 꿰뚫어 보자

7장 빠른 시간 내에 좋은 인간관계를 만들 수 있는 비법을 익히자

19 시소의 법칙 _ 상호 간의 균형은 순조로운 업무 수행을 위한 기반이다 ⋯ 127

20 이웃 효과 _ 대인관계를 구축하는 방법을 배우자 ⋯ 132

21 사슬 효과 _ 직장에서는 철저히 혼자일 수 없다 ⋯ 137

8장 업무 보고에도 요령이 있다

22 피드백 효과 _ 상사를 흡족하게 하는 비법이 있다? ⋯ 143

23 냉·온탕 효과 _ 상사의 호평을 받으려면? ⋯ 148

24 침묵 효과 _ 실수에 침묵하면 일을 더 그르친다 ⋯ 153

9장 중용되길 바라는가? 먼저 핵심 경쟁력을 갖추자

25 고슴도치 효과 _ 직장에서 얻고 싶은 것을 쉽게 얻는 법 ⋯ 159

26 안타이오스 효과 _ 자신을 키워준 토양을 잊지 말자 ⋯ 164

27 사회적 배경 효과 _ 스스로 만든 후광을 적절히 활용하자 ⋯ 169

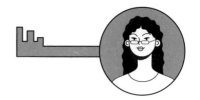

10장 부화뇌동하지 말고 개인의 고유한 이미지를 만들자

28 웨지 법칙 _ 독자적으로 행동할 것인가, 부화뇌동할 것인가? ··· 175

29 폰 레스토프 효과 _ 차별화된 퍼스널 브랜드를 만들자 ··· 180

30 센세이션 효과 _ 직장의 스타가 되어 값진 보상을 받자 ··· 185

11장 매너리즘과 슬럼프에 빠졌다면 경직된 사고방식에서 벗어나자

31 모충 효과 _ 발전 없는 매너리즘은 자멸의 길이다 ··· 191

32 패턴 효과 _ 고착화된 사고 속에서 성실함은 오히려 질 낮은 결과물을 낳는다 ··· 195

33 끓는 냄비 속 개구리 효과 _ 침묵 속에서 벗어나지 않으면 침묵 속에서 죽는다 ··· 200

12장 직장에서 정체기를 맞이하면 역발상이 해법이다

34 도어 인 더 페이스 테크닉 _ 직장생활 중 난관에서 벗어나는 법 ··· 206

35 암흑 효과 _ 암흑은 서로의 마음을 훤히 드러낸다 ··· 211

36 여백 효과 _ 역발상이 무한한 가능성을 창출한다 ··· 216

3부 감정

┈┈▶ 감정 컨트롤을 통해 정서 지능을 높이자

13장 감정 조절에 실패하면 큰 폐해를 가져온다

37 헤라클레스 효과 _ 한발 물러나 넓은 아량을 베풀자 ⋯ 225

38 걷어차인 고양이 효과 _ 부정적 감정의 해결사가 되자 ⋯ 231

39 존슨 효과 _ 감정의 파동이 능력을 집어삼키지 않게 평정심을 유지하자 ⋯ 236

14장 강심장을 키워 어떤 상황에서도
해탈의 경지를 보여주자

40 머피의 법칙 _ 자주 강가를 걸으면 신발이 물에 젖기 마련이다 ⋯ 242

41 99℃ 이론 _ 핵심 원인을 파악하고 양적 변화를 질적 변화로 바꾸자 ⋯ 247

42 귀인 오류 _ 잘못된 귀인은 잘못된 행위를 부른다 ⋯ 252

15장 직장에서는 말을 가장 조심해야 한다

43 폭포 효과 _ 직장에서 말로 화를 부르는 상황 ⋯ 259

44 유언비어 심리 효과 _ 유언비어를 어떻게 피할 수 있을까? ⋯ 265

45 지위 효과 _ 상황을 파악할 줄 아는 사람은 지위에 걸맞은 화법을 안다 ⋯ 270

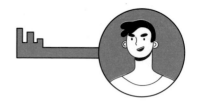

16장 직장은 연극과 같다!
연기가 필요하다면 확실하게 연기하자

46 애런슨 효과 _ 업적을 세우기 위해 포장하려면 제대로 하자 ⋯ 277

47 명함 효과 _ 처음 만난 사이라면 '심리적 명함'을 내밀자 ⋯ 282

48 칼리굴라 효과 _ 신비감도 때로는 도움이 된다 ⋯ 286

17장 중도 포기는 금물! 완벽주의자는
반드시 멋진 풍경을 보게 되리라

49 중도 효과 _ 중도 포기 욕구를 어떻게 극복할까? ⋯ 292

50 자이가르닉 효과 _ 완벽주의에서 벗어나자 ⋯ 298

51 브루잉 효과 _ 긴장을 풀면 답이 보인다 ⋯ 303

18장 승자 독식 사회에서 강해지는 법

52 저지대 효과 _ 어떻게 넓은 아량을 베풀 수 있을까? ⋯ 308

53 마태 효과 _ 스스로 강해지는 것이 자원을 모으는 최상의 방법이다 ⋯ 313

54 권위 효과 _ 권위를 얻으면 권력은 자연스럽게 따라온다 ⋯ 318

4부 관리

▶ 훌륭한 관리자는 아무나 되는 것이 아니다

19장 어려운 승진의 길, 미리 기반을 닦아놓아야 한다

55 시각 효과 _ 어떻게 승진 명단에 오를 수 있을까? ··· 327

56 러니언 법칙 _ 최후에 웃는 자가 진정한 승자다 ··· 332

57 피터의 원리 _ 너무 빨리 샴페인을 터뜨리지 말자 ··· 337

20장 쉽지 않은 관리 업무, 잘못된 길로 빠지지 않도록 조심하자

58 투영 효과 _ 주관적 기준으로 사람을 재지 말자 ··· 343

59 시계의 법칙 _ 두 상사 중 누구의 말을 들어야 할까? ··· 347

60 과적 효과 _ 말의 정도를 지켜야 사람의 마음을 얻을 수 있다 ··· 353

21장 먼저 사람을 파악하는 법과 사람을 쓰는 법을 배우자

61 게으른 개미 효과 _ 두뇌를 사용하는 게으른 개미가 진정한 고수다 ··· 360

62 메기 효과 _ 팀의 자극제인가, 파괴자인가? ··· 365

63 방관자 효과 _ 책임과 권한은 균형을 이루어야 한다 ··· 369

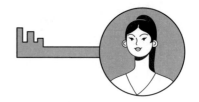

22장 상사 역할을 제대로 못하는 이유는
결단력이 부족하기 때문이다

64 뷔리당의 당나귀 효과 _ 결단력은 리더의 기본 소양이다 ⋯ 374

65 3분의 1 효과 _ 기준을 정하고 즉시 결정하자 ⋯ 379

66 관계 상황 효과 _ 다수의 의견을 듣고, 소수와 상의하고, 혼자서 결정하자 ⋯ 384

23장 관심과 칭찬의 힘은 상상 그 이상이다

67 호손 효과 _ 관심은 잠재력을 계발하는 신비한 힘 ⋯ 389

68 피그말리온 효과 _ 기대와 칭찬은 기적을 만든다 ⋯ 393

69 비누 거품 효과 _ 칭찬 속에 지적을 끼워 넣는 소통 기술 ⋯ 397

24장 성공과 실패는 한 끗 차이다

70 깨진 유리창의 법칙 _ 사소한 실수로 공든 탑을 무너뜨리지 말자 ⋯ 402

71 셀리그만 효과 _ 좌절을 통해 발전시키려 하지 말자 ⋯ 406

72 성공 효과와 실패 효과 _ 성공은 성공의 어머니다 ⋯ 411

1부

인지

___

처음은 누구나 어려운 법,
첫 단추부터 잘 끼우자

학교를 벗어나 사회로 진입한 풋풋한 사회 초년생은 수많은 '첫 경험'을 하게 된다. 경험이 아무리 많은 직장인도 회사가 바뀌면 한동안 적응이 필요한데, 하물며 사회 초년생은 새로운 환경이 얼마나 낯설고 당황스러울까!

처음 들어간 직장에서 어떻게 하면 사람들과 갈등 없이 잘 지낼 수 있을까? 어떻게 하면 주변에 널려 있는 직장의 자원을 잘 활용해 '초짜'에서 '고수'로 업그레이드하고 지속 가능한 발전을 이룰 수 있을까?

첫 단계에서는 배워야 할 것이 아주 많다. 직장은 학교처럼 순수하고 낭만적인 장소가 아닌 냉혹한 사회다. 직장에 존재하는 '암묵적 규칙'을 몰랐다가는 자칫 피해를 볼 수도 있다. 그리고 복잡다단한 직장 환경에서 뻔한 수법에 빠져들지 않도록 경계를 늦추지 말고 항상 몸과 마음을 수양해야 한다.

어쨌든 직장에 이제 막 첫발을 내디딘 사람에게 가장 중요한 문제는 업무 능력이든 마음 자세든 빨리 강인해지는 것이다.

1장

직장에 처음 발을 내디딘 당신,
심리적 장벽을 깨자

신입사원은 전에는 겪어보지 못한 여러 도전을 경험하게 된다. 낯선 얼굴과 새로운 환경을 접하면 곤혹스럽고 초조하기만 하다. 하지만 이런 불안은 한때 지나가는 현상일 뿐이다. 직장생활의 첫걸음은 이런 심리적 두려움과 미묘한 감정을 없애는 법을 배우는 것이다.

초두 효과
좋은 첫인상으로 기선을 제압하자

첫인상이 중요하다

삼국시대, 방통이라는 사람은 처음에 오나라에 충성하고자 손권을 만났다. 모사가인 노숙은 방통을 받아들이라고 충언했지만 손권은 볼품없는 외모에 도도하고 자유분방한 성격을 소유한 방통을 거부했다. 장차 제갈량과 어깨를 나란히 할 인재를 제 발로 차버린 것이다.

이 이야기는 전형적인 '구직 실패 사례'로 꼽힌다. 왜 이런 결과가 나타났을까? 방통이 무능해서인가 아니면 손권에게 책사가 필요하지 않아서인가? 사실 둘 다 아니다. 방통이 손권에게 좋은 '첫인상'을 남기지 못한 것이 이런 패착을 가져온 주된 이유다.

초두 효과란 무엇인가?

'초두 효과'는 미국 심리학자 A. S. 루친스가 처음 제시한 개념으로, '처음 효과', '우선 효과', '첫인상 효과'라고도 부른다. '초두 효과'는 가장 처음 접촉한 정보에 따라 형성된 인상이 이후 그 사람에 대한 평가에 지대한 영향을 미치는 심리 효과다. 첫 만남에서 생긴 인상은 상대의 대뇌에 각인되어 잘 지워지지 않는다. 그러므로 첫인상이 매우 중요하다.

한 심리학자가 진행한 매우 유명한 실험이 있다. 피실험자를 두 팀으로 나눠 동일한 사진 한 장을 보여주며 A팀에는 교화 불가능한 범죄자로, B팀에는 유명한 과학자로 소개했다. 사진을 보여준 다음 피실험자에게 사진 속 외모를 토대로 그 사람의 특징을 분석하게 했다. 그 결과 A팀은 움푹 파인 눈동자에 악의가 가득하고 툭 튀어나온 이마에는 마치 잘못을 절대 뉘우치지 않겠다는 고집이 표출되어 있는 것 같다고 분석했다. B팀은 깊은 눈망울은 심오한 생각을 담고 있는 듯하고 볼록한 이마는 과학자의 탐구 정신을 보여준다고 분석했다.

이 실험은 첫인상을 통해 형성된 긍정적 심리가 이후 상대를 이해할 때 긍정적 면을 부각하려는 편향으로 나타난다는 점을 보여준다. 반대로 첫인상을 통해 형성된 부정적 이미지는 이후 상대를 이해할 때 결점을 찾아내는 데 치중한다.

특히 어떤 상황에서 첫인상이 중요한가?

직장에서 첫인상은 한 사람의 내적 소질이나 전문 능력, 직업적 소양 등과 거의 동등하게 인식된다. 임원이 그를 평가하거나 업무를 지시할 때 직접적인 영향을 줄 수 있고, 이후 업무 성과에 대한 평가에도 지속적인 영향을 미칠 수 있다. 동료 관계에서도 첫인상은 매우 중요하다. 직장은 협업 시스템으로 이루어지는 곳이라 당신이 타인에게 좋은 이미지를 보여주지 못했다면 업무를 진행하는 데 어려움을 겪는다. 특히 신입 사원이라면 동료 직원의 도움과 지지 없이 직장에서 빨리 자리 잡기 힘들다.

일반적으로 첫인상은 경력이 많은 직원에게는 비교적 큰 영향을 미치지 않는다. 하지만 모든 것이 생경한 신입 사원에게는 매우 중요하다. 회사 입사 전 면접부터 업무 초기 여러 상황에서 남긴 첫인상은 그 사람에 대한 이미지에 지대한 영향을 준다.

1. 면접

면접은 대다수의 사람이 직장에 들어가기 위해 거쳐야 하는 첫 관문이다. 짧게는 10분, 길게는 1~2시간이 소요되는 면접 과정에서 맨 처음 몇 초간 보여준 첫인상이 가장 중요하다. 면접에서 보여준 전반적인 인상이 직장 생활을 하는 아주 긴 시간을 좌우할 수 있다.

2. 사무실 출근 첫날

출근 첫날, 회사 임원이나 동료를 처음 만나게 된다. 처음 만났을 때 타인의 뇌리에 강한 인상을 심어준 장면이 그 사람의 첫인상이 되는 경우가 많다. 동료들은 자연스럽게 신입 사원에 관해 이런저런 이야기를 나누는데, 동료 간에 나눈 의견은 신입 사원에 대한 첫인상을 더욱 굳어지게 한다.

3. 엘리베이터 보고

신입 사원은 꽤 오랜 기간 고위급 임원에게 업무 보고 기회를 거의 얻지 못한다. 하지만 가끔 엘리베이터에서 임원을 마주칠 경우가 있다. 일단 엘리베이터에서 마주친 임원은 가벼운 대화를 나누다가 대략적인 업무 상황을 물을지도 모른다. 겨우 10여 초밖에 되지 않는 보고를 통해 임원에게 깊은 인상을 남겨줄 수도 있다. 이렇게 형성된 이미지는 오랫동안 바뀌지 않는다.

4. 첫 번째 정식 회의

정식 회의는 일반적으로 업무 보고, 발언, 정리라는 3단계로 이루어진다. 만약 두 번째 단계에서 발언 기회를 얻는다 해도 발언 시간은 그리 길지 않을 것이다. 하지만 정식 회의는 아마도 고위급 임원과 접촉할 수 있는 몇 안 되는 기회다. 이런 짧은 발표를 통해서도 표현 능력, 전문 지식, 직업적 소양을 드러내 회의 참석자들에게 강한 첫인상을 남길 수 있다.

어떻게 좋은 첫인상을 남길 것인가?

직장생활 초기에 좋은 첫인상을 만들고 기선을 제압하려면 여러 스킬을 활용해야 한다.

1. 믿음

믿음은 나의 내부에서 시작되어 외부로 향한다. 자신의 능력과 자질, 직업적 소양에 대한 자긍심이 바로 믿음이다. 타인이 자신을 긍정적으로 평가하길 바란다면 먼저 스스로를 긍정적으로 바라봐야 한다.

2. 단정한 외모

우리는 어떤 곳에서 누구를 마주칠지, 타인과 무슨 대화를 나눌지 예측할 수 없다. 하지만 당신의 옷차림이나 몸가짐은 모든 사람에게 보인다. 단정한 외모 유지는 어느 상황에서나 첫인상 점수를 깎아 먹지 않는 가장 쉬운 방법이다.

3. 약속 시간 엄수

만약 습관적으로 시간을 지키지 않는 사람이 있다면 일반적으로 두 가지 상황으로 나눌 수 있다. 첫째, 약속을 대수롭지 않게 여기는 사람, 둘째, 자신의 인격과 소양에 신경 쓰지 않는 사람. 어느 쪽이든 개인의 이미지에 마이너스 요인이 된다.

4. 미소

미소는 가장 훌륭한 명함이다. 진심을 담은 미소와 악수, 고개를 숙이며 안부를 묻는 인사 모두 상대에게 따뜻한 마음을 전달하는 방식이다. 물론 타인과의 첫 만남에서는 미소도 과하지 않게 정도를 지켜야 한다.

5. 예의

확실하게 예의를 지키려면 마음에서 우러나오는 진심으로 타인을 존중해야 한다. 최대한 말이나 행동도 점잖아야 하며, 타인의 의견을 경청할 줄 알아야 한다. 하지 말아야 할 말과 행동은 삼가야 한다.

맺음말

'초두 효과'는 직장생활에서 매우 중요하다. '초두 효과'를 높이는 방법과 규칙을 습득하면 동료들 사이에서 좋은 첫인상을 만들어내는 데 긍정적 영향을 줄 수 있다. 물론 우리는 타인의 일시적 성과를 과신해서는 안 되고, 첫인상이 좋지 않다고 해서 편견을 가져서도 안 된다. 우리는 항상 객관성을 유지해야 한다.

하지만 전쟁터나 다름없는 직장에서 신입 사원은 첫인상이 좋을수록 상사와 동료에게 신뢰를 얻고 긍정적 평가를 받기에 자신만의 업무 분야를 좀 더 빨리 찾아낼 수 있다는 사실도 잊지 말자.

각인 효과
직업이 주는 편견을 어떻게 없앨까?

언제 어디서나 따라다니는 꼬리표

직업군마다 명확한 특징이 있다. 그래서 특정 직업을 가진 사람은 그 직업군의 특징을 보일 거라는 선입견을 가진다. 이를 바탕으로 사람의 성격이나 취미, 능력 등을 판단하기도 한다. 심지어 도덕적인 부분까지 판단할 때도 있다.

의사는 아프거나 다친 사람을 구하는 백의천사이므로 고귀한 성품을 지녔을 것이라 생각한다. 간호사도 착한 성품을 지닌 천사로 비유한다. 공무원은 출근하면 다리를 꼰 채 신문을 보면서 차를 홀짝거리는 한가로운 장면이 떠오른다. 선생님은 모범적이고 지식이 많아 모르는 게 없을 것 같다. 연봉도 높은 편이고 매년 두 달간 방학이 있는 널널한 직업이다. 경찰은 만능이다. 무슨 일이든 112에 신고하면 해결된다. IT 업계에 종사하는 남자들은 성실하고 무뚝뚝하지만 돈을 잘 번다. 이 밖에도 많은 예가 있다.

나이나 외모로 사람을 판단하는 경우도 많다. 젊은이는 경험이 별로 없으니 내 말을 따라야 한다고 생각한다. 발랄한 젊은 여성은 미성숙해서 어렵고 복잡한 일은 맡기기 힘들다고 생각한다. 외모가 못생기면 우리 회사와는 맞지 않다고 낙인을 찍는다. 출신 지역 꼬리표를 붙이는 경우도 있다. 출신 지역으로 인격이나 능력을 판단해버리는 것이다.

각인 효과란 무엇인가?

사람은 자신의 경험을 기초로 개개인을 단순화시켜 하나의 유형을 정하고, 그 유형에 속한 사람들의 특징을 개인에게 대입할 때가 있다. 이것이 주변에서 흔히 볼 수 있는 심리 효과인 '각인 효과'다.

이 효과는 '각인 인상'이라고도 하는데, 특정 집단에 선입견이나 평가를 부여하고 해당 집단에 속하는 개체에게도 동일한 생각과 평가를 대입하는 것을 말한다.

각인 효과의 특징과 심리적 작용의 논리

각인 효과는 아래와 같은 특징을 보인다.

- 그 인식에 따라 집단 및 개인을 빠르고 단순하게 분류한다.
- 한 사회에서 어떤 집단에 대한 인식은 놀라울 만큼 일치한다.
- 결과적으로 '각인 효과'는 대부분 편견에 불과하고, 심지어 완전히 잘못된 경우도 많다.

이런 선입견이 생기는 이유는 단체에 속한 개개인에게 일일이 시간과 힘을 투자할 수 없기 때문이다. 우리는 그중 일부 사람들과만 교류할 수밖에 없다. 또한 사회적으로 공통된 인식을 바탕으로 집단이나 개인의 특성을 유추할 수밖에 없다. 우리는 매일 많은 양의 정보를 처리해야 하므로 먼저 '일부를 통해 전체를 판단하는 형식'을 취한 뒤 나중에 다시 '전체를 통해 일부를 판단하는 형식'을 취하는 역방향의 인식 절차를 거치게 된다.

'유유상종'이란 말이 있듯이 같은 지역에 거주하거나 같은 업종에 종사하는 사람들은 어느 정도 유사한 면이 있다. 따라서 '이미지 낙인'이 아주 근거 없는 이야기는 아니며, 사람을 빠르게 파악하고 무언가를 결정하는 데 도움을 주기도 한다.

그런데 낙인된 이미지가 한번 자리를 잡으면 나중에 이미지를 바꾸기 매우 어려워진다. 또한 그 이미지는 개괄적이고 포괄적인 견해일 뿐, 사회의 모든 개체를 정의하는 잣대는 될 수 없다. 단순히 경험에 근거해 사람을 낙인찍어 판단하면 오류가 발생할 가능성이 높다.

직업적 낙인이 구직의 걸림돌이 되지 않게 하는 법

직업적 낙인이 미치는 영향은 새 직장으로 이직할 때 더 두드러진다. 과거에 했던 업무가 그 사람에게 직업적 꼬리표로 붙기 쉽다. 물론 이런 꼬리표에도 긍정적인 면은 존재한다. 세계 500대 기업에서 일했던 경력이나 전문 분야의 자격증이 그런 예다. 플러스 요인이 있다면 최대한 드러내 가산점을 얻어야 한다. 그렇다면 마이너스 요인으로 인식되는 꼬리표는 어떻게 처리해야 할까?

첫째, 자기 직업군을 객관적으로 바라보고 사회의 보편적 인식을 파악해야 한다. 직업적 배경을 이해하는 것은 자신의 조건을 객관적으로 인식하는 첫걸음이다. 빅 데이터 프로그래머로 전향하고 싶은 체육 교사가 있다고 해보자. 체육 교사라는 직업에 붙은 꼬리표는 적잖은 번거로움을 가져다줄 수 있다. 이런 상황에서 당신이 해야 할 일은 '도피'가 아니라 '직시'다.

둘째, 예전 직업이 자신의 능력 향상에 도움을 준 부분을 강조해 마이너스 요소나 일반적인 편견을 적극적으로 제거해야 한다. 꼬리표가 달려 있다 해도 타인이 짐작하게 내버려두는 것보다 내가 직접 표현하는 것이 좋다. 큰 갭이 있는 듯 보이는 업종 간에도 유사점은 반드시 존재한다. 가령, 체육 교사로 살아봤기에 건강한 심신을 유지하고 불굴의 의지를 가질 수 있었으며, 도전 정신을 바탕으로 다른 분야의 업무도 맡았다는 점을 강조하면 좋다.

셋째, 기술은 가능한 한 많이 배워놓을수록 좋다. 새 직장에서 업무를 담당하려면 이전 직장에서 보였던 능력만으로는 부족하다. 평소 미래를 준비한다는 생각으로 지식과 기술을 미리미리 축적해야 선택지를 다양하게 만들 수 있다. 가령, 컴퓨터 활용 능력이 출중하거나 영어가 유창하거나 경제학에 통달한 체육 교사가 될 수도 있다. 이 모든 것이 미래에 강력한 무기가 된다.

맺음말

다른 사람을 기계적으로 귀납해 판단하는 사람들이 있다. 사람이나 사물을 어느 유형에 포함시켜 평가하고, 또 그 유형을 특정 사람이나 사물을 평가하는 기준으로 삼는다.

물론 각인된 이미지를 가지고 있으면 따로 정보를 검색할 필요도 없고 상황을 빠르게 이해할 수 있어 시간과 힘을 절약한다는 장점도 있다. 하지만 개체 간의 차이를 무시하면 선입견에 사로잡히기 쉽다. 개체와 집단 사이에는 유사점도 존재하지만 차이점이 더 많다.

어떤 사물을 대할 때는 반드시 보이는 사실만 믿어야 한다. 단편적인 판단은 멀리하고 한쪽 면만 보아서는 안 된다. 각인된 이미지가 실제 상황과 부합하지 않으면 계속해서 검증해봐야 한다. '각인 효과'가 가진 마이너스적 요소에서 벗어나 사람이나 사물을 정확하게 인식해야 하는 것이다.

03 자기 사람 효과
마음의 벽을 허물어야 처세의 달인이 될 수 있다

자기 사람 효과란 무엇인가?

일상생활이나 직장생활에서 "누구는 누구 사람이다"라는 말을 가끔씩 듣는다. 이 말은 어떤 사람이 특정 무리나 파벌에 속해 있다는 것을 가리킨다. 이런 무리는 비슷한 가치관을 가지고 있거나 다른 사람들보다 더 잘 뭉친다. 때로는 무리 안에서 서로를 위해 목숨을 내놓을 정도로 친분을 유지하기도 한다.

인간관계가 원만하면 상대의 의견이나 입장에 더 강한 공감대를 느끼고, 심지어 상대가 내놓은 불합리한 요구를 받아들일 때도 있다. 이것을 심리학 용어로 '자기 사람 효과' 또는 '동체 효과'라고 한다. 쉽게 말해 나와 상대방을 같은 유형의 사람이라고 생각하는 것이다.

같은 말을 하더라도 좋은 관계를 맺고 있는 사람에게는 더 공감하게 되고, 싫어하는 사람에게는 거부감과 배타적 감정을 느낀 적이 있을 것이다. "자기 사람이면 어떤 문제도 쉽게 해결하지만, 자기 사람이 아니면 모든 것은 정해진 룰에 따라 진행된다"라는 말이 이런 이유에서 나온 것이다.

어떤 사람들은 말을 잘한다는 평가를 받는데, 실제로는 '자기 사람 효과'를 잘 활용했기 때문이다. 직장에서도 '자기 사람 효과'를 적절히 활용하면 어떤 상황에서는 일을 수월하게 처리할 수도 있다.

인간관계에 신경 쓰자

미국의 제16대 대통령 에이브러햄 링컨은 어느 연설에서 다음 격언을 인용한 적이 있다. "한 방울의 꿀이 한 통의 쓸개즙보다 더 많은 파리를 잡을 수 있다." 이 말에 담긴 속뜻은 다른 사람이 당신을 받아들이길 바란다면, 당신이 그의 믿음직한 친구라는 사실을 먼저 알게 하라는 것이다.

어떻게 한 방울의 꿀로 타인의 마음을 얻을 수 있을까? 그것은 내가 다른 사람을 어떻게 바라보느냐가 핵심이다. 사람과 사람 사이에는 차이점과 지위 고하가 존재할 수밖에 없다. 하지만 서로 간에 마음의 벽을 허무는 방법이 있다.

첫째, 진심으로 서로가 평등하다고 생각해야 한다. 이것이 전제되지 않으면 심리적 거리는 더 이상 좁힐 수 없다. 걸핏하면 상대방을 무시하는 태도를 보이는 사람은 타인의 마음을 쉽게 얻기 힘들다.

둘째, 타인에게 관심을 가져야 한다. 관심을 받으면 존중받는다는 느낌이 더욱 강해진다. 데일 카네기의 말을 명심하자. "관심을 받기만 바라는 사람이 2년 동안 사귄 친구 수보다 진심으로 타인에게 관심을 보이는 사람이 두 달 동안 사귄 친구 수가 훨씬 더 많을 것이다."

셋째, 신뢰를 보여야 한다. 인간관계에서 상대방에게 충분한 믿음을 보여주면 정보 전달의 효율을 훨씬 더 높일 수 있다.

대화의 기술을 갈고 닦자

대화의 기술은 매우 중요하다. 일상이나 직장에서 '끝없는 수다'를 좋아하는 사람들이 많다. 일단 수다를 떨거나 대화를 나누는 목적 중 하나는 서로의 공통점을 찾는 것이다. 공통된 취미와 목표, 이익이 있거나 유사한 경험을 했거나 지연과 학연이 있으면 대화를 나누는 사람들은 심리적 안정을 얻는다.

인간관계에서 사람들은 자신도 모르는 사이에 '자기 사람 효과'를 활용한다. '자기 사람'이라고 느끼게 되면 서로 간의 거리를 빨리 좁힐 수 있기 때문이다. 그래서 상대방의 관점에서 대화를 나누면 한결 안정되고 상대가 좀 더 이야기를 쉽게 수용할 수 있다. 대화를 나눌 때 상호 동등하다는 분위기를 만들려면 위압적이거나 무시하는 태도를 가져서는 안 된다. "좋은 의견 내보세요"라는 표현보다는 "당신과 함께 고민해보고 싶습니다"라는 표현이 더 좋다.

면접에 성공하려면

직장에 들어가려면 '면접'이란 관문을 피할 수 없다. 면접은 한 개인이 어떤 직종에 진입하는 첫 단계이고, 기업 입장에서 보면 '자기 사람'을 찾는 하나의 의식이다.

면접은 구직자가 자기 자신을 설명하는 시간이다. 좋은 스펙을 갖췄다면 자신을 좀 더 다채롭게 포장해 취업 성공률을 높일 수도 있다. 그러나 실전에서 가장 중요한 것은 따로 있다. 회사에 '왜 이제야 이런 인재를 만났을까'라는 반가움을 느끼게 하는 것이 중요하다.

아주 뛰어난 재능을 소유해도 아무리 인맥과 정보가 많아도, 지원한 회사에 대한 기본 정보조차 모른다면 면접관의 관심을 얻기 힘들다. 그래서 현명한 사람들은 면접관의 심리를 이용하는 '역(逆) 면접' 기술을 구사한다. 이런 기술을 익히면 스펙이 상대적으로 떨어져도 걱정할 필요 없다. 이 비법으로 분명 모든 사람의 마음을 움직일 수 있을 것이다.

앞서 말한 "한 방울의 꿀이 한 통의 쓸개즙보다 더 많은 파리를 잡을 수 있는 것"처럼 사람의 마음을 잡는 것도 마찬가지다. 어떤 성격과 스타일을 가진 면접관이든 면접자가 보여준 충심과 진심을 거부하기 어렵다. 면접의 핵심 포인트를 제대로 파악하면 어떤 면접에서도 불패의 신화를 써 내려갈 수 있다!

맺음말

인간은 누구나 자신과 비슷한 점이 있는 사람과 지내거나 일하는 것을 좋아한다. 무엇보다 신뢰감과 안정감을 느낄 수 있기 때문이다. 이와 같은 인간의 심리적 특징을 이해하고, 역으로 내가 다른 사람이나 다른 환경에 적응할 수 있도록 스스로를 단련시키면 업무 능력을 향상시키는 데 큰 도움이 될 것이다.

2장

살벌한 경쟁에서 어쩔 줄 모르는 당신,
타고난 본성을 되살리자

직장은 총성 없는 전쟁터다. 겉으로는 평온한 바다처럼 보이지만 사실 수면 아래는 거센 조류가 흐르는 '너 죽고 나 살기'식의 전쟁터다. 직장생활 초년생에게는 직장에서 어떻게 생존하느냐가 엄중한 과제다. 자연의 법칙은 '적자생존'이다. 직장생활도 이 자연의 법칙을 따른다. 하지만 규칙과 원리만 잘 파악하면 직장생활은 식은 죽 먹기가 될 수 있다.

독수리 효과
약육강식의 직장생활을 어떻게 제패할 것인가?

직장은 약육강식의 세계다

직장에 막 입사하면 직장 선배는 친절하게도 이런저런 조언을 해준다. "신입은 행동이 재빨라야 한다." "겸손하고 공손한 태도로 좋은 인상을 심어 줘야 한다." "사무실은 곳곳에 위기가 도사리고 있는 약육강식의 세계다. 강해져야 두각을 드러낼 수 있다." "윗사람들과 좋은 관계를 유지하는 것이 미래를 위한 발전의 초석이 된다."

신입 사원은 처음 직장에 들어왔다는 흥분이 채 가시기도 전에 직장의 보이지 않는 법칙을 발견한다. 직장에서는 상황을 잘 파악해 윗사람이나 아랫사람과 좋은 관계를 유지해야 한다. 주변의 인맥을 활용할 줄 알아야 하고 사람들의 마음을 얻는 법도 알아야 한다. 모든 수단을 동원해 고객과의 관계도 잘 유지해야 한다.

오늘날의 직장은 경쟁이 치열한 전쟁터다. 누구나 이런 경쟁에 내몰리고 있다. 직장에서는 '적자생존'의 법칙이 작용한다. 강한 자만이 살아남는다. 약육강식의 사회에서 스스로 강해지지 않으면 도태될 수 있다. 그렇다면 투지를 불태우는 늑대가 되어야 할까, 아니면 온화하고 부드러운 양이 되어야 할까?

독수리 효과란 무엇인가?

조류 가운데 독수리는 가장 강인한 종에 속한다. 동물학자들은 독수리가 강인해진 이유가 먹이 활동과 관련 있다는 연구 결과를 발표했다.

일반적으로 독수리는 한 번에 4~5마리의 새끼를 낳는다. 어미 독수리가 먹이를 물어 올 때마다 새끼 독수리 한 마리에게만 먹이를 줄 수 있다. 어미 독수리가 먹이를 주는 방식은 다른 조류와는 다르다. 평등의 원칙은 없다. 먹이를 먹으려고 무섭게 달려드는 새끼 독수리에게만 먹이를 준다. 그래서 힘없는 새끼 독수리는 먹이를 먹지 못해 결국 죽고 만다. 무섭게 먹이를 향해 달려들던 새끼 독수리만 살아남는 것이다. 이렇게 이어져 내려온 DNA가 독수리를 강인하게 만들었다.

이런 적자생존의 현상을 '독수리 효과'라고 부른다. 직장에서 경쟁 시스템을 채택하는 궁극적인 목적은 직장을 그만두게 하는 것이 아니라 실력을 갖춘 사람으로 성장하게 하는 것이다.

'1등 아니면 2등' 전략

GE 회장이었던 잭 웰치는 미국의 유명한 경영학자 피터 드러커가 뽑은 20세기 가장 뛰어난 기업 경영자다. GE를 경영할 때 웰치는 회사 관리자와 직원을 직급에 따라 차등 대우했고, 실적이 좋은 직원에게는 인센티브를 제공하는 반면 실적이 낮은 직원은 도태시켰다. 실적 기준도 지속적으로 높였다. 차등 대우는 점점 더 명확해지고 잔혹해졌다. 팀 구성원을 실적에 따라 상위 20%, 중간 70%, 하위 10%로 나눴다. 그런 다음 상위군에는 큰 인센티브를 제공하고, 중위군에는 적당한 인센티브를 제공하고, 하위군은 도태시켰다.

나중에 잭 웰치는 '1등 아니면 2등' 전략을 내세웠다. 이 전략은 기준에 도달하지 못한 계열사를 모두 폐업시키거나 매각하는 것을 말한다. 결국 잭 웰치는 막대한 재정을 활용해 GE를 시장에서 선구자적 위치에 서게 만들었다. 시장 점유율 1위 또는 2위를 유지하겠다는 원칙은 잭 웰치의 가장 강력한 경영 이념이었다. 이런 경영 이념도 바로 '독수리 효과'를 제대로 활용한 예로 볼 수 있다.

어떻게 직장에서 살아남을 수 있는가?

다음 9가지의 행동 수칙을 잘 지킨다면 누구나 직장에서 끝까지 살아남을 수 있다.

1. 기업 문화를 인정하자

기업에서 성장하고 싶다면 기본적으로 기업 문화에 융화되어야 한다. 자신의 가치관이 기업의 가치관과 상극인 사람이 기업에서 대단한 성공을 거뒀다는 말은 들어본 적이 없다.

2. 자기 객관화

직장에서 주변 상황과 흐름을 잘 파악하는 것은 매우 중요하다. 이를 위해 먼저 자신의 장단점을 확실히 인식하고 스스로를 정확하게 예측할 수 있어야 외부 세계도 제대로 바라볼 수 있다는 점을 명심하자.

3. 흐름에 따라 행동하자

"바람의 흐름만 잘 타면 뚱뚱한 돼지도 날 수 있다"라는 말이 있다. 일할 때도 마찬가지로 흐름에 거스르기보다는 몸을 맡겨야 한다. 흐름에 따라 행동하려면 먼저 '흐름'을 잘 알아야 한다. 사물의 본질을 꿰뚫어 보는 현명한 안목으로 대세를 읽을 줄 알아야 한다. 그러면 큰 물줄기와 방향은 물론이고 나서거나 물러서야 하는 적절한 시기도 파악할 수 있다.

4. 단결과 협력

일상생활에서 문제가 생길 때는 서로 격려하고 도와주면서 대승적인 관점에서 해결책을 찾아야 한다. 직장에서도 마찬가지다. 서로 업무 내용과 공동 목표를 명확히 설정하고 겸손한 태도로 타인을 존중하며 맡겨진 임무를 힘을 합쳐 적극적으로 수행해야 한다.

5. 신뢰

신뢰를 얻으려면 언행과 생각이 완전히 일치해야 한다. 표리부동의 자세는 멀리해야 한다. 사람과 사람 사이의 신뢰는 모든 일에 기반이 된다. 신뢰와 신용이 없고 언행이 불일치하는 사람은 친구를 사귀는 일부터 사업을 일으키는 것까지 어떤 일도 제대로 할 수 없다.

6. 배움을 게을리 하지 말자

배우는 사람은 성장한다. 사회가 빠르게 발전하면서 직장 업무도 새로운 상황, 새로운 문제에 끊임없이 직면하게 된다. 갑자기 등장하는 난제와 도전이 점점 늘어나므로 우리는 학습을 통해 이를 대처하는 능력을 꾸준히 향상시켜야 한다.

7. 책임감 있는 자세

책임감 있는 사람은 조직 내에서 자신의 업무가 지닌 중요성을 잘 알기 때문에 조직의 목표를 이루는 것을 목표로 삼는다. 업무를 하면서 무엇인가를 얻으려면 먼저 내줄 줄 알아야 한다. 보상을 얻고 싶다면 먼저 책임을 져야 한다. 책임과 리스크는 항상 함께한다.

8. 보고의 기술을 배우자

직장인은 제대로 된 보고 방법을 배워야 한다. 보고하는 방식으로도 그 사람의 능력을 엿볼 수 있다. 업무 보고에 능한 직원은 관리자가 되지만 미숙한 직원은 어렵다. 이 말을 꼭 명심하자.

9. 원칙을 고수하자

'원칙'은 문제를 파악하고 처리하는 데 적용하는 기준이다. 원칙을 지키면 유혹이나 헛된 이익 앞에서도 동요하지 않고 앞으로 나아갈 수 있다.

맺음말

끊임없이 발전하는 사회에서 경쟁은 피할 수 없다. 우리는 직장에서도 가혹한 경쟁을 마주한다. 기업을 경영하려면 적절한 경쟁 시스템이 필요하기 때문이다. 서글픈 현실이지만 이래야 기업의 전반적인 역량이 향상되고 냉혹한 시장 경쟁에서 혁신을 거듭해 정상에 오를 수 있다. 그렇지 않으면 결국 기업 자체가 사회에서 도태되고 만다.

게 바구니 증후군
암투에 신물 나지 않는가?

피할 수 없는 사내 정치

'사내 정치'는 직장인에게는 매우 익숙한 용어다. 권력과 이익이 분배되면서 단순했던 동료 간의 수평적 관계나 수직적 관계가 복잡미묘하게 바뀐다. 10여 명 남짓한 작은 회사에서도 파벌이 생기면, 여기서 비롯된 수많은 문제 때문에 전쟁터로 바뀔 수 있다. 좋든 싫든 직장생활이라는 강호에서 살아가려면 이런 상황에서 벗어날 수 없다.

사내 정치에서 무겁지만 피할 수 없는 이슈가 바로 '싸움'이다. 직원과 직원, 직원과 대표 간에는 여러 이해관계가 개입해 늘 보이지 않는 아귀다툼이 존재한다. 이 때문에 조직이든 개인이든 심각한 피해를 보거나 기업의 양적·질적 성장을 방해하기도 한다.

기업에서 나타나는 이런 현상은 자연계에 사는 동물의 행위와 매우 유사하다. 아마도 '게'를 잡아본 사람은 알고 있을 것이다. 바구니에 게 한 마리를 넣어둘 때는 뚜껑을 반드시 덮어놓아야 하지만 여러 마리를 잡으면 뚜껑을 덮을 필요가 없다. 후자의 상황에서는 게가 밖으로 기어 나올 수 없기 때문이다.

게 바구니 증후군이란 무엇인가?

두 마리 이상의 게를 바구니에 넣으면 서로 먼저 밖으로 빠져나가려고 한다. 한 마리의 게가 바구니 입구로 기어 올라가면 다른 게가 위협적인 집게발로 올라간 게를 붙잡아 아래로 끌어 내린다. 하지만 또 다른 힘센 게가 다시 그 게를 밟고 올라선다. 이런 상황이 반복되면서 어느 게도 바구니에서 탈출에 성공하지 못한다. 이처럼 게가 바구니를 벗어나려고 싸우다가 아무도 벗어나지 못하는 상황을 '게 바구니 증후군'이라고 부른다.

직장에서도 '게 바구니 증후군'을 볼 수 있다. 하나의 직위를 놓고 여러 사람이 경쟁하는 경우가 대표적이다. 처음에는 공정하게 경쟁했더라도 시간이 지나면서 '투쟁'으로 변질되고 결국에는 비열한 행위까지 일삼는다. 상대방의 과거 오점을 드러내거나 서로를 비방하다가 아무도 승진하지 못한 채 처벌만 받는 경우도 있다.

물론 정치판과는 비교할 수는 없지만, 기업에서도 권력 암투가 벌어진다. 직무에 대한 성과나 개인적인 힘으로 권력을 쟁취하기 어려워 파벌을 이용하기도 한다. 부서나 여러 조직의 힘을 등에 업고 투쟁하는 것이다. 그러나 이런 암투는 결국 기업과 조직에 큰 피해를 준다. 기업 내부 운영 효율을 낮출 뿐 아니라 조직의 사기 진작에도 여러모로 손실을 안긴다.

내부 분쟁은 왜 발생할까?

1. 이기심

사사로운 이익을 추구하고 최대한 많은 것을 손에 쥐고 싶어 하는 사람의 심리는 직장에서도 숨길 수 없다. 회사의 자원은 유한하기 때문에 소수만이 자신이 기대한 만큼의 보상을 얻을 수 있다. 이것이 '게 바구니 증후군'을 야기하는 첫 번째 심리 요인이다.

2. 성취욕

사람은 대부분 남보다 못한 상황을 견디기 힘들어한다. 직장에서 '남보다 못하다'는 건 직위나 연봉이 남보다 낮다는 걸 뜻한다. 유한한 자원을 순순히 타인에게 양보할 사람은 없다. 따라서 서로 간에 보이지 않게 견제하고 자연히 암투를 벌이는 것이다.

3. 제도 미완성

'게 바구니 증후군'에 언급된 바구니의 입구는 아주 좁다. 기회가 아주 적다는 말이다. 입구가 넓다면 '게 바구니 증후군'이라는 말도 없었을 것이다. 사실 극소수의 사람만이 승진할 기회를 얻는 현실은 제도적인 문제에서 기인한 것으로 자연히 꼼수와 술수가 난무하게 된다.

4. 책임과 권한 불균형

책임과 권한의 불균형은 직장에서 흔히 볼 수 있는 현상이다. 어떤 직책은 책임이 무겁고 일도 과한 데 비해 권한과 보상은 작다. 반면, 어떤 직책은 권한이 큰 데 비해 업무량이나 책임은 가볍다. 이 문제도 불합리한 기업 제도로 야기된다. 상식적으로 후자에 다들 기를 쓰고 달려들지 않겠는가?

5. 팀워크 부재

우리는 팀워크를 통해 '1+1>2' 효과를 내길 바라지만, '게 바구니 증후군'이 발생하면 '1+1〈2'가 된다. 팀워크의 부재로 단결은 꿈도 꾸지 못하며 팀 업무보다는 이익만 눈독 들이고 있어 내부 분쟁이 발생할 가능성은 더 커진다.

어떻게 내부 분쟁을 줄일 수 있을까?

1. 협업하는 기업 문화를 만들어야 한다

팀워크란 팀 구성원이 공동의 목표를 달성하기 위해 각자 책임을 다하고 서로 협력하는 것이다. 팀워크가 잘 이루어지려면 개개인의 흥미와 성취를 존중하면서도 협동과 협력을 핵심 가치로 삼아야 한다. 구성원 전체가 진취성과 단결심을 느끼도록 하며 개인의 이익과 구성원의 이익을 하나로 통일해 조직의 효율적 운영을 도모한다.

2. 관리 제도는 공평하고 공정하고 투명하게

관리 제도는 직원이 적극적으로 실력을 발휘하게 하고 조직의 단결을 강화하는 방향으로 체계를 잡아야 한다. 탁월한 인재를 등용하고 인재가 능력을 마음껏 펼치게 해야 기업도 치열한 시장에서 경쟁력을 확보할 수 있다.

3. 성과 평가는 객관적이고 과학적이고 투명하게

성과 평가는 객관적이고 과학적이고 투명해야 한다. 합리적인 성과 제도는 책임과 권한의 불균형을 해소시키고 업무 기준을 명확히 할 뿐 아니라 성장 동력이 될 수 있다.

4. 기회를 충분히 제공하는 인사 시스템

인재에게는 적절한 직업 비전과 승진 매커니즘을 제공할 수 있어야 한다. 승진을 가로막는 '유리 천장'을 깨부수어 바구니 입구를 넓히고 내부 분란을 효과적으로 줄이면 인재를 모으고 키우는 데 긍정적 역할을 할 것이다.

맺음말

직장에서 이해관계에 얽혀 직원들 간에, 또는 직원과 사장 간에 계산적인 행동을 하거나 다툼이 일어나는 경우가 있다. 심지어 수단과 방법을 가리지 않고 상대를 억압하려는 상황이 장기간 지속되면 기업의 생산성은 추락하고 상호 견제하는 '게'만 남는다.

서로 견제하는 '게'는 광주리에서 절대 벗어날 수 없다. 내부 분열이 끊이지 않는 기업은 양적으로나 질적으로 성장을 이룰 수 없고 하루아침에 도산하는 건 시간문제다. 이는 사실 직장 내부의 윤리 문제이고 기업 문화의 문제다. 기업은 '게 바구니 증후군'을 반드시 피해야 한다. '하드한' 제도와 '소프트한' 문화 두 수단을 적절히 결합해 직원들의 협동심을 길러내야 한다. 그래야 한층 더 성장할 수 있다.

공생 효과
경쟁 속에서도 성장을 추구하는 것이 지혜로운 행동이다

싸움이 직장생활의 모든 것은 아니다

직장생활이라는 말을 들으면 대부분의 사람은 '경쟁'이나 '스트레스'라는 단어가 먼저 떠오를 것이다. 이에 못지않게 '암투'나 '사내 정치'가 생각날 수도 있다. 직장이 총성 없는 전쟁터라는 말은 결코 과장이 아니다.

내가 직장에 들어가기 전 가족들은 내 성격이 너무 올곧고 솔직해 직장생활을 잘 할 수 있을지 걱정했다. 그래서 연신 직장 선후배와 관계를 잘 유지하라고 당부했다. 누군가를 해할 마음을 품어서도 안 되지만 무방비 상태로 있어서도 안 된다고 충고해주었다.

하지만 직장에 들어온 뒤 상황은 매우 긍정적이었다. 내 주위에는 뛰어난 선배들이 있었고 그중에는 직장생활 초기에 멘토로 삼을 만한 인물도 적지 않았다. 나는 어느새 우수한 팀에 합류해 함께 성장할 수 있었다. 서로 도우며 일하는 것이 고립되어 혼자 일하는 것보다 더 효율적이고 즐거웠다.

'포용적 성장'이라는 단어는 이런 상황을 설명하기에 매우 적합하다. 직장 동료 간의 상호 도움과 격려, 직장 후배에게 전하는 선배의 가르침, 신입이 베테랑 사수를 서브하는 것 등 이 모든 일이 결국 단결과 협력이었다.

공생 효과란 무엇인가?

식물은 홀로 성장할 때는 왜소하고 단조로운 형태를 띠지만 많은 동종 식물과 함께 성장하면 뿌리도 깊어지고 잎도 무성해진다. 이는 자연계에서 흔히 볼 수 있는 현상이다. 사람들은 이와 같은 상호 촉진 현상을 '공생 효과'라고 부른다.

인간 사회에도 '공생 효과'가 존재한다. 여기서 공생은 모든 구성원이 상호 이익이라는 매커니즘을 통해 유기적으로 결합하고 함께 생존하는 것을 의미한다. 이것은 자연계에도 존재하고 인간 사회에도 존재하는 보편적 현상이다. 공생 시스템 내의 구성원은 누구나 이 시스템을 통해 독자적으로 생존할 때보다 더 많은 이득을 얻을 수 있다. 이른바 '1+1〉2'의 '공생 효과'를 얻는 것이다.

'공생 효과'에 관한 대표적인 기업 사례로는 빌 게이츠와 폴 앨런이 공동 창업한 마이크로소프트사, 마윈과 그의 18명 친구가 세운 알리바바사 등이 있다. 우수한 사람들과 함께하면 좋은 환경에서 성장할 수 있다. 그들의 경험에서 성공과 실패를 배우며 나는 더 뛰어난 인물이 될 수도 있다.

직장에서 자주 보는 공생 효과

1. 인재가 인재를 끌어들인다

걸출한 인재가 한 명 들어오면 인재들을 연이어 영입할 수 있고 나아가 점차 인재 풀을 형성하게 된다. 인재로 인재를 끌어들이고 발굴하는 법칙이다. 이런 법칙을 이용하면 조직에 큰 유익을 가져올 수 있다.

다음과 같은 경우를 생각해보자. 최고 스타급 선수를 영입한 농구팀은 그보다 아래 급 스타 선수를 훨씬 수월하게 영입할 수 있다. NBA 구단 중 'Big 3(선두 세 팀)'를 쉽게 조직할 수 있는 이유가 여기에 있다.

2. 인재의 집결, 반짝반짝 빛을 내다

탁월한 인재가 모여 있는 집단에서 인재 간의 상호 교류와 정보 공유는 인재와 집단 모두에게 성장할 수 있는 큰 힘을 준다. 1901년부터 1982년까지 노벨상 수상자 25명을 배출한 영국 캐번디시 실험실이 바로 '공생 효과'를 훌륭하게 활용한 예다. 이 사례를 통해 조직의 리더는 '공생 효과'를 충분히 이용해 인재를 영입하고 인재가 충분히 능력을 발휘하는 집단을 만들어야 한다는 교훈을 얻을 수 있다.

3. 작은 풀도 큰 나무의 자양분이 될 수 있다

큰 나무 밑은 엄청 시원하다. 팀에서 막강한 실력을 가진 팀원을 멘토로 삼으면 기술을 배울 수도 있고 팀의 분위기에 힘입어 좋은 실적을 올릴 수도 있다. 사실 실력자는 유능할수록 처리해야 할 일이 많고 잡무도 적지 않다. 신입이 실력자를 위해 자질구레한 업무를 해결해준다면 업무 시간 절약에도 도움을 줄 뿐만 아니라 신입 자신의 인맥 확장에도 도움이 된다. 이런 사소한 행동은 자기 발전의 기회가 되고 조직 전체의 효율이 올라가는 데도 기여한다.

경쟁 중 성장하는 방법

1. 사회 초년생은 거목을 찾자

업무 초반에는 경험이 부족하기 때문에 빠른 시일 내에 본보기로 삼을 만한 멘토를 찾아서 최대한 배워야 한다. 가능한 범위 내에서 멘토의 업무를 서브해주면 더 좋은 관계를 쌓을 수 있고, 직장생활 초반에 많은 도움과 원동력을 얻을 수 있다.

2. 직장생활 중반기에는 팀워크를 즐기자

일정한 업무 경험이 쌓이면 조금씩 수준 높고 복잡한 업무를 접하게 된다. 이때 각개전투 방식으로는 업무 처리가 힘들고 타인과 협력하며 업무를 수행해야 한다는 이치를 깨닫게 된다. 이 시기에는 팀 구성원들과 함께 어려운 과제를 해결해야 한다. 팀은 자신을 키우는 토양이라는 사실을 잊지 말자. 실패했다고 자신을 너무 몰아세우지도 말고 성공했다고 너무 자만하지도 말자.

3. 직장생활 후반기에는 겸손하자

직장생활 후반기에 당신은 팀의 중요한 간부가 되거나 팀에서 가장 유능한 사람이 되어 있을 것이다. 어쩌면 직업적 성장 단계에서 가장 높은 단계에 올라 있을지도 모른다. 이때는 겸손한 태도만이 타인의 마음을 얻는 최고의 방법이다.

4. 관리팀은 공생의 환경을 조성해야 한다

운 좋게 고위 관리자가 된 뒤에도 자신의 성장 과정을 잊어서는 안 된다. 팀을 만들 때는 인재를 판별하고 잘 활용하는 능력이 필요하다. 즉, 적합한 사람을 적절한 위치에 배치할 줄 알아야 한다. '공생 효과'를 잘 활용해 분위기가 좋은 팀을 만들고, 경쟁 속에서 성장하는 선순환 구조를 만들어야 한다.

맺음말

"늑대와 같이 생활하면 당신은 포효하는 울음소리만 배운다." 유대인 경전 『탈무드』에 나오는 말이다. 뛰어난 사람과 만나면 좋은 영향을 받을 수 있다. 실력자와 교류가 많아지면 당신도 실력자가 될 수 있다. 당신과 동료들이 이미 실력자라면 '공생 효과'를 통해 대단한 성과를 얻을 것이다.

3장

직장의 '금기'를 번번이 건드리는 당신, 지뢰 제거 스킬을 연마하자

직장은 지켜야 할 규율이 많은 곳인 만큼 피해야 할 것도 많다. 직장에서 우리는 각양각색의 사람과 여러 가지 일을 마주하게 되므로 자신의 행동 거지를 주의해 금기를 건드리지 않도록 해야 한다. 하지만 현실에서는 직장의 '금기'라는 지뢰를 피하지 못하고 밟는 경우가 있다. 따라서 이 지뢰를 탐지할 수 있는 능력을 미리미리 갖추어야 한다.

밴드왜건 효과
패거리 짓는 행동은 금물이다

직장 내 모임

직장에 갓 들어간 신입은 모든 것이 낯설다. 그러다 보니 불안한 마음에 하루라도 빨리 주변 사람들과 친해지고 싶어 한다. 처음에는 입사 동기 모임이나 학교 동문 모임, 동호회에 들어가 사람들과 친해지는 경우가 많다.

입사 교육을 함께 받은 입사 동기끼리는 마치 대학 친구처럼 순수함과 풋풋함을 느낀다. 회사 내 또래 동료들과 모임을 갖고 같은 학교 출신 동료들과 동창회도 갖는다. 이런 모임은 어느 직장에서나 흔히 볼 수 있다.

회사 입장에서 그다지 탐탁지 않은 모임도 있다. 퇴근 후나 주말에 모여 같이 몰려다니면 분위기가 느슨해져 정상적인 출근 시간에까지 영향을 주기도 한다. 좀 더 심각한 폐해는 사무실 정치를 선동하는 '파벌' 모임을 꼽을 수 있다. 이는 개인과 회사의 발전을 방해한다.

밴드왜건 효과란 무엇인가?

사람들은 군중이 하는 행위를 따라하거나 군중이 신뢰하는 것을 추종하는 경향이 있다. 무리에서 고립되지 않으려고 개인은 별 깊은 생각 없이 대다수의 선택을 따른다. 군중의 영향을 받은 개인은 자신의 관점이나 판단, 행위를 의심하고 방향을 바꾸기도 한다.

이런 행동을 시쳇말로 '대세를 따르는 행동'이라 말하고, 사회심리학 용어로는 '밴드왜건 효과(편승 효과)'라고 부른다. 편승 효과에는 사상적 편승과 행위적 편승이 있다. 객관적으로 보면 이 효과 자체는 좋고 나쁨의 가치 판단이 존재하지 않는다. 다만, 어떤 상황에서 편승 행위가 일어나느냐에 따라 달라진다.

'밴드왜건 효과'에서 밴드왜건 오류(편승 오류)가 생기게 된다. 밴드왜건 오류란 많은 사람이 믿고 있는 바는 틀림없이 진실이라고 여기는 오류를 말한다.

직장 내 편승 심리

절대다수의 직장인들은 튀는 것을 싫어한다. '모난 돌이 정 맞는' 상황을 두려워하며 '실적을 쌓지는 못할망정 실수는 하지 말자'는 심정으로 자신의 본 모습을 숨긴 채 살아간다. 사실 이들의 마음속에 숨겨진 심리가 바로 '밴드왜건 효과'다. 그렇다면 이런 심리가 직장생활이나 개인의 커리어에 어떤 영향을 미칠까?

모든 일에는 양면성이 존재하듯 편승 심리도 마찬가지다. 직장생활에서는 적극적 편승과 소극적 편승이 존재한다. 한 개인의 커리어에 이 두 가지 편승은 각기 다른 영향을 미친다. 먼저 적극적 편승과 소극적 편승이 어떻게 나뉘는지 살펴보자.

1. 적극적 편승

회사나 조직은 업무 실적이나 효율 향상을 위해 적절하게 구조를 조정한다. 특정 업무를 수행할 팀을 임시로 만들 수도 있다. 팀에서 몇 명을 골라 리더로 지정해 팀을 이끌고 실적을 쌓게 한다. 이런 상황이라면 적극적으로 편승해야 한다. 조직의 공동 목표를 존중하고 실현하기 위해 노력해야 한다. 분명히 고위 관리자나 동료들이 기대하는 바일 것이다. 자연히 개인의 커리어에도 긍정적 영향을 미친다.

이외에도 임시성이 강한 모임이 있는데, 바로 '회의'다. 효율적인 회의 진행을 위해 이견은 잠시 제쳐두고 의견의 합일점을 찾아가야 한다. 공감대를 형성한 문제는 통과시키고 논쟁의 여지가 있는 문제는 토론을 통해 해결 방법을 제시해야 한다. 하지만 타인의 시간을 낭비하거나 자신을 뽐내기 위한 용도로 회의를 이용해서는 안 된다.

2. 소극적 편승

이른바 '음의 조직'은 위에서 말한 회사에서 기획한 모임과는 다르다. 비공식적으로 패거리를 짓는 행위는 직장에서 피해야 할 금기 사항 중 하나다. 일반적인 상황에서 윗사람들은 이런 패거리를 싫어한다. 물론 개중에는 회사 업무를 잘 처리하는 사람들도 있다. 하지만 누군가는 정서적으로 다른 사람에게 악영향을 줄 수도 있다. 윗사람들은 바로 이런 경우를 염려하는 것이다. 패거리를 지으면 대인관계뿐만 아니라 일 처리에도 원칙 없이 사사로운 감정에 치우칠 가능성이 높다.

패거리의 또 다른 맹점은 인재를 배척하게 된다는 것이다. 무릇 진정한 인재는 작은 울타리에만 머물지 않고 독자적으로 행동할 때도 있다. 하지만 이런 이유로 인재가 패거리의 공격 대상으로 전락하고 만다. 패거리 짓기는 인재에게 천적과도 같다. 따라서 기업 발전의 암적 존재인 패거리는 단호하게 제지하고 싹부터 없애야 한다.

어떻게 자신의 위치를 바로잡고 맹종을 피할까?

1. 객관적으로 공정하게 바라보자

여기서 말하는 '객관'은 있는 사실 그대로를 따르는 것이다. 객관적인 실체를 과학적으로 바라보고, 상황과 대상을 면밀히 살피며, 전달 방식과 사실 왜곡에 주의해 맹목적인 편승을 피하자.

2. 생각의 독립

'생각의 독립'이란 맹종을 피하고자 하는 강인한 신념이자 한 개인의 본질적인 독립을 말한다. 자신의 존재 가치를 이해하고 존재 이유를 탐색하면서 주체적인 생각으로 세상의 모든 존재를 바라보아야 한다. 그러면 맹종을 피할 수 있다.

3. 전체를 인식하자

문제를 판단할 때 지나치게 단편적으로 접근하면 전체적인 안목을 가지고 접근하는 사람을 이해할 수 없다. 편협한 사고방식은 직장에서 환영받지 못한다. 문제를 처리할 때 사사로운 이익을 따지지 말고 다수의 이익을 고려해야 한다. 사건의 핵심을 이해하고 대승적인 관점으로 문제를 살펴야 한다.

맺음말

어떤 상황에서 정확한 정보가 충분하지 못하면 편승을 피하기 어렵다. 물론 타인의 행동을 모방한다면 무사할 수는 있다. 전략의 모방이 때로는 리스크를 효과적으로 피하는 수단이 될 수 있다. 하지만 줏대 없이 '협력'이라는 미명하에 맹목적으로 편승하는 행위는 삼가야 한다. 옳고 그름에 대한 판단 없이 획일적으로 다수를 따르고 대세를 뒤쫓는 행위는 지양해야 한다. 이는 개인의 커리어에도 아무런 도움이 되지 않는다.

이성 효과
남녀가 함께 일을 하면
시너지 효과가 난다

남자와 여자는 서로 끌린다

어릴 적 우리는 잘생기고(또는 예쁘고), 능력 있고, 성격 좋은 완벽한 이성을 만나길 꿈꾼다. 사춘기에는 마음에 드는 이성을 쟁탈하기 위해 싸움도 불사한다. 대학에 입학할 때는 소속 학과의 성비가 영원불변의 화젯거리다.

이성 앞에서 어떤 능력을 선보일 때 에너지가 충만해지는 것을 경험해본 적 있는가? 이성과 파트너가 된 뒤에 더욱 비상해지거나 용감해진 적이 있는가? 그렇다. 이런 경험을 배경으로 '남녀가 파트너로 일하면 시너지 효과가 난다'라는 통설이 등장한 것이다.

일과 삶에서 이성은 어떻게 큰 영향력을 불러일으킬 수 있는 걸까? 이런 영향력은 과연 긍정적일까, 부정적일까?

이성 효과란 무엇인가?

우리는 이성과의 접촉을 통해 남을 끌어당기는 흡인력과 보이지 않는 잠재력을 키울 수 있다. 직장에서도 남녀가 함께 일하면 시너지 효과가 일어나는데, 이러한 현상을 '이성 효과'라고 한다.

미국의 어느 과학자가 흥미로운 현상을 발견했다. 우주 비행사 가운데 약 60%가 우주 비행 도중 두통, 불면증, 메스꺼움, 의욕 저하 등을 겪었다. 심리학자들이 분석한 결과, 우주 비행선에 탑승한 사람들이 모두 남성이라는 사실이 원인으로 밝혀졌다.

이후 관련 부처는 심리학자들의 건의를 받아들여 우주 임무를 수행하는 팀에 여성을 배치했다. 그 결과 우주 비행사가 겪었던 부적응 증상들은 사라졌고 업무 효율도 대폭 향상되었다. 이것이 바로 남녀가 파트너로 일하면 시너지 효과가 난다는 '이성 효과'가 전형적으로 작동한 사례다. 이처럼 '이성 효과'는 심리학적 근거를 바탕으로 한다.

이성 효과는 진짜 효력이 있다

학습이나 업무에서 이성이 정말로 긍정적 작용을 한다는 사실이 증명되었다. '이성 효과'는 구체적으로 어떤 부분에서 표출될까?

1. 여성 앞에서 남성은 더욱 성취감을 느낀다

여성에 비해 남성은 시각적으로 이성의 정보를 얻는 것을 선호한다. 여성은 외모, 헤어스타일 등 외적 특성으로 남성의 관심을 끌고 남성의 감각기관에 자극을 줄 수 있다. 또한 남성은 표출 욕구나 정복욕이 여성보다 강해 무의식적으로 이성에게 칭찬과 호감을 얻고 싶어 한다.

남성은 여성 앞에서 자신의 능력을 선보일 때나 이성 동료와 파트너가 되었을 때 긴장감이 높아지면서 집중력도 올라간다. 이는 성취감을 느낄 때 수반되는 신체적 감각이다.

2. 남성 옆에서 여성은 더욱 안정감을 느낀다

많은 직장인 여성이 스스로 예민하고 여리다고 느끼며 무슨 일이든 조심스러운 경향이 있다. 하지만 남성과 함께 일할 때는 사소한 일에 염려하지 않고 좀 더 마음의 안정감을 느낀다. 여성은 업무에서 어려움을 겪을 때 남자 동료에게 수월하게 도움을 받기도 한다.

3. 생리적 요인도 있다

심리적·정신적 요인 외에도 연구자들은 '남녀가 파트너로 일하면 시너지 효과가 나는' 다른 이유를 제시했다. '페로몬(pheromone)'은 인간이나 동물의 피부 또는 외부 장기에 분포된 호르몬 샘을 통해 외부로 분비되는 물질이다. 뚜렷한 냄새를 지니는 이 물질은 주변에 있는 이성에게 쉽게 포착되고 행동에도 영향을 미친다.

이성 효과가 작동하기 위해서는 전제 조건이 필요하다

1. 남녀 비율은 반드시 균형을 이루어야 한다

'홍일점(또는 청일점)'이나 '소수의 사람만 주목받을 수밖에 없는' 남녀 비율은 피해야 한다. 이런 비율로는 업무 효율을 효과적으로 향상시킬 수 없다. 여성(또는 남성)의 비율은 최소 20% 이상 되어야 한다. 물론 남녀 비율이 5:5에 가까울수록 좋다.

2. 파트너는 '썸'을 타는 상대가 아니다

남녀가 함께 일을 할 때는 반드시 서로가 단순한 동료일 뿐이라고 생각하며 마음을 단속해야 한다. 이런 전제 조건만 충족되면 남녀 혼성팀이 동성팀보다 훨씬 협력을 이루고 서로를 격려할 수 있다. 이성 동료 간의 정이 업무에 투영되면 단기적으로는 잘 맞는 파트너가 될 수도 있지만, 시간이 지날수록 사사로운 감정에 얽매여 업무를 지속할 수 없는 지경에 이른다.

이성 효과는 어떻게 나타날까?

1. 장점은 부각하고 단점은 보완한다

남녀는 상호 교류와 이끌림을 통해 상대의 장점과 자신의 단점을 쉽게 파악할 수 있다. 서로에게 배우는 과정에서 장점을 부각하고 단점을 보완해 자신을 더욱 풍요롭고 완벽하게 만들 수 있다.

2. 학습과 활동 효율을 높인다

남녀는 성별의 특징이 달라 함께 일할 때 서로에게 깨달음을 주고 생각의 폭을 더욱 넓힐 수 있다. 신선한 관점이나 새로운 영감을 주기도 하고 미처 생각하지 못했던 지혜를 얻기도 한다.

3. 자신을 평가하는 법을 배운다

남녀는 자신과 다른 이성을 비교하며 평가하는 동시에 자기 자신을 평가하는 법을 배우게 된다. 이성 간의 이런 상호 작용은 남녀 동료를 서로 성장시키는 원천이자 촉매제 역할을 한다.

4. 팀의 응집력을 높인다

'이성 효과'가 작용하면 팀 안에 화기애애한 분위기가 조성되고 구성원 간에 어느 정도 정서적으로 의지하는 관계가 형성되어 팀의 응집력은 더욱 높아진다.

맺음말

인생은 풍요롭고 다채롭다. 조물주가 이 세상에 남자와 여자를 창조한 것에는 서로 도우며 함께 어려움을 이겨나가라는 의미가 담겨 있다. 심리학자들은 이미 '남녀가 함께 일하면 시너지 효과가 난다'라는 통설을 뒷받침하는 과학적 근거를 찾았다.

모든 일에는 장단이 있는 법이다. 직장에서는 어떤 일이라도 긍정적 면이 존재한다. 부정적 영향은 최대한 피하고 업무 효율을 최대한 끌어올려 더 나은 성과를 얻도록 하자. 이성 동료를 대할 때는 결코 한쪽으로 치우쳐서는 안 되고 사사로운 감정이 발전하지 않도록 주의해야 한다. 이제 이성 동료와 함께 일하는 기쁨을 제대로 누려보자.

그랜드마 모지스 효과
본능적인 두려움으로 자신을 망가뜨리지 말자

한 개인의 금기는 무너뜨릴 수 있다

직장에는 암묵적 관행이 많고, 모든 관행에는 건드리지 말아야 할 금기가 있다. 실제로 개인의 경험은 유한하므로 금기를 모두 피하기는 어렵다. 하지만 대부분은 관행적인 금기 사항이므로 제멋대로 활개치고 다니지 않으면 시간이 흐르면서 자연히 알게 된다.

그렇다면 어떤 금기가 자신에게 해를 끼치고 심할 경우 앞날까지 망쳐 놓을까? 대수롭지 않게 여기지만 엄청난 파괴력을 지닌 것이 바로 본능적 두려움이다. 우리는 "이건 내 능력 밖의 일이야", "너무 어려워", "나는 못해" 같은 말을 입버릇처럼 말한다.

이런 현상은 왜 일어날까? 사람들은 대부분 안정적으로 일정한 월급을 받되 일은 최대한 적게 하고 싶어 한다. 업무에서 이른바 '가성비'를 높이려는 심산이다. 일을 많이 하면 할수록 실수도 늘어난다는 생각에 일을 적게 하려는 심리도 있다. 한번 책임을 맡으면 회피할 수 없으므로 애초에 책임지지 않는 것이다. 이런 식으로 자신을 보호하려는 방어기제가 작용한다.

하지만 현실은 어떠한가? 직장 동료에게는 업무에 책임 지지 않는 사람, 소통과 협업이 어려운 사람으로 비칠 것이다. 직장 상사에게도 책임감 없고 배우려는 자세가 부족해 잠재력을 끌어낼 수 없는 직원으로 낙인찍힌다. 심한 경우에는 정리 해고 후보 1순위가 될지도 모른다. 자신은 잔머리를 굴리며 혼자 우쭐댈지 모르지만 회사에서는 완전히 배제될 수 있다.

그랜드마 모지스 효과란 무엇인가?

모지스 할머니는 한평생 땅과 씨름하며 살아온 농부였다. 76세에 관절염으로 밭일을 못 하게 되자 그림을 그리기 시작했고 80세에 개인 전시회를 열어 세상을 놀라게 했다. 101세까지 살았던 할머니는 1,600여 점의 작품을 남겼다. 삶의 마지막 1년 동안에도 40여 점의 그림을 그렸다. 사람들은 늦은 나이에도 놀랄 만한 예술적 성취를 이룬 모지스 할머니에게 큰 감동을 받았다. 이런 대기만성형 인생을 '그랜드마 모지스(Grandma Moses) 효과'라고 부른다.

그랜드마 모지스 외에도 대기만성 사례는 적지 않다. 사람의 일생은 기회와 변수로 가득하기에 '철밥통'을 고수하며 안일하게 지내서는 안 된다. 오늘날 정보는 폭발적으로 증가하고 새로운 지식이 끊임없이 탄생한다. 경험에만 의존하다가는 금세 뒤처지므로 평생 배우고 익히는 습관을 가져야 시대의 낙오자가 되지 않는다. 공부, 공부, 공부만이 시대의 흐름을 따라갈 수 길이다. 끊임없이 배우고 발전하는 사람만이 자기 인생을 설계하고 자아를 실현할 수 있다.

안이한 태도를 떨쳐버리자

그랜드마 모지스의 이야기를 접한 사람들은 보통 처음에는 경외심을 느끼고 나중에는 참회의 시간을 갖는다. 아직 파릇파릇한 청년인데도, 이제 막 장년에 들어서는 늦지 않은 나이인데도 벌써 배움의 열정이 식었다며 부끄러워한다. 이런 안이한 태도를 가진 젊은이들은 직장생활 중 보이지 않는 장벽에 부딪히면 그저 가만히 있다가 조용히 은퇴할 날만 기다린다.

직장에서 은퇴 시기만 기다리는 사람들은 비슷한 양상을 보인다. 매일 출근 시간에 맞춰 아슬아슬하게 출근 체크를 한다. 출근 후 인터넷 서핑이나 SNS 놀이를 하다가, 잠깐 업무를 처리하면서도 불만은 왜 그리도 많은지. 오후 근무시간이 절반쯤 지나면 벌써 퇴근 모드로 바뀐다. 퇴근 후에는 TV와 휴대폰 게임에서 눈을 떼지 못한다. '시체놀이' 하듯 소파에 널브러져 있는 것이 인생의 크나큰 기쁨이다.

반면, 열심히 일하는 사람들은 다른 모습을 보인다. 아침 일찍 일어나 공부하고 출근 직후 열정적으로 모든 업무를 꼼꼼히 점검한다. 회의 준비든 밀린 보고서 작성이든 적극적으로 열심히 하다 보니 맨 마지막으로 사무실을 나서는 경우가 허다하다. 퇴근 후에도 체력 단련에 시간을 투자하고 자기계발도 게을리 하지 않는다.

아주 먼 미래가 아니더라도 이 두 부류 사이에는 격차가 점점 더 커질 것이다. 결국에는 열심히 일하는 부하 직원이 관리직으로 승진해 게으른 상사가 옛 부하 직원의 지시를 받을지도 모른다. 안이한 태도로 일하는 것은 잠시 잠깐 편할지 몰라도, 장기적으로 보면 자신을 망가뜨리는 원인에 불과하다.

나아갈 방향을 정확히 잡고 자기 계발에 정진하자

직장에는 여러 유형의 인재가 있지만, 처음에는 누구나 백지상태로 시작한다. 그러므로 먼저 목표를 세우고 능력을 계발해나가야 한다. 가로를 능력의 범위, 세로를 능력의 깊이라고 하면 인재를 '一'자형, '1'자형, 'T'자형과 '十'자형 4종류로 구분할 수 있다.

1. '一'자형 인재

지식은 비교적 폭넓지만 어느 한 분야에서 특출한 능력은 없다. 접해본 분야는 많지만 모두 수박 겉핥기식이라 업무에서도 전문적 기술에 대한 이해가 결여되어 있다. 이런 유형의 인재는 초보나 입문 단계에 속해 있다. 대부분 단순하게 수행되는 업무 유형밖에 처리할 수 없고, 창의성과 전문성이 요구되는 업무를 맡을 수는 없다. 따라서 이런 유형의 직원이 성장하는 방법은 한 분야를 깊이 파고드는 것이다.

2. '1'자형 인재

한 분야에서 전문 지식이 깊지만 지식의 넓이는 좁다. 일반적으로 전문적 기술은 가진 인재가 여기에 속한다. 주로 기업이나 조직에서 '전문가'로 불리며 비교적 독립적이고 난이도가 있는 업무를 처리한다. 그러나 종합적 능력은 결여되어 있고 때때로 소통 능력 부족이 업무를 처리하는 데 걸림돌이 된다. 이런 유형의 인재는 종합적 능력 계발을 통해 한 단계 더 발전할 수 있다.

3. 'T'자형 인재

비교적 지식이 폭넓고 특정 분야에서는 자신의 특기를 가지고 있는 인재다. 독자적으로 한 분야를 도맡을 수 있고 부서의 책임자나 기술 선임자가 될 수 있다. 성장의 관점에서 보면 이런 유형의 인재는 '一'자형 인재가 수직 방향으로 발전하거나 'I'자형 인재가 수평 방향으로 발전한 경우다. 창의성과 혁신성이 부족하다는 약점이 있으므로 이런 유형은 성장하기 위해 자신의 한계를 깨는 것이 선행되어야 한다.

4. '十'자형 인재

이 유형의 인재는 지식이 폭넓고 한 분야에서 전문성이 깊다. 팀을 이끌 줄 알고 혁신성을 지니고 있으며 실력이 뛰어나다. 이 유형은 'T'자형 인재가 한 단계 더 발전한 결과다. 오늘날처럼 경쟁이 치열한 시장에서 성장하고 발전하려면 더 많은 '十'자형 인재가 필요하다.

맺음말

성공은 나이와 상관없고 어떤 일을 시작한 시기와도 관계없다. 그보다는 얼마나 노력을 기울였느냐가 중요하다. 다시 말해, 진정한 성공은 꾸준한 노력의 산물이며 조급함이나 잔꾀 따위는 성공에 전혀 도움이 되지 않는다.

배움을 포기한 사람은 반드시 도태된다. 잔꾀만 부리는 사람은 아무것도 이루지 못한다. 성공에 조급한 사람은 베테랑이 될 수 없다. 길고 긴 싸움에서 온갖 두려움과 지루함을 극복하고 한 발 한 발 인생의 목표에 다가선 사람이 진정한 베테랑이다.

4장

직장의 암묵적 관행에 빠지지 않게
본질을 꿰뚫는 안목을 키우자

어디서든 규율을 따르지 않으면 목적을 달성할 수 없다. 직장도 마찬가지
다. 직장의 규율을 잘 파악하고 있지 않으면 영문도 모른 채 함정에 빠지
기 쉽다. 이는 매우 현실적이고 엄중한 문제다. 정세를 살피며 흐름을 파
악하는 것에 능숙하지 않으면 규율 안에서 순조롭게 일을 처리하기 어렵
다. 본질을 꿰뚫는 안목을 키워야 '초짜'에서 '고수'로 화려한 변신을 꾀
할 수 있다.

베버의 법칙
교묘한 암묵적 관행을 조심하자

숫자 앞에서 비이성적인 인간

먼저 일상에서 자주 접할 수 있는 상황을 살펴보자. 만약 신문 구독료가 월 2만 원에서 갑자기 20만 원으로 인상하면 구독자들은 분명 받아들이기 힘들 것이다. 하지만 아파트 매매가가 10억 원에서 1,000만 원 더 오른다고 해서 인상 폭이 그렇게 크다고 생각하지는 않을 것이다. 18만 원과 1,000만 원 차이인데도 전자가 더 말이 안 된다고 생각한다.

또 다른 예를 들어보자. 개당 1,000원이던 왕만두 가격이 하룻밤 사이에 1,500원으로 올랐다면 소비자들은 50%에 달하는 인상 폭이 너무 과하다고 생각할 것이다. 하지만 100만 원짜리 아이폰을 이벤트 가격으로 95만 원에 팔아도 할인 폭이 그리 크다고 생각하지 않을 것이다. 하지만 500원과 5만 원은 100배 차이가 난다!

베버의 법칙이란 무엇인가?

이런 심리적 반응은 보편적으로 일어난다. 즉, 사람은 강한 자극을 받은 뒤에는 다시 가해진 자극이 크게 느껴지지 않는다는 것이다. 심리적 반응을 위주로 살펴보면 첫 번째 큰 자극이 두 번째 작은 자극을 중화시킨다. 이런 사회심리학적 효과를 '베버의 법칙'이라고 부른다.

관심을 갖고 주의를 둘러보면 일상생활에서 '베버의 법칙'을 쉽게 찾아낼 수 있다. 여러 분야에서 이 법칙이 적용된다는 사실도 알 수 있다. 생리적으로나 심리적으로 사람은 점차 적응하는 기제를 갖고 있기 때문이다.

이즈음 여러분은 '베버의 법칙'이 직장생활과 어떤 관련이 있는지 궁금할 것이다. 직장생활에서 경험이 부족한 사람은 '베버의 법칙'에 '낚인' 사실조차도 모르지만, 현명한 사람은 업무 처리 과정에서 장애물을 줄이기 위해 '베버의 법칙'을 적극 활용한다. 직장에서 쉽게 볼 수 있는 '베버의 법칙'에 '낚이는' 사례들을 하나하나 살펴보자.

협상 테이블의 '밀당'

협상은 직장에서 자주 접하는 상황이다. 정식적인 비즈니스 협상 말고도 대다수의 일상적인 회의에서 협상의 요소를 쉽게 볼 수 있다. 협상 과정에서 쌍방은 자기편이 최대한 이익을 얻되 상대방과도 좋은 관계를 유지하려고 최선을 다한다. 이러한 '밀당'은 쌍방이 서로의 정보가 불투명한 상황에서 진행된다.

이런 협상 테이블이나 회의 석상에서는 '베버의 법칙'이 자주 활용된다. 예를 들면, 처음부터 상대방이 거부하기 힘들 정도로 유리한 조건을 제시한다. 협상이 일차적으로 종료되면 상대방에게 다소 불리한 세부 사항을 하나씩 제기해 상대방이 받아들이게 한다. 이러한 방식도 '베버의 법칙'을 기반으로 한 것이다. 처음에 제시한 유리한 조건에 상대방이 넘어가면 아무리 불리한 사항이 있어도 먼저 제시한 유리한 조건에 비하면 '비율적으로' 눈에 띄지 않아 큰 거부감 없이 수용하게 된다. 처음에 조건을 제시한 사람은 이런 식으로 소정의 목적을 손쉽게 달성할 수 있다.

가격 조정

가게에서 적용하는 일반적인 가격 조정 방식은 원가를 기준으로 가격을 조금 인상하고 소비자가 수용할 수 있는 수준이 되면 다시 가격을 인상하는 식이다. 하지만 이런 방법은 생각보다 효과가 좋지 않다.

'베버의 법칙'을 적용한 전략에서는 애초부터 가격을 높게 책정한다. 그러다가 적당한 시기에 대폭 가격을 인하한다. 인하 후의 가격은 여전히 원가보다 높지만, 소비자들은 마치 '득템'을 한 것처럼 받아들이고 가게도 큰돈을 벌 수 있다. 이것이 흔히 볼 수 있는 '빅 세일'이다. 오프라인과 온라인에서 모두 이런 전략을 사용할 수 있다.

인사 대변동

'베버의 법칙'은 종종 기업 경영의 인사 변동이나 조직 개편에도 적용된다. 모 회사에서 대규모 인사이동이나 감원을 진행해야 한다면 처음에는 아마도 모두가 놀랄 만한 인사 변동 소식을 흘린다. 그 후 직원들의 심리적 방어선을 조금씩 무너뜨려 퇴사를 일상적인 일로 만들거나 이런 회사의 방식에 염증을 느낀 일부 직원들이 스스로 회사를 떠나게 만든다.

흔히 접할 수 있는 또 다른 사례는 직원과 경영자의 불화다. 경영자의 눈엣가시가 된 직원은 법적으로 해결하자며 회사를 무서워하지 않는다. 그렇다고 경영자에게 아무 방법도 없는 것은 안 된다. 경영자는 해당 직원의 직무를 수시로 바꾸거나 일선 업무에서 배제해 직원 스스로 견딜 수 없어 사직서를 제출하게 만들기도 한다.

신참의 이미지

신참 A는 처음 업무를 시작할 때만 해도 성실하고 부지런했다. 하지만 어느 정도 적응하자 긴장이 느슨해졌다. 주변 동료들은 A를 시작만 요란하게 하는 인물이라고 평가했다. 심지어 A의 인간성까지 의심하는 동료도 있었다.

신참 B는 처음에 모든 일이 서툴러 굼뜨고 규율도 제대로 지키지 못했다. 한참이 지난 뒤에도 겨우 자기 업무만 해냈지만 동료들은 B를 두고 점점 나아지고 있고 열심히 노력하는 사람이라고 평가했다. 사실 A의 능력이 B보다 훨씬 뛰어나지만 이런 상반된 평가가 나오는 것이다.

맺음말

일상생활에서 '베버의 법칙'은 좋지 않은 결과를 가져올 수도 있다. 예컨대, 가장 가까운 가족의 오랜 보살핌은 당연한 것으로 여기지만, 낯선 이의 작은 호의에는 큰 기쁨을 느끼기도 한다.

그래서 이 법칙을 '교활한 법칙'이라고도 한다. 생리적으로나 심리적으로 인간은 무슨 일에든 적응하는 매커니즘을 가지고 있기 때문에 이 법칙은 인간사의 거의 모든 분야에 나타난다. 현명한 사람은 '베버의 법칙'을 잘 활용해 업무를 수월하게 진행한다.

'베버의 법칙'에 따르면, 타인에게 도움을 줄 때도 좋은 상황보다는 힘든 상황에서 도움을 주면 상대방은 더 큰 고마움을 느낀다. 남을 돕는 일에도 지혜가 필요한 것이다. 혹시 내가 도움을 받는 입장이라면 주어진 상황에 무뎌지지 말고 작은 도움이라도 소중히 여기고 감사할 줄 알아야 한다.

11 바넘 효과
꼼수의 함정에 빠지지 않게 조심하자

당신의 행동을 예측한다?

사람마다 성격이나 성향은 달라 보이지만 어느 면에서는 대단히 유사한 점이 있다. 인간은 누구나 타인이 자신을 좋아하게 만들고 싶고 타인이 자신을 보고 감탄하길 바라기 때문이다. 이것이 무슨 말인지 살펴보자.

당신은 자신이 좀 더 완벽해지길 바란다. 당신은 잠재력을 가지고 있지만 아직 제대로 발현하지 못했고 당신의 무기로 바꾸지도 못하고 있다. 성격상 단점은 있지만 이를 보완할 충분한 능력을 갖추고 있다. 겉으로 보기에는 규율을 잘 지키고 질서에 순응하지만 가끔 짜증이 솟구치고 불안할 때도 있다. 내가 정말 잘 하고 있는지 의심이 들어 스스로를 점검하기도 한다.

당신은 누군가의 구속이나 제한에 불만을 느낀다. 독립적으로 사고하는 것을 좋아하고 신뢰할 만한 근거가 없는 관점은 수용하지 않는다. 지나치게 솔직한 것이 오히려 나에게 해가 되는 것을 알기에 조심하려고 한다. 때로는 외향적으로 친절하고 상냥하며 사람들과의 교제에도 능하다. 하지만 내성적으로 소심하고 조심스럽고 과묵할 때도 있다. 가끔씩은 비현실적인 것을 꿈꾸기도 한다.

어떠한가? 당신에 대한 '예측'이 얼마나 적중했는가? 당신의 성격과 유사한 점이 많지 않은가? 그럴 수밖에 없다. 모든 사람에게 적용되는 설명이기 때문이다. 이것이 '바넘 효과'의 흔한 사례다.

바넘 효과란 무엇인가?

'포러 효과' 또는 '점술 효과'로도 불리는 '바넘 효과'는 1948년 심리학자 버트럼 포러가 실험을 통해 증명한 심리적 현상이다. 이 효과에 따르면, 대다수의 사람은 성격에 관한 포괄적이고 보편적인 설명을 쉽게 신뢰하고 자신과 매우 유사하다고 생각한다.

'바넘 효과'는 별자리별 성격 분석뿐 아니라 띠별 성격 분석, 혈액형별 성격 분석, 다양한 심리 테스트, 심지어 점술에도 적용된다. 이 모든 분석이나 테스트의 공통점은 바로 '통용 화술'이다. 보편성을 띠는 모델을 어떤 부류의 사람에게 적용하면 그 당사자는 자신에 관해 아주 정확하게 설명했다고 느낀다.

직장에서 빠지는 바넘 함정

앞에서 살펴본 '자기 사람 효과'와 뒤에서 살펴볼 '폭포 효과'처럼 '바넘 효과'도 화술과 관련 있다. 하지만 '바넘 효과'는 앞의 두 법칙과는 조금 다른 점이 있다.

'함정'이라는 표현을 쓴 이유는 직장에서 많은 사람이 청중의 입장이 되기 때문이다. 다시 말해, '자신감에 찬' 말을 하거나 '오랜 친구를 만난 듯한' 느낌이 들게 하는 화법을 구사하는 사람 앞에서는 객관적으로 업무를 처리하지 못하는 경우가 발생한다.

아래에 자기 판단을 잃게 만드는 말 가운데 흔히 볼 수 있는 예시를 들어보았다. 별 뜻 없어 보이지만 이런 말들은 간략하게 정리되어 있고, 포괄적이고, 모호하고, 아첨이 섞여 있다.

1. 탁월한 능력과 책임감을 겸비한 인재군요

누가 당신에게 이런 말을 했다고 해보자. 당신은 내심 기쁘지만 쿨해 보이려고 기분을 숨기지 않는가? 그러면서 속으로는 '보는 눈이 있군!'이라고 생각하지 않는가? 그런데 이런 상황을 마주치면 반드시 조심해야 한다. 당신도 모르는 사이 상대방은 슬쩍 무언가를 부탁하고 당신은 별생각 없이 부탁을 수락할지도 모른다. 나중에 가서 부탁을 들어준 것을 두고두고 후회할 수도 있다. 그렇다고 뱉은 말을 주워 담을 수도 없는 노릇. 울며 겨자 먹기로 부탁을 들어주어야 한다.

사실 이런 말은 전형적인 '바넘 함정'에 속한다. 직장에서 누구에게나 적용될 수 있다. 아무런 미움도 사지 않으면서 잠시 사람의 신경을 마비시킨 덕분에 상대방에게서 쉽게 자신이 원하는 바를 얻을 수 있다.

2. 열심히 일하면 섭섭하지 않게 해줄게요

이 말을 들으면 일할 의욕이 높아진다. 여러분도 많이 들어봐서 알 것이다. 처음에 상사나 사장에게 이 말을 들었을 때 가슴에 희망이 부풀어 오르고 사기가 높아진다. '열심히 일하면 승진도 하고 월급도 오를 거야!'라고 생각하며 좀 더 열정을 쏟아붓고 하루빨리 두각을 드러내고 싶어진다.

하지만 시간은 자꾸 흐르는 데 직위는 계속 그대로다. 월급도 채소 가격 인상 폭을 따라가지 못할 정도다. '내가 열심히 하지 못했나? 아닌데! 매일 노력하고 있는데 이걸로 부족하다고?' 이런 정답 없는 의문이 꼬리에 꼬리를 물고 이어진다. 하지만 "열심히 일하면 섭섭하지 않게 해줄게요"라는 상사나 사장의 말은 모든 사람에게 던지는 상투적인 말일 뿐이다!

3. 당신이야말로 우리가 찾던 인재입니다

면접을 볼 때 이런 말을 들으면 존중받는다는 느낌에 평생을 헌신할 직장을 찾았다고 생각할지도 모른다. 입사 후 열정을 다해 일하지만 점차 자신이 특별히 존중받고 있다는 느낌을 받지 못한다. 나중에서야 자신이 다른 사람들과 별반 다르지 않고 저들도 회사가 찾던 인재였다는 사실을 알게 된다.

함정에 빠지지 않는 방법

1. 먼저 객관적으로 자신을 바라보자

점술, 별자리, 혈액형별 성격 분석에 빠진 사람은 자신에 대한 객관적 인식이 결여되어 있다. 그저 그런 보편적인 말에도 현혹될 가능성이 높고 타인이 자신을 평가하는 것에도 예민하다. 그냥 재미로 하는 것은 상관없지만 맹목적으로 믿는 건 위험하다.

2. 정보 수집 능력과 예리한 판단력을 키우자

많은 정보를 수집하는 법을 배우자. 관찰과 분석을 통해 세상과 소통하자. 이것이 바로 자신의 미래를 객관적이고 정확하게 인식하는 첫 단계다.

3. 여러 방면의 사람과 자신을 비교·분석하자

만 리 길을 여행하는 것보다 많은 사람을 만나는 것이 낫다는 말이 있다. 적극적으로 타인과 자신을 비교·분석하고 타인의 의견을 경청하되 자신의 견해도 유지해야 한다. 이것이 객관성을 유지하는 효과적인 방법이다.

4. 성공과 실패를 통해 자신을 알아가자

정상에 오르지 않고서는 자신의 능력이 얼마나 대단한지 알 수 없다. 나락으로 떨어져 보지 않고서는 자신이 얼마나 보잘것없는 존재인지 알 수 없다. 인생의 중대한 변곡점은 자신을 새롭게 알아가는 소중한 자산이다.

맺음말

사람은 감정의 동물이기 때문에 자신을 있는 그대로 인식하는 것은 어려운 일이다. 그래서 자아를 찾아가는 여정을 멈추지 않는다. 주변 사람들이나 환경에 영향을 쉽게 받아 자기 생각을 잃어버리고 어떤 이미지나 말에 현혹되기도 한다. 자아를 찾아가는 여정에서 길을 잃고 헤매는 것이다. 하지만 끊임없이 자신을 성찰하고 주체성을 유지한다면 어떤 것에도 미혹되지 않고 올바른 방향으로 자아를 찾아갈 수 있을 것이다.

어항 효과
사적 영역에 대한 환상을 버리자

가장 인기 있는 사무실 자리는?

사무실에서 자리를 마음대로 고를 수 있다면 당신은 어떤 자리에 앉고 싶은가? 출입문 근처 자리에 앉고 싶은가? 이 자리에서는 사람들과 소통하기 가장 좋고 외부 손님에게 자리를 안내하는 역할을 맡을 수 있다. 아니면 밝은 창가 자리에 앉고 싶은가? 그 자리에서는 창밖의 멋진 풍경을 감상할 수 있다. 아니면 다른 사람에게 자신이 무엇을 하는지 들키지 않을 만한 후미진 구석 자리를 원하는가?

여러 해 일을 하면서 나도 각기 다른 심리적 단계를 거쳤다. 신입 사원 때는 구석진 자리가 탐났고, 일한 햇수가 좀 되자 가장 편안한 자리를 바라게 되었다. 그 후에는 모든 사람을 굽어볼 수 있는 탁 트인 자리를 원했다.

많은 관찰과 연구를 통해 이와 같은 자리 선정 심리는 성격에 따라 결정될 뿐 아니라 업무 능력과 태도에 따라서도 결정된다는 사실이 밝혀졌다. 구석진 자리를 선호하는 직장인 유형은 대부분 자신의 컴퓨터 화면을 다른 사람에게 보이고 싶지 않다는 것이 가장 직접적인 심리적 이유였다. 심지어 어떤 사람은 업무 시간 중 인터넷 서핑이나 게임을 하는 자신의 모습을 들키고 싶지 않아서라고 답변했다. 구석진 자리를 좋아하는 사람은 실제 업무도 남 앞에 성과를 드러내고 싶지 않거나 특별한 업무 성과가 없다 보니 공간적으로도 구석진 곳을 선호하는 경향이 나타났다.

하지만 구석진 자리에 앉는다고 해서 정말 근무 태도가 타인에게 보이지 않을까? 진짜로 자신의 프라이버시를 잘 숨길 수 있을까? 대답은 'No'다.

어항 효과란 무엇인가?

여러분은 사방이 투명한 어항에 금붕어를 키워본 적이 있는가? 어떤 각도에서 봐도 어항 안의 상황이 한눈에 들어온다. 실제로 회사는 어항에, 직원은 금붕어에 비유할 수 있다. 어항 속에 꾸며놓은 돌무더기 뒤에 숨으면 안 보일 것이라고 착각하는 금붕어처럼 직원도 구석진 곳에 숨으면 프라이버시를 보호할 수 있다고 생각한다. 하지만 과연 그럴까?

여기서 소개하려는 심리학 법칙은 '어항 효과'다. '어항 효과'는 일본 주식회사 베스트 덴키(Best DENKI)의 회장인 기타다 미츠오가 제시한 용어다. 밖에서 유리를 통해 어항 속 모든 상황을 한눈에 볼 수 있다는 것이다. 그래서 '어항 효과'는 '투명 효과'라고도 부른다.

사적 영역을 없애는 것을 넘어 경영의 투명성을 한층 강화하는 것이 훌륭한 관리 방식이다. 미츠오 회장은 기업 경영진의 수입을 투명성 제고의 핵심으로 보았다. 예컨대, 경영진의 수입과 비용 결산 내역을 기업의 이해 관계자들에게 사실대로 공개한 뒤, 이들이 제기한 비판과 건의를 받아들이고 직원들의 의견을 수렴해 경영 관리를 개선해야 한다고 주장했다.

사적 영역을 보호하겠다는 환상을 버리자

직장 내 업무 환경에도 감시 시스템은 존재한다. 사무실 컴퓨터의 작업 내용은 회사 시스템에 기록되므로 구석에 숨어 게임이나 딴 짓을 하면 안 된다. 나만 내 모니터 화면을 볼 수 있다고 생각하겠지만 어딘가에서 또 다른 눈이 당신을 예의 주시할 수도 있다. 더 중요한 사실은 한 사람의 근무 태도는 얼굴 표정이나 행동으로 쉽게 드러난다는 점이다. 실제로 회사에서는 직원의 모든 언행이 투명하게 공개된다.

앞서 말했듯이 직장은 무협지에 나오는 강호와 같다. 물론 피비린내가 진동하지는 않지만 곳곳에 지뢰가 숨어 있다. 업무로 만난 직장 동료를 친구로 생각하지 말자. 자신의 프라이버시를 모조리 동료에게 알려서는 안 된다. 그러면 자신의 정보만 남김없이 드러나 경쟁력을 잃을 수 있다.

적극적으로 자신을 표현해 주도권을 쟁취할 수 있다

'어항 효과' 이치를 깨달으면 직장에서 사적 영역을 추구하는 것은 무의미하다는 사실을 쉽게 알 수 있다. 오히려 이 효과를 역이용하면 자신을 적극적으로 PR하고 자신의 업무에서 더 나은 성과를 얻을 수 있다. 이를 위해서는 자리를 정리 정돈하는 법을 배워야 하고, 맡은 업무의 핵심과 특징을 꾀고 있어야 하며, 가끔은 자신을 잘 포장해 윗사람이나 동료에게 내보일 줄도 알아야 한다. 그러면 당신은 점차 주도적인 위치에 서게 되고 업무에 필요한 자원을 좀 더 손쉽게 확보할 수 있다.

이처럼 주도권을 얻고 나면 개인의 대외적 이미지를 만들 수 있다. 개인의 업무 능력을 홍보할 수 있고 안정적인 업무 스타일을 인정받아 자신의 영향력을 점차 확대할 수 있다. 업무 성과가 특출하다면 책상에 앉아 깜빡 졸았다고 해서 누가 감히 지적하겠는가?

관리의 핵심은 투명이다

'어항 효과'는 고도로 투명한 민주적 관리 모델을 비유한 용어다. '어항 효과'의 목적은 더욱 효율적이고 투명하게 기업을 관리하는 것이다. 기업의 투명성을 제고해 관리의 역량과 민주적 수준을 향상시키자는 것이다. 따라서 기업의 관리 제도와 과정도 직원들에게 투명하게 공개해 관리 효율을 높여야 한다.

일반적으로 관리 제도, 업무 과정, 책임 이 세 부분에서 투명성을 강조해야 한다. 업무 전체를 모두에게 공개해야 공평·공정·공개 관리 시스템에 탄탄한 기반을 다질 수 있다. 관리 제도의 투명성은 조직 관리의 공평성에 큰 도움이 된다. 하나의 제도 안에 여러 편법 행위가 존재하는 상황을 피할 수 있다. 제도 자체는 물론이고 제도의 이행 과정에도 투명성이 필요하다.

업무 과정의 투명성은 리스크 관리에도 도움이 되고 문제 발생을 막는 가장 좋은 방법이다. 지속적으로 모든 직원의 업무 상황을 공유하면 음지에서 자생할 수 있는 리스크를 막을 수 있다.

책임의 투명성은 더욱 공평하게 권력과 이익을 분배하고 이를 쉽게 납득하게 한다. 관리진에서 실무진까지 책임이 투명하고 명확하게 구분되어 있으면 책임을 전가하거나 조작할 수 없다. 누구나 착실하게 본연의 업무를 수행할 수 있는 여건을 만드는 것이다.

맺음말

'어항 효과'는 기업 관리에 활용되어야 한다. 임원이나 관리자에게 회사 법규와 제도, 업무의 투명성이 확보되도록 요구해야 한다. 그러면 관리자의 행위를 직원들이 감시할 수 있다. 자연히 관리자의 권력 남용이 효과적으로 방지된다.

동시에 직원들은 감독의 의무를 이행하면서 주체성과 책임감이 크게 향상된다. 이에 따라 업무에 충실하게 되고 애사심이 생기며 혁신적인 생각이 강화된다. 투명성과 공개성은 부패를 방지하고 나쁜 기풍을 막을 수 있는 비법이라는 사실을 꼭 명심하자!

5장

직장에 갓 입사한 신참이라도
자기 수양에 신경 써야 한다

학교를 이제 막 졸업한 사회 초년생은 큰 포부를 품고 직장에 입사하면서
전혀 새로운 삶을 살게 된다. 여유롭던 학창 시절은 가고 긴장된 직장생
활이 시작되는 것이다. 직장에서 초짜가 된 당신은 새로운 환경과 인간관
계 등의 문제에 직면한다. 직장의 룰을 따르는 것은 당신의 전문성을 드
러내는 척도이자 전반적으로 자아를 실현하는 기반이 된다.

원탁 효과
원탁회의는 모든 사람에게 평등할까?

원탁은 모든 이에게 평등하지 않다

나는 수많은 회의를 참석해봤다. 대부분 회의 참가자들은 서로가 원하는 바를 잘 알고 있었고 회의를 잘 진행했다. 그런데 나에게 깊은 인상을 심어준 독특한 회의가 하나 있었다.

우리 부서에는 대형 원탁 회의실이 있는데, 거기에는 큰 프로젝터와 스크린이 설치되어 있었다. 회의 테이블에는 16명 정도 앉을 수 있었다. 그날은 대형 프로젝트 회의가 열릴 예정이었고 회의 참가자가 많았기에 회의 테이블 주변에 자리를 더 마련했다. 회의 준비가 다 끝나고 상사가 오기를 기다리고 있는데 갑자기 난처한 상황이 발생했다. 늦게 회의실에 들어온 젊은 직원이 곧장 의장석에 태연히 자리를 잡고 앉는 것 아닌가!

다들 당황한 나머지 멀뚱멀뚱 쳐다만 보고 있었다. 누군가가 넌지시 눈치를 줬지만 젊은 직원은 전혀 알아채지 못했다. 또 다른 누군가가 큰 소리로 "높으신 분 자리에 앉으셨네요!"라고 말하자, 그는 놀랍다는 듯 "원탁회의 아닌가요? 아무 데나 앉아도 되는 거 아니에요?"라며 응수했다. 상사가 회의실로 들어온 뒤에야 그는 상황을 파악하고 회의실 문 쪽 일반석으로 자리를 옮겼다.

원탁은 모든 이에게 평등하다고 하지 않았던가? 원탁에서 하는 회의라고 해서 '원탁회의'와 동급으로 여겨서는 안 되며 회의의 성격을 분명히 파악해야 한다. 일반적인 상황에서 원탁회의라고 부른다고 해도 항상 자리에 관한 룰이 존재하므로 절대로 실수를 범해서는 안 된다.

원탁 효과란 무엇인가?

5세기 영국의 아서왕과 기사들은 지위 고하의 구분 없이 모두 원탁에 둘러앉아 회의를 진행했다. 여기서 '원탁회의'라는 말이 유래되었다고 한다. 원탁회의는 자리 구분이 없으므로 서열 다툼을 피할 수 있고, 따라서 회의 참석자의 '획일적 평등'과 '협상'이라는 의미가 내포되어 있다.

원이 상징하는 온화함과 곡선의 아름다움으로 원탁에 둘러앉은 사람들은 더 쉽게 이야기를 나누며 '친밀한 관계', '화기애애한 담화', '조화로운 분위기' 등을 느낄 수 있다. 이것이 바로 사람들이 원탁에 대해 갖는 심리적 효과인 '원탁 효과'다.

원탁회의는 경직된 계급 차이를 완화하고 모두가 동등한 분위기를 조성하려는 하나의 방법이었다. 중국에도 원을 중시하는 문화가 존재한다. 연회에서 귀빈을 초청하는 좌석은 원형 테이블로 되어 있는 경우가 많다. 원형 테이블은 자연스럽게 참여자들이 평등하고 하나가 된 분위기를 느낄 수 있게 만든다.

원탁회의, 그 실상은?

원탁회의에서는 참여자들이 원형 테이블에 둘러앉아 지위 고하를 막론하고 평등하게 회의에 참여한다. 앞에서 말했듯이 원탁회의는 영국 아서왕의 이야기에서 유래되었다.

참여자들의 대등함을 상징하는 원탁회의는 국제회의에서 흔히 볼 수 있다. 의장과 각국 대표의 좌석을 따로 구분하지 않았는데, 이는 평등한 협상의 정신을 잘 보여준다.

직장에서도 당신은 수많은 원형 테이블을 만나게 된다. 대규모 협상 회의, 소규모 회의, 귀빈 초대 연회, 휴게실 원탁에서 나누는 담소, 직장 동료 결혼식의 연회 테이블 등. 이렇게 많은 원탁회의나 모임에서는 대부분 자리의 서열이 존재한다. 특히 엄숙한 분위기의 대규모 회의일수록 이런 룰을 간과해서는 안 된다. 실수를 저지르면 타인에게 나쁜 인상을 줄 수 있고 개인 커리어에도 좋지 않다.

실제로 크건 작건 원형 테이블 회의에서는 엄격하게 좌석이 구분된다. 일반적인 모임이나 회식에서도 자연스러운 규칙에 따라 좌석이 정해진다. 동료의 결혼식에도 임원이 참석하면 그를 위해 가장 좋은 자리를 남겨두지 않던가. 이런 것이 직장생활을 오래 한 베테랑에게는 별로 어려운 문제가 아니지만, 신입 사원에게는 지끈지끈 머리가 아픈 문제일 수도 있다.

그렇다면 어떻게 앉아야 할까?

좌석이 구분된다고 가정해보자. 일반적인 상황에서 어떤 규칙이 존재할까? 원형 테이블에도 분명 상석이 있다. 프로젝터 스크린이 있다면 바로 맞은편이 상석이다. 회의 테이블에서 시야가 가장 좋은 자리가 상석이고, 의자가 특별히 크거나 장식이 화려하다면 상석일 가능성이 높다.

일반적으로 오른쪽 측면 자리가 왼쪽 측면보다는 높은 자리다. 당연히 원형 테이블에서는 좌우를 구분하기 쉽지 않지만, 상석을 기준점으로 두거나 회사 대표가 자주 앉는 위치를 관찰하면 된다. 회사 대표의 왼편 첫 번째 자리가 오른편 첫 번째 자리보다 높은 위치다. 그리고 직위 순서에 따라 교차 배열하면 된다.

가장 중요한 자리를 상석으로 삼고 양옆에 있는 자리가 두 번째, 세 번째 자리이고 이런 순서로 교차하며 배치한다. 상석과 마주 보는 자리가 가장 낮은 자리다. 다시 말해 상석에 가까울수록 직급도 높다. 이런 규칙을 이해

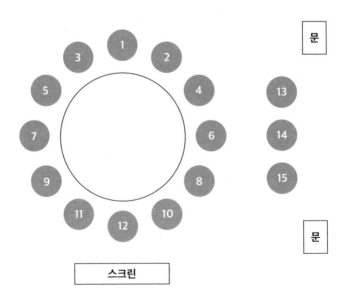

전형적인 원탁 회의실의 좌석 배치

하면 자신에게 알맞은 자리를 선택할 수 있다. 당연히 회의 테이블과 별도로 의자가 몇 개 놓여 있을 수 있다. 신참이라면 별도로 준비된 의자에 앉아 문지기 역할을 하는 것도 훌륭한 선택이다.

마지막으로 그래도 잘 모르겠다 싶으면 일단 기다리자. 참석한 여러 임원이 착석한 뒤에 앉아도 늦지 않다. 물론 이 방법은 조금 어수룩해 보이긴 하지만 최소한 규칙을 위배하는 실수는 피할 수 있다.

맺음말

직장은 암묵적 관행이 가득한 곳이다. 곳곳에 보이지 않는 규율과 서열이 존재한다. 아서왕이 제시한 원형 테이블은 모두의 평등을 위한 것이었다. 꿈은 원대하나 현실은 냉혹하다. 세상 그 어떤 임원이 아랫사람과 동등한 대우를 받기를 원할지 냉철히 생각해보라. 임원은 그저 겸손한 태도를 보이고 화기애애한 분위기를 만들려는 것뿐이다. 직급을 간과하는 행동은 직장의 금기다. 따라서 자신의 위치를 명확히 알고 윗사람에게 충분히 존중의 마음을 표해야 한다.

회사 회의실에 원형 테이블이 놓여 있다 해도 규칙은 존재한다. 당신이 원형 테이블에서 서열에 따른 자리의 차이를 감지하지 못하고 아무데나 앉아도 된다고 생각한다면 업무 처리 과정에서 난처한 상황을 자주 만나게 될 것이다.

앉는 자리 효과
어떻게 업무에서 유리한 고지를 차지할 수 있을까?

앉는 자리에도 원칙이 있다

입사 후 얼마 지나지 않아 부서에서 큰 회의를 열었던 기억이 희미하게 남아 있다. 사람이 아주 많았고 신입이었던 나와 동료는 각자 의자를 들고 조용히 구석에 앉았다. 등을 꼿꼿이 펴고 귀를 쫑긋 세워 임원의 이야기를 들었다. 회의에서 따로 나를 호명하지 않아 무사히 넘어갈 수 있었다.

입사 초기 회의 석상에서 눈에 띄지 않으려고 구석진 자리를 찾고, 회의가 끝나면 안도의 한숨을 내쉬며 자기와 관련된 일이 생기지 않아 다행이라고 생각하는 직원들이 꽤 많을 것이다. 하지만 늘 이런 식으로 피하기만 한다면 시간이 흘러도 자신의 존재감을 드러낼 수 없다.

반년이 지난 후 다음 해 근무 계획을 세우는 시기에, 고위층 간부가 각 부서에 방문해 회의실에서 직원들과 면담을 하자고 제안했다. 큰 회의실에는 직사각형의 회의 테이블이 놓여 있었다. 고위층 간부가 아무 자리나 앉기에 나도 아무 생각 없이 간부 맞은편에 앉았다.

간부끼리 한담을 몇 마디 나누더니 예상치 못하게 화제가 사원으로 옮겨졌다. 바로 맞은편에 앉아 있던 나에게 간부는 여러 가지 질문을 던졌다. 무엇을 물었는지는 중요하지 않았다. 어쨌든 나는 질문에 아무 대답도 하지 못하고 멍하니 앉아 있었다. 그리고 속으로 구석진 자리에 숨어 있어야 했다고 자책했다.

하지만 과연 이것이 최선의 방법일까? 언젠가 누구나 직면해야 할 문제다. 이후 나는 직장인으로 살면서 무수히 많은 회의에 참석하며 계속 성장했다. 구석에 숨어 전전긍긍하던 직원 중 하나였던 나는 담대하고 진솔하게 회의를 주재할 수 있게 되었고, 점차 직장에서 '앉는 자리'에도 많은 원칙이 있다는 사실을 깨닫게 되었다.

이 챕터에서는 여러 상황에서 가장 이상적인 자리를 선택하는 에티켓뿐만 아니라 앉는 자리를 통해 업무 효율을 높이는 방법도 살펴보고자 한다. 여기에는 중요한 심리 현상인 '앉는 자리 효과'가 숨겨져 있다.

앉는 자리 효과란 무엇인가?

매우 전형적인 사례를 하나 들어보겠다. TV 평론 프로그램 제작자인 한 미국인이 심리학자를 초빙해 어떻게 해야 프로그램이 더 인기를 끌 수 있는지 자문을 구했다. 프로그램에 나온 평론가들은 모두 당대 최고의 인물이었다. 하지만 항상 토론 분위기가 달아오르거나 절정에 이르지 못한 채 막을 내리기 일쑤였다. 제작자는 TV 프로그램이 더 흥행하길 바랐다.

심리학자는 이야기를 들은 후 좌석의 배치 방식을 바꿔보라고 제안했다. 기존에는 일렬로 앉았었는데, 두 사람이 마주 보며 앉게 배열을 바꾸라고 조언했다. 조언을 받아들인 후 프로그램은 매회 열띤 토론이 이루어졌다. 얼마 지나지 않아 흥행 신화를 쓴 대박 프로그램이 되었다. 토론이 너무 열정적으로 바뀌어 자문을 했던 심리학자조차 놀라움을 금치 못했다고 한다. 이렇게 앉는 자리 때문에 생기는 심리 효과를 '앉는 자리 효과'라고 부른다.

심리학자들은 사람들이 얼굴을 마주 보고 앉으면 '심리적 압박감'이 생긴다고 분석했다. 얼굴을 마주보고 앉으면 쌍방은 서로 시선을 마주하기 쉬워 압박감과 구속감을 느낀다. 일부러 상대를 응시하지 않아도 마주보는 것 자체로 상대의 심리를 자극한다. 반면 일렬로 앉으면 서로 시선을 교환하기 어려워 대립각이 대폭 감소한다. 그렇다면 직장에서도 앉는 자리가 업무에 큰 영향을 줄까? 과연 자리는 어떻게 선택해야 할까?

회의를 진행할 때

만약 당신이 이미 간부가 되었다면 회의 테이블에서 상석의 위치를 잘 찾아야 한다. 앞에서 봤던 원탁 그림의 1번 자리에 앉으면 한눈에 모든 사람을 바라볼 수 있다. 이런 상황에서 당신은 아무 자리나 앉으면 안 된다. 우두머리가 자기 자리도 모른다는 오해를 줄 수도 있고 업무 추진에도 별 도움이 되지 않기 때문이다.

당신이 일반 직원이고 회의에서 핵심적 역할을 하지 않는 경우에는 간부와 마주보지 않는 자리를 선택할 수 있다. 원형 테이블이라면 상석에서 직각 위치에 해당하는 자리, 즉 6번을 선택하면 된다. 이럴 경우 시선의 부담감이 적어 비교적 편안한 상태를 유지할 수 있다.

마찬가지 원리로 일반 직원이지만 두각을 드러내고 싶거나 간부의 시선을 끌어 임무를 부여받고 싶다면, 주저하지 말고 간부의 맞은편 12번 자리에 앉으면 된다. 이 자리는 보통 누구도 먼저 앉으려 하지 않을 테니 미리 맡아놓을 필요도 없다. 하지만 앉기 전에 충분히 마음의 준비를 해야 한다는 점은 잊지 말자.

직원으로 상을 받는 자리라면 간부의 맞은편에 앉는 것을 피하자. 간부가 직원을 치하하는 상황을 조금 어색하게 만들 수 있기 때문이다. 직원으로 대중 앞에서 지적을 받을 때는 최대한 간부와 직각인 위치 또는 간부에게서 가까운 좌측에 앉자. 그래야 난감한 분위기를 어느 정도 완화할 수 있다.

업무 보고를 진행할 때

당신이 간부라면 아랫사람이 좀 더 집중하고 업무의 핵심을 기억할 수 있도록 당신의 맞은편에 앉도록 직접 지시하자.

당신이 직원이라면 간부의 맞은편에 앉을 수밖에 없다. 필요하면 노트와 펜을 챙겨 필기를 하고 고개를 끄덕이는 등 이야기에 집중하고 있다는 반응을 보이자. 그러면 부담스러워하는 심리도 숨기고 열심히 경청하는 모습도 보일 수 있다. 장방형 탁자 회의에서 1번은 간부의 위치고, 3번은 직원의 위치다.

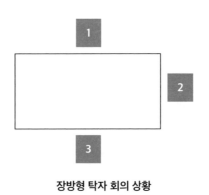

장방형 탁자 회의 상황

비공식 회의를 진행할 때

비공식 회의를 진행한다고 가정해보자. 예컨대 애로 사항을 토로하거나 업무를 총결산하는 등 상대적으로 편안한 분위기에서 회의를 진행하는 경우, 작은 원형 테이블에서 두 사람은 직각 위치로 앉아 대화를 나눈다. 비공식 회의에서 1번과 2번 위치에 해당한다. 이렇게 하면 좀 더 편안한 분위기를 조성해 소통의 효과를 높여준다.

어쩔 수 없이 마주 보고 대화를 나눌 수밖에 없다면 긴장된 분위기를 누그러뜨리는 방법을 활용할 수도 있다. 가령, 차를 같이 마시거나 서류를 함께 보는 방법이 있다.

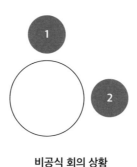

비공식 회의 상황

협상을 진행할 때

직장에서 협상은 매우 공식적이고 엄숙한 분위기에서 진행된다. 협상하는 쌍방은 회의 테이블에서 힘겨루기를 하면서 반드시 승패를 가른다. 협상을 할 때는 주도적인 태도로 상대를 제압하는 것이 매우 중요하다.

상대의 맞은편 위치에 자리를 잡거나 상석을 차지하는 것이 가장 좋다. 이런 식으로 심리적으로 협상의 우위를 차지할 수 있다. 장방형 탁자 회의에서 1번이 상석이고, 맞은 편 시선이 마주하는 곳은 3번이다.

맺음말

회의를 할 때는 각각의 상황에 따라 알맞은 자리를 선택해야 한다. 이는 사회생활의 룰이자 업무 효율과도 관련된 핵심 수단이다. 일반적으로 자리 선정은 직장 신참에게는 매우 어려운 문제다. 하지만 직장에서 고속 승진을 하고 싶다면 이런 룰을 잘 알아야 한다.

각각의 자리에는 나름대로 의미가 내포되어 있다. 미묘한 심리 현상인 '앉는 자리 효과'를 적절히 활용한다면 당신이 성공으로 가는 길에 힘이 되어줄 것이다.

디드로 효과
목표에 맞게 행동함으로써 다각도로 개인의 소양을 높이자

목표와 행동은 반드시 조화를 이루어야 한다

직장에서 신입 사원이 욕을 먹는 가장 큰 이유는 '능력은 없는데 눈이 너무 높기' 때문이다. 목표와 능력이 균형을 이루지 못하는 것이다.

목표와 행동이 서로 조화를 이루지 못하는 현상은 다양한 형태로 나타난다. 이론만 알고 있고 자신의 능력을 과대평가하며 업무에 수반된 잡무는 거들떠보지도 않는다. 그러면서 전략을 세우거나 책임을 지시하는 것만 좋아하는 사람이 있다. 큰 포부를 품고 단시간에 최고봉에 오르고자 하지만, 평상시에는 공부하는 것을 게을리 하는 사람도 있다. 심지어 자신을 최고의 전문가라고 생각하지만 가장 기본적인 소양조차 갖추지 못한 사람도 있다.

디드로 효과란 무엇인가?

18세기 프랑스에 드니 디드로라는 철학자가 있었다. 하루는 친구가 디드로에게 고급스러운 재질로 만들어진 멋진 잠옷을 선물해주었다. 그런데 고급스러운 잠옷을 입고 서재에 있자니 가구가 너무 낡아 보였다. 스타일이 서로 어울리지 않고 카펫의 바늘땀도 엉성하기 짝이 없었다. 잠옷과 어울리는 서재를 만들기 위해 낡은 물건을 하나씩 바꿨고, 드디어 서재는 잠옷과 비슷한 수준으로 맞춰졌다. 그래도 뭔가 께름칙했다. 그는 '자신이 잠옷의 노예가 되었다'라는 사실을 깨닫고는 「나의 낡은 잠옷과 이별한 후의 고뇌」라는 글을 썼다.

200년 후, 미국 하버드대 경제학자 줄리엣 쇼는 『과소비 미국』(*The Overspent American*, 1999)에서 '디드로 효과'라는 새로운 개념을 제시했다. 새 물건을 소유한 뒤에 그것과 어울릴 만한 물건을 사면서 심리적 균형을 얻는 현상을 말한다. 나중에는 '어울림 효과'로도 불렸다.

얼핏 보면 이것은 부정적 심리 효과로 비쳐질 수도 있다. 한 가지 물건 때문에 불필요한 많은 욕망을 갖게 되고, 욕망을 충족시키기 위해 온 힘을 쏟아붓지만 결국 헛된 노력이라는 사실을 깨닫게 된다. 하지만 역으로 이런 인간의 기본 심리 특징을 적절히 이용하면 목표를 설정하고 행동을 제고시키는 데 도움을 주기도 한다.

디드로 효과를 통해 직업적 소양을 향상시키자

사람이 지닌 소양은 그의 언행에서 드러나게 마련이다. 특히 직장에서 신입 사원의 행동이나 태도는 임원과 동료에게 깊은 인상을 심어주고 향후 업무나 개인의 성장에도 영향을 미친다. 옷 입는 스타일이나 말투, 행동거지, 타인을 대하는 태도 이 모든 것이 성과와 연계되고, 심지어 개인의 잠재력을 표출하기도 한다. '디드로 효과'라는 심리적 수단을 잘 활용하면 전반적으로 훌륭한 성과를 얻는 데 도움이 될 것이다.

1. 단정한 옷차림과 행동에서 분위기를 풍긴다

두 사람이 있다고 가정해보자. 한 명은 티셔츠와 짧은 반바지를 입고 있고, 다른 한 명은 구두에 양복을 차려입고 있다. 누가 더 전문적으로 느껴지는가? 위의 두 가지 다른 차림새를 하고 있을 때 행동이나 태도가 달라지지 않는가? 답은 뻔하다.

그러므로 마음을 굳게 먹고 단정한 직장 룩을 자신에게 선사하자. 당신은 진중한 태도와 언행이 이런 복장에 더 잘 어울린다는 사실을 알게 될 것이다. 깔끔하게 정돈된 사무실 책상이 자신의 복장과 어울린다는 사실도 발견하게 될 것이다. 훌륭한 실적도 자신의 행동거지와 잘 어울린다는 사실을 조금씩 깨닫게 되고, 이런 식으로 선순환이 이루어진다.

2. 방향을 조준하고 전문 자격증을 취득하자

입사 후에는 대학 때 전공과 자신의 업무를 바탕으로 관심 분야를 정해보자. 그리고 업계에서 공인한 자격증이 있는지 파악하자. 확인했다면 최선을 다해 자격증을 취득해 스스로를 해당 분야의 전문가로 승격시키자.

일단 자격증을 취득하면 명성은 자연스럽게 퍼지기 마련이다. 하지만 특정 분야의 전문성일 뿐 자신의 전반적인 능력이 향상된 것은 아님을 알게 될 것이다. 그러면 좀 더 다양한 지식을 습득할 수밖에 없다. 다른 사람들에게도 자격증을 취득하거나 업무 훈련을 거쳐 더 많은 스킬을 습득할 수 있다는 사실을 몸소 보여줄 수 있다.

3. 큰 목표를 설정해 허풍을 떨어보자

'허풍을 떨면 언젠가는 대가를 치른다'라는 말이 있다. 늘 언행이 신중해야 한다는 것을 강조한 말이다. 그런데 혼자서 달성하기 힘든 목표를 여론의 힘을 빌려 이룰 수도 있다. 예컨대, 어느 기간 내에 어떤 목표를 완성하겠다고 사람들에게 선언하는 것이다. 물론 성취하는 데 어려움이 따르고 개중에는 믿지 못하는 사람도 있겠지만 어쨌든 소문은 만들어낼 수 있다.

이런 방법은 확실히 수습하기 힘들다는 '리스크'가 있다. 일단 소문이 퍼지고 나면 '칼퇴근'을 한다거나 퇴근 후 집에서 TV나 핸드폰 게임을 즐기는 행위는 모두 자신이 내뱉은 목표와는 동떨어진 행위다. 타인의 비웃음을 사기 싫으면 밤을 꼬박 새워 야근을 해서라도 허풍을 수습하기 위해 노력해야 한다. 당연히 큰 목표를 이루려면 세세한 계획이 수반되어야 한다. 냉철한 분석을 통해 끊임없이 목표를 재점검하고 철저히 계획을 이행하는 것만이 목표를 실현하는 유일한 방법이다.

4. 핵심에 초점을 맞추고 불필요한 일은 멀리하자

'디드로 효과'의 부정적 요소는 인간 내면의 욕망을 쉽게 불러일으키고 불필요한 일에 너무 집착한다는 것이다. 따라서 이런 부정적 요소에 경각심을 가져야 한다. 예컨대, 꽤 비싼 옷을 산 다음 이와 어울리는 명품 시계나 명품 가방을 하나 더 장만해야 하는지, 심지어 이와 어울리는 고급 승용차를 사야 하는지 따위를 고민하는 데 시간을 허비하지 말자. 업무의 핵심에 초점을 맞추고 행위 자체에 집중해야 한다.

맺음말

소크라테스는 이런 말을 했다. "사치스럽게 사느라 지쳐 있는 우리는 행복과는 점점 멀어져간다. 행복한 삶은 때로는 단순하다. 가장 좋은 집은 생활필수품을 갖추되 불필요한 물건은 하나도 없는 집이다. 사람은 만족을 알아야 한다. 다만, 일할 때는 부족함을 알아야 하고 배울 때는 만족을 몰라도 된다."

일과 삶에서 다각도로 소양을 갖추려면 첫째, '디드로 효과'가 가져오는 부정적 영향을 이겨내야 한다. 필요한 물건이 아니라면 최대한 욕심을 부리지 말자. 둘째, '디드로 효과'라는 심리를 적극 활용해 이상적인 목표에 자신의 행위를 맞추면서 좀 더 효과적으로 자신이 성장할 수 있도록 유도할 수 있다.

6장

진흙탕에서 구르되
오염되지 않는 인간이 되자

직장은 '밀당'이 난무하는 전쟁터다. 수많은 일이 비상식적으로 복잡하게 처리되므로 고상함을 유지하기도 어렵고 그렇다고 되는 대로 살아갈 수도 없다. 직장에는 꼼수와 거짓과 함정이 곳곳에 포진해 있어 그야말로 위험천만하다. 하지만 이런 환경에서도 맡은 바 직무를 잘 수행하고 자신만의 특장점을 만들어내야 진흙탕 속에서도 오염되지 않고 굳건히 살아남을 수 있다.

새장 효과
직장에서 꼼수에 당해본 적 있는가?

꼼수에 당한 교수

1907년 윌리엄 제임스 교수가 하버드대학교에서 퇴임했다. 같은 해에 절친한 동료인 물리학자 칼슨도 대학에서 퇴임했다. 하루는 두 사람이 내기를 했다. 제임스가 말했다.

"머지않아 자네가 새 한 마리를 키우게 하겠네."

칼슨은 콧방귀를 뀌며 대꾸했다.

"말도 안 되는 소리! 난 새를 키우겠다는 생각은 지금껏 한 번도 해본 적 없네."

며칠 후 칼슨의 생일이 다가왔다. 제임스는 멋지고 정교한 새장을 선물했다. 칼슨은 웃으며 말했다.

"멋진 장식품이라고 생각할 테니 괜히 헛수고하지 말게."

그 후로 칼슨 집에 오는 손님마다 책상 위에 비어 있는 새장을 보고 하나같이 물었다.

"교수님, 키우던 새는 언제 죽었습니까?"

칼슨은 매번 손님에게 자초지종을 설명해야 했다.

"새를 키운 적이 없습니다. 선물을 받았을 뿐이에요."

하지만 손님들은 당황하며 믿지 못하겠다는 표정을 지었다.

결국 칼슨 교수는 어쩔 수 없이 새 한 마리를 사고 말았다. 제임스가 의도한 '새장 효과'가 효력을 발휘하는 순간이었다.

새장 효과란 무엇인가?

'새장 효과'는 인류가 벗어날 수 없는 10대 심리 명제 중 하나로, 미국의 심리학자 윌리엄 제임스가 발견했다. 흥미롭게도 사람들은 어떤 물건과 관련된 다른 물건을 필요하지 않아도 계속 추가한다는 것이다. 이것이 '새장 효과'다.

실제로 우리는 일상에서도 '새장 효과'의 영향을 많이 받는다. 집에 빈 꽃병이 있으면 꽃을 사서 채우고, 수납장이 비어 있으면 물건을 사서 채워 넣을 궁리를 한다. 우리는 종종 내면에도 빈 새장을 하나 마련해놓는다. 그리고 자신도 모르는 사이에 그 안에 무언가를 채우고 있다. 그렇다면 직장에서는 이 '새장 효과'가 어떻게 나타날까?

직장 속 '새장'

1. 빈자리에 사람을 채우다

공기업이든 사기업이든 저마다 인력 조직 시스템을 갖추고 있다. 이 시스템에는 상하로 직급이 분포되어 있다. 흔히 볼 수 있는 직급 체계는 회장, 사장, 전무, 부장, 차장, 과장, 대리, 사원 등이 있다. 회사는 직급에 맞춰 사람을 뽑거나 채운다. 이것이 가장 보편적인 인사 관리 방식이다.

어떤 관리직이 공석이 되면 굳이 회사 운용에 큰 영향을 미치지 않아도 사람들은 이 자리를 계속 주시하게 된다. 고위급 간부들은 조직 구조를 '다이어트'하기보다 여전히 온전한 조직 체계를 갖추기 위해 이 자리를 채우려 한다. 어떻게 보면 '새장 효과' 때문에 기업 경영의 효율이 떨어지는 것이다.

2. 마케팅 전략

'새장 효과'가 소비자에게 더 많은 물건을 사도록 유도하는 마케팅 전략이 될 수 있다. 어떤 제품을 저렴한 가격에 또는 무료로 제공하는 대신, 그와 관련된 다른 제품을 판매해 수익을 얻을 수 있다. 세련된 테이블을 싼 가격에 판매했다고 하자. 테이블을 방에 놓은 소비자는 얼마 지나지 않아 의자가 너무 낡아 테이블과 어울리지 않으니 새로운 의자를 사야겠다고 생각한다. 또 얼마 후 테이블 앞에 있는 책장도 어울리지 않아 볼 때마다 눈에 거슬려 거금을 들여 책장을 바꾼다.

'새장 효과'는 잘 활용하면 일상에서 긍정적 역할도 할 수 있다. 만약 아이의 독서 습관을 키우고 싶다면 독서의 중요성을 쉴 새 없이 떠들기보다는 집에서 가장 눈에 잘 띄는 곳에 책을 비치하면 된다. 집을 방문한 손님이 아이에게 "책을 참 좋아하는 아이로구나"라고 칭찬하면, 평소 책을 잘 읽지 않던 아이라도 손님이 간 뒤에 알아서 책을 펼쳐 들 것이다.

3. 야근 문화

야근을 일부러 하고 싶은 사람은 아마 없을 것이다. 야근할 필요가 없는데 어쩔 수 없이 하는 상황도 적지 않을 것이다. 이런 상황을 어느 직장인이 좋아할까?

야근 문화는 전형적인 '새장'이다. 직원들이 야근하면서 더 많은 일을 처리하기를 바라는 마음에 자신도 야근하는 대표나 상사도 있을 것이다. 대부분의 직원은 용감하게 먼저 자리를 뜨기 힘들어하고 이런 분위기가 널리 퍼지면 정시 퇴근은 점점 희망 사항이 될 뿐이다. 어느새 직원들은 정시 퇴근을 염치없는 짓이라고 느끼는 사람으로 길러진다.

4. 업무 프로세스

일부 기업은 업무의 효율성을 위해 규범화된 프로세스를 만들고 이에 따르도록 지시한다. 하지만 현실은 항상 계획과는 다르게 돌아가는 법. 보통 업무는 시간이 흐르면 흐를수록 양이 방대해지고 복잡해진다. 그런데 정해진 과정과 규칙만 집착하다 보면 현실에서 어긋나고 발전을 이루지 못하며 창의력은 상실하고 만다.

플러스 사고와 마이너스 사고

수백만 년이라는 진화의 과정을 거쳤기 때문일까. 인류는 '플러스 사고'에 익숙해져 있다. 무언가 더 많은 것을 얻길 기대하고 이로써 안정감을 느끼려고 한다. 사람은 태어나서부터 죽을 때까지 줄곧 무언가를 배운다. 권력이나 부를 향한 인류의 욕망은 끝이 없다. 이 모든 것이 일종의 '플러스 사고'다. 본래 가진 것 위에 무엇을 더 보태려고 하는 행위는 얼핏 보기에는 더 괜찮아 보인다.

'마이너스 사고'는 이와 반대된다. 객관적으로 자신의 상황을 파악해 현재 자신에게 정말 필요한 것이 무엇인지 확실히 알아야 한다. 불필요한 것은 솎아내고 특별히 중요한 소수의 사람과 일에만 집중한다. 그리고 거기서 최고를 추구한다.

'새장 효과'는 인간의 '플러스 사고'와 관련 있다. '새장'에 새로운 것을 계속 추가해 완벽함을 꿈꾼다. 그런데 사실상 새장을 빼내면 머리 아플 일도 없어진다.

맺음말

'새장 효과'는 습관적 사고다. 사람은 습관적 사고를 활용하는 동시에 습관적 사고의 틀을 깨부숴야 한다. 그래야 장기적으로 발전할 수 있다.

우리는 새장 안에 갇힌 채 가만히 있어서는 안 된다. 혁신적 사고가 결여된 채 옛것만 고수하는 고집 센 사람이 되어서는 안 된다. 더 나은 업무 효과를 위해 상황에 따라 유연하게 대처하고 새로운 방식을 시도해야 한다. 오랜 통념에서 벗어나 다양한 각도에서 세상을 바라볼 줄 알아야 한다.

배추 효과
어떤 환경을 선택할 것인가?

끼리끼리 어울리다

나는 혼자 걸어서 출근하는 것을 좋아한다. 특히 햇볕이 따스한 아침, 노트북 가방을 메고 이어폰을 꽂은 채 파란 하늘을 올려다보며 시끌벅적한 사람들과 차 사이를 큰 보폭으로 걷는 것을 좋아한다. 회사 식당에서도 하하 호호 웃으며 수다를 떠는 동료들이나 혼자 조용히 앉아 음식을 음미하는 다른 동료들의 모습을 관찰하는 것을 좋아한다.

입사한 지 얼마 되지 않았던 직장생활 초반 몇 년간, 나는 대부분의 직장인처럼 동료들과 친해지기 위해 같이 밥을 먹거나 산책하거나 가끔은 주말도 같이 보내곤 했다. 동료들과 공통의 관심사를 두고 수다도 떨고 같은 취미도 공유했다. 나중에는 일을 대하는 태도도 비슷해지면서 함께 웃고 울며 애로 사항을 토로했다.

언제부턴가 문득 한 가지 현상을 목격하기 시작했다. 식당에서 간부는 간부끼리, 중간 관리자는 중간 관리자끼리 밥을 먹는 것이었다. 중년에 접어든 직원들로 구성된 테이블도 있었고, 웃음소리가 끊이지 않는 젊은이들이 모인 테이블도 있었다.

나는 각기 다른 성격의 무리 안에서 확연히 드러나는 특징을 발견했다. 이것이야말로 끼리끼리 어울리는 유유상종 아닌가? 그렇다면 나는 어떤 부류에 속해 있을까? 한 무리에 너무 오래 속해 있으면 당신에게도 그 무리의 '냄새'가 배게 마련이다. 배추처럼 말이다.

배추 효과란 무엇인가?

여기까지 여러분은 잘 이해했을 것이다. 일상에서 자주 접하는 배추에는 분명한 특징이 있다. 똑같은 배추라 해도 다른 물속에 담가놓은 후 따로 끓이면 각각 그 냄새가 다르다. 반대로 다른 배추를 똑같은 물에 담가놓은 후 끓이면 냄새가 비슷해지고 대부분 기존의 냄새는 잃는다.

이는 사람에게 미치는 환경의 영향과도 유사하다. 사람이 장기간 어떤 환경에 '노출'되면 성격이나 분위기, 사고방식 등이 분명하게 달라진다. 서로 다른 사람이라도 동일한 환경에서 오래 만나면 비슷한 점이 점점 많아진다. 그래서일까, '붉은 것을 옆에 두면 붉게 변하고, 검은 것을 옆에 두면 검게 변한다'라는 말이 예로부터 전해 내려온다.

'배추 효과'는 사람의 성장에 환경이 매우 중요한 역할을 한다는 사실을 밝혀냈다. 따라서 수십 년 동안 직장생활을 해야 하는 우리에게는 어떤 환경을 선택하느냐의 문제는 곧 어떤 나를 만들 것이냐의 문제와 직결된다.

어떻게 외부 환경을 선택할 것인가?

여기서 말하는 환경은 먼저 외부 환경을 가리킨다. 가랑비에 옷이 젖듯 환경은 개인에게 영향을 미친다. 우리가 자각하지 못하는 사이에 이미 변화가 일어난다. 그렇다면 직장인은 자신에게 긍정적 영향을 미칠 환경을 어떻게 선택할 수 있을까?

1. 자신에게 맞는 도시를 선택하자

많은 젊은 직장인이 도시 선택이라는 문제에 직면한다. 어떤 도시가 더 나은지 정답은 없다. 자신에게 적합한 곳이 정답이다. 도시마다 스타일이나 분위기가 다르기 때문이다. 대도시는 생활 리듬이 빠르고 중소도시는 한적하고 여유롭다. 도시의 분위기가 인생의 밑그림이 될 수 있다. 도시를 선택했다면 어느 정도 인생의 윤곽을 그린 것이나 마찬가지다.

2. 자신에게 맞는 회사를 선택하자

취업할 회사는 당신이 비상하게 될 하늘이다. 직장은 개인이 능력을 발휘하고 가치를 실현할 플랫폼이다. 자신의 능력을 발휘하면 할수록 더 많은 선택지가 제공될 것이다.

3. 자신에게 맞는 업무를 선택하자

나는 마케팅에 어울리는가, 아니면 행정에 어울리는가? 기술직인가, 아니면 관리직인가? 대학 전공과 업무에 대한 정보, 자신의 재능과 선호도와 미래 계획 등을 고려하면 나름의 판단 기준을 세워서 업무를 선택할 수 있을 것이다.

4. 자기 주변의 동료를 선택하자

동료는 어쩌면 가족들보다 더 많은 시간을 함께 보내는 사람일 수 있다. 어떤 유형의 사람과 일을 하느냐에 따라 당신이 어떤 사람이 되는지가 결정

된다. 최대한 능력이 뛰어나고 진취적이고 평판이 좋은 동료를 선택해 그와 함께 성장하자.

내재화가 외부 환경보다 더 중요하다

'연꽃은 진흙에서 나오지만 오염되지 않는다'라는 말이 있다. 환경은 그 저 외부 요인일 뿐 진정한 원인은 자기 자신에게 있다. 따라서 자신의 내면 을 계속 갈고 닦으면 환경과 서로 보완적 역할을 해 더 큰 발전을 도모할 수 있다.

1. 배움을 지속하자

공부가 필요 없다고 말하는 사람은 들어보지 못했다. 공부를 지속하면 서 사고 체계를 발전시켜야 외적인 분위기도 계속 바꿀 수 있다. 또한 타인 의 영향을 받지 않고 오히려 타인에게 영향을 주는 사람이 될 수 있다.

2. 과도한 모방은 삼가자

낯선 환경에 들어가면 누구든 환경에 적응하려고 애쓴다. 이를 위해 그 환경에 속해 있는 사람들의 의견에 귀를 기울이고 때로는 자신을 바꾸면서 다른 사람에게 맞춘다. 하지만 과도하게 모방하면 점점 자기 색깔을 잃을 수 있으니 주의하자.

3. 자기다움을 고수하자

자신을 가장 잘 이해하는 사람은 타인이 아닌 자기 자신이다. 사물이나 상황에 대한 자신만의 판단 능력을 갖추고 있을 것이다. 필요할 경우에는 자신의 견해를 고수하고 타인의 세 치 혀에 '굴복'하지 말자. 당신은 타인의 기생충이 아닌 독립된 개체다.

4. 반성하는 법을 배우자

어떤 냄새가 나는 환경에서 오래 머물면 자기 몸에서 나는 냄새를 자각하지 못한다. 청국장 집에서 식사했다고 하자. 다른 사람이 알려주거나, 아니면 외투를 벗어 놓은 후 한참 시간이 지나야 코를 찌르는 냄새를 풍긴다는 사실을 알아차린다.

우리는 때로 자신의 사고방식에서 벗어나 다른 시각으로 스스로를 들여다보고 현재 자신이 어떤 '냄새'를 풍기는지 파악해야 한다. 다른 사람이 '고약하다'고 이야기할 때는 이미 늦었다.

맺음말

인간의 성장에 환경의 영향은 빼놓을 수 없는 주제다. '배추 효과'는 바로 '인간은 환경의 산물'이라는 논지를 잘 보여준다. 따라서 직장에서도 자신에게 맞는 환경을 신중하게 선택해야 하고 또 환경이나 주변 사람을 잘 활용해 자신을 만들어나가야 한다. 그러면서도 개인적인 수양을 게을리 해서는 안 되며, 자기 자신에게 지금 어떤 '냄새'가 나는지 돌아보는 성찰의 시간도 필요하다.

후광 효과
후광 뒤에 가려진 진실이 보이는가?

일부를 보고 전체를 판단하다

미국의 심리학자 조지 켈리는 MIT 학생을 두 반으로 나눠 각각 한 차례의 실험을 진행했다. 수업 시작하기 전 학생들에게 대학원생이 대리 강의를 할 예정이라고 전했다. 이어서 학생들에게 이 대학원생에 관한 정보를 알려주었다.

한 반의 학생들에게는 이 대학원생이 열정이 넘치고 성실하고 현실적이고 성격이 대범하다고 설명했다. 다른 반 학생들에게는 '열정'이라는 단어를 '냉정'으로 바꾼 것 말고는 나머지를 동일하게 설명했다. 피실험자인 학생들은 이런 사실을 전혀 몰랐다.

수업이 끝난 후, 첫 번째 반 학생들과 대학원생은 마치 오랜 친구처럼 친밀하게 대화를 주고받았다. 반면 두 번째 반 학생들은 대학원생에게 격식을 차리고 거리를 두었다. 이 실험을 통해 단 하나의 단어가 전체적인 이미지에 영향을 준다는 사실을 알게 되었다. 학생들은 주어진 정보에 따라 색안경을 끼고 대리 강의를 하는 대학원생을 관찰했다. 대학원생은 이처럼 다른 색깔의 후광을 가지게 된 것이다.

이 실험은 '후광 효과'의 대표적 사례다. 일상생활에서 우리는 타인과 교류할 때 이른바 '핵심적 특징'을 가지고 사람을 판단한다. 사람들은 타인을 인식하거나 판단할 때 어느 한 부분에서 시작해 전체적인 이미지를 도출한다. 즉, 일부를 보고 전체를 판단하는 것이다.

후광 효과란 무엇인가?

'후광 효과'는 한 사람에게서 나타나는 어느 하나의 특징이 다른 특징을 가려 타인에 대한 편견이 생기는 것을 말한다. '후광 효과'는 일상생활에서 타인에 대한 인식과 평가에 적잖게 영향을 준다. 주로 개인의 선호를 근거로 도출된 기준에 따라 평가 대상의 다른 특징까지 판단하게 된다.

대상에 '좋음'이라는 평가가 내려지면 '좋음'이라는 후광이 에워싸며 모든 게 다 좋아 보인다. 반면 대상을 '나쁨'으로 인식하면 '나쁨'이라는 후광이 에워싸 나머지 모든 것도 나빠 보인다.

오늘날 우리 사회는 유명인의 효과를 매우 중시한다. 유명인의 효과가 바로 전형적인 '후광 효과'다. 대중은 유명인이 광고하는 상품은 더 좋다고 인식한다. 그래서 유명한 연예인이 광고 모델로 자주 등장하는 것이다.

후광 효과의 폐단

직장생활에서 한 개인이 외부로 표출하는 특징은 매우 피상적이다. 직장을 다니면서 자신의 진짜 성격이나 사적인 배경은 감추기 쉽다. 또한 직위, 권력, 실적에 따라 '후광 효과'를 만들기 쉬워 어떤 개인에 대해 단시간에 전반적이고 객관적인 판단을 내리기가 어렵다.

나는 처음 회사에 입사했을 때 사람마다 직위에 따라 다른 능력과 특징을 갖추었을 것이라고 생각했다. 하지만 매우 단순한 생각이었다. 한참 뒤에야 나는 사람이란 참으로 복합적이고 복잡한 존재라는 사실을 알게 되었다.

1. 성급한 일반화의 오류

우리가 겉으로 이해한 사물의 특징을 진짜 본질이라고 볼 수는 없다. 그럼에도 인간은 경험을 중시한다. 경험을 통해 머리는 덜 쓰더라도 빠른 시간 내에 무언가를 결정할 수 있기 때문이다. 부분적인 경험으로 전체를 추론하는 것이다. 이런 방법 역시 경험에 근거해 도출한 것이다. 하지만 사람은 매우 복잡한 존재라서 어떤 한 가지 특징을 가지고 전체를 재단하는 것은 '성급한 일반화의 오류'를 범하는 것과 같다.

2. 외형에 속는다

흔히 나타나는 '유명인 효과'나 '외모 지상주의'는 개인이 가진 부분적인 외형에 사람들이 주목하면서 생기는 현상이다. 물론 첫인상도 중요하지만, 외모와 내면은 직접적으로 관련이 없다는 점을 확실히 알아야 하고 이 두 가지를 억지로 엮어서도 안 된다.

3. 다른 것에도 영향을 미친다

'아내가 사랑스러우면 처갓집 말뚝을 보고 절을 한다'는 말이 있다. 어떤 사람에 대한 평가가 그 사람과 관련된 다른 것에도 영향을 미친다는 것이다. 하지만 이런 식의 판단은 오류를 낳기 쉽고 진실에서 점점 멀어지게 만들 뿐이다.

후광 효과로 두 눈이 멀지 않으려면

직위, 권력, 실적 등의 후광은 본질이 아닌 이미지일 뿐이다. 후광은 사람을 미혹시킬 때도 있다. 특히 직장에서는 이런 후광에 두 눈이 멀지 않아야 한다. 정신을 똑바로 차리고 외형 속에 숨은 진실을 꿰뚫어 보자.

1. 외모로 판단하는 것은 금물

아름다운 외모는 건강하고 긍정적인 느낌을 전한다. 반대로 이미지가 나쁘면 매력이 반감된다. 하지만 외모와 업무 능력 사이에는 어떤 연결고리도 없다. 따라서 외모로 사람의 전반을 판단하는 것은 매우 위험하다.

2. 첫인상은 확산되지 않는다

일면식이 없던 사람을 처음 만났을 때 생기는 직관적인 느낌을 심리학에서는 '첫인상'이라고 한다. 가장 먼저 입력된 정보라서 기억에 오래 남는다. 직장에서 좋은 첫인상을 남겼다면 직장생활에 좋은 기반을 닦은 셈이다. 하지만 첫인상이 주는 느낌은 매우 제한적이고 외형적이며 그 안에는 약간의 허구도 포함되어 있다는 점에 유의하자.

3. 타인에게 굴레를 씌우지 말자

굴레를 씌운다는 것은 사람을 어떤 유형으로 구분하고 꼬리표를 다는 것을 말한다. 이러한 판단이나 인식은 매우 피상적이다. 어떤 부류에 속한 사람을 개괄적으로 이해하는 데는 도움이 되지만 오류가 있을 가능성이 크다. 사람은 다양하고 복잡한 존재이므로 타인에게 굴레를 씌우면 정확하고 깊이 있는 인식과 판단이 어려워진다.

4. 독선은 금물이다

독선이란 자신이 보고자 하는 것만 보고 자신이 본 것만 인정하려는 편향적 태도를 말한다. 예컨대, 당신이 싫어하는 사람이 있으면 무의식적으로 그의 결점만 찾아 자기 생각이 옳았다는 것을 증명하려 한다. 따라서 어떤 사람에 대한 편견이 있을 때는 먼저 자신의 태도가 '후광 효과'에 영향을 받고 있는 것은 아닌지 냉철하게 돌아봐야 한다.

맺음말

인지적 측면에서 보면, '후광 효과'는 사물의 개별적 특징만 포착한 것이다. 물론 제한된 시간에 사물을 빠르게 인식하고 판단할 수 있도록 한다는 장점이 있다. 하지만 개별적 특징만 가지고 사물의 본질이나 전반적 특징을 성급하게 결론 내리는 일은 삼가야 한다. 이는 매우 피상적인 행위이기 때문이다.

특히 인간관계에서 '후광 효과'의 오류에 빠지지 않으려면 자신의 판단이 '후광 효과'의 영향을 받고 있는 것은 아닌지 스스로 엄격하게 성찰할 필요가 있다.

2부

도구

일을 잘하고 싶다면
사람의 심리를 꿰뚫어 보자

직장 업무는 대부분 복잡하거나 번거롭다. 우리는 다람쥐 쳇바퀴 돌듯 반복되는 업무에 치인다. 상사나 동료와 효율적으로 소통하지 못하고, 업무 보고 때마다 질책에 시달린다. 이런 상황이 반복되면 우리는 스스로를 의심하고 자신감을 잃는다.

하지만 똑같은 시간을 일하는데도 빠르게 성장해 베테랑이 되고 유명인사의 반열에 올라 직장을 평정하는 사람은 도대체 뭘까? 천부적 재능 때문에? 노력을 10배나 많이 해서? 그런 것 때문이 아니다. 이들에게는 전략과 도구가 있었다. 여기서 도구란 인간의 내면을 꿰뚫는 심리적 기법을 말한다.

동료의 성격을 잘 파악하고 상사가 원하는 바를 훤히 꿰뚫을 방법만 있다면 인간관계에서 어려울 일이 뭐가 있겠는가? 직장생활의 인간관계 공략법만 알면 자신만의 경쟁력이나 브랜드가 없다고 걱정할 필요가 있겠는가? 기존의 틀을 부수는 혁신적인 심리전술만 제대로 알면 승승장구는 떼놓은 당상이다!

7장

빠른 시간 내에 좋은 인간관계를 만들 수 있는 비법을 익히자

직장에서 인간관계는 매우 복잡하므로 자칫 잘못하면 갈등을 일으킬 수 있다. 직장에서 산전수전 다 겪어본 사람이라면 잘 알 것이다. 적극적으로 마음가짐을 바꿔 변화무쌍한 인간관계에 적응하는 것은 생존 능력을 강화하는 좋은 방법이다. 여기서는 좋은 인간관계를 만들 수 있는 비법을 소개하고자 한다.

시소의 법칙
상호 간의 균형은 순조로운 업무 수행을 위한 기반이다

유아독존은 금물!

요즘 젊은이들은 여유로운 환경에서 태어나 가족의 사랑을 듬뿍 받는 걸 당연하게 여기다 보니 자기중심적 성향이 강한 편이다. 사회생활을 시작한 뒤에도 다른 사람이 부모처럼 나를 챙겨주고, 좋은 일이 생기면 나를 먼저 떠올리고, 내가 어려움에 빠지면 당연히 도와주리라 생각한다.

큰 착각이다. 자기중심적 성향은 인간관계에서 장애물과도 같다. 타인과 관계를 정상적으로 발전시키는 데 걸림돌이 된다. 자기중심적인 사람은 늘 필요나 흥미에만 중점을 두고, 자신의 이익에만 관심을 기울이며, 타인의 감정이나 이익 따위는 고려하지 않는다. 무슨 일이든 자신의 입장에서만 바라보고 자기 생각을 맹목적으로 고집한다. 이런 유형의 사람들은 대부분 주변에 사람이 적고 직장에서도 고립될 가능성이 높다.

시소의 법칙이란 무엇인가?

유명한 사회심리학자 호먼스는 "인간관계의 본질은 사회 교류 과정에서 서로의 필요로 형성된다"고 말했다. 이것이 바로 '시소의 법칙'이다. 특히 직장생활에서 반드시 알아야 하는 심리 법칙이기도 하다.

시소를 타고 있는 두 사람이 균형을 이루어야 하듯, 사람과 사람의 관계는 아웃풋이 균형을 유지해야 한다. 상호작용이 불평등하면 금세 균형을 잃고 만다. 두 사람이 시소를 탈 때 서로 번갈아 가며 위로 올라갔다 내려갔다 해야 즐겁다. 한 사람만 계속 위에 있으면 반대편 사람은 바로 자리를 뜰 것이고, 그러면 위에 있던 사람은 바닥으로 쿵 떨어지고 말 것이다.

상대를 위로 보내려면 자신은 낮아져야 한다. 마찬가지로 내가 위로 올라가려면 상대가 낮아져야 한다. 이것이 인간의 행동 심리에서 중요한 작용을 하는 '시소의 법칙'이다. 이 법칙을 이해하지 못하면 직장생활은 순탄치 못할 것이다.

기본 원칙은 균형이다

직장에서 인간관계의 가장 기본이 되는 원칙은 '협력'이다. 협력에는 반드시 하나의 지지대가 필요한데, 그 지지대는 서로 간의 균형을 유지하는 역할을 한다. 프로젝트 하나를 한다고 가정해보자. 다른 사람이 당신보다 더 많은 일을 하지만 당신이 더 많은 이익을 거두길 바랄 수는 없다. 어떤 일이 실패로 돌아갔을 때 책임을 회피하면 타인에게 책임을 전가할 수 없다.

자기중심적 사고는 관계의 균형을 깨뜨린다. 타인의 감정과 이익을 고려하지 않으면 분명 친구를 잃게 되고 모든 사람에게서 버림받는다. 안정적인 인간관계를 위해서는 반드시 상호 교환(give and take)의 균형을 유지해야 한다.

다른 사람이 낮추기 때문에 내가 올라갈 수 있다

자신이 얼마나 대단한지 허풍을 떠는 사람은 주변에서 거리를 두려 한다. 반대로 겸손한 태도를 가지고 공을 남에게 돌리면 인기를 얻을 수 있다. 시소를 탄 것처럼 당신이 올라가는 이유는 다른 사람이 내려가주기 때문이다. 당신이 다른 사람보다 월등히 잘난 것이 아니라 다른 사람이 당신을 아래에서 떠받치는 것이다.

다음번에는 당신이 내려가서 다른 사람을 올려줄 수 있어야 한다. 이걸 제대로 해내지 못하면 평생 땅에 주저앉아 있을 수밖에 없다. 눈앞의 이익에 눈이 멀면 안 된다. 직장에서의 협력 관계는 장기적 관계다. 내가 성공을 거둔 근본적인 이유를 잊어서는 안 된다. 당신을 도와준 사람들을 기억하자. 당신이 잘나서가 아니라 다른 사람들이 기꺼이 떠받쳐줬기 때문에 성공한 것이다.

자신을 낮추면 다시 올라갈 수 있다

직장에서는 상호 교환이 중요하므로 타인에게 무언가를 얻어내려고만 해서는 안 된다. 개인적 가치를 높이고 팀원에게 좋은 평가를 받고 싶다면 자신을 낮추고 타인을 높이는 데 익숙해져야 한다. 타인에게 도움이 되는 일을 하는 것은 결국 나에게도 득이 된다.

특히 상사나 동료들은 신입이 팀의 일원으로 도움이 되도록 성장하길 기대한다. 이때 신입은 자신의 가치를 드러내는 것이 첫 번째 임무다. 눈만 높고 할 줄 아는 것은 없어 쓸모없는 사람으로 인식되어서는 안 된다.

내가 다른 사람을 사랑하면 다른 사람도 나를 사랑한다. 남을 도와주는 것이 바로 나를 돕는 것이다. 타인의 도움을 받은 뒤에는 적극적으로 고마움을 표시하고 타인을 더 많이 도와주자. 낮은 자세로 겸손함을 잊지 말고 내 공을 쌓아 실력을 발휘하자.

조직 간에도 상호 교환과 균형이 필요하다

'시소의 법칙'은 개인뿐 아니라 조직 간 협력에도 중요한 역할을 한다. 사실 대부분의 업무는 부서 간 협력으로 이루어진다. 단순하게 말하면 모두가 서로서로 도움을 주고받는다. 업무를 이끄는 부서는 시소에서 높은 쪽에 해당하고, 협력하는 부서는 낮은 쪽에 해당한다. 어찌됐든 모두가 협력하고 서로 도와야 프로젝트를 제대로 완수할 수 있다.

보통 때 다른 부서의 업무에 잘 협조해야 결정적인 순간에 다른 부서의 든든한 지원을 얻을 수 있다. 타인의 도움만 받으려 하고 자신은 아무런 액션도 취하지 않으면 향후 협력 효율은 크게 낮아질 것이다.

부서 간 협력에서 개인은 부서를 대표한다. 이때 대승적인 관점에서 자신의 입장을 분명히 해야 한다. 이는 다른 동료에게 협력함으로써 나중에 그의 협력을 더 수월하게 끌어내기 위한 것이며, 또 팀의 관점에서 보면 팀의 명성에 먹칠하지 않고 팀원의 마음을 얻기 위한 것이다.

맺음말

모든 일에서 자기만 생각하고 타인의 감정을 고려하지 않으면 이기적인 사람으로 낙인찍힌다. 이기적인 사람은 멈춰 있는 시소의 위쪽에 앉아 있는 것과 같다. 겉보기에는 높은 위치에 올라 유리해 보이지만 고립된 채 아무런 도움도 받지 못하는 상황으로 전락할 수 있다. 물론 모든 일에 절대적인 평형이란 있을 수 없다. 시소가 계속 평형을 유지한다면 무미건조하고 재미도 없을 것이다. 시소는 올라갔다 내려갔다 해야 상호 작용이 생기고 재미도 있다.

아무리 훌륭한 사람도 반드시 조력자가 필요하듯이, 일상생활이나 직장생활에서 사람들은 서로 협력하는 과정에서 성과를 내기 마련이다. 높은 곳에 올라갔을 때는 타인을 배려하고, 낮은 곳에 있을 때는 타인에게 힘을 실어준다. 이렇게 해야 사람의 마음을 제대로 얻을 수 있다.

이웃 효과
대인관계를 구축하는 방법을 배우자

이웃이라고 다 같은 이웃은 아니다

우리 집은 공동주택 11층이다. 한 층에 네 세대가 산다. 우리 집은 1102호인데, 평상시 1101호나 1103호 사람들과는 마주치면 간단히 인사를 나누는 괜찮은 사이다. 그런데 1104호에는 아직도 누가 사는지 모른다. 윗집이나 아랫집은 갈등이 생기지 않는 이상 볼 일이 거의 없다.

조사에 따르면, 같은 층에 사는 경우 바로 옆에 사는 이웃과 왕래할 확률은 41%, 그 옆집에 사는 이웃과 왕래할 확률은 22%, 또 그 옆집에 사는 이웃과 왕래할 확률은 10%밖에 되지 않는다. 가까이 살수록 왕래 횟수가 많아져 더 친밀하다. 몇 집 건너에 사는 이웃은 실제 거리 자체는 멀지 않지만 친한 정도가 바로 옆집에 사는 이웃과 완전히 다르다.

이웃 효과란 무엇인가?

이웃이라고 다 같은 이웃은 아니다. 가까이 지내야만 더 친해진다. 학교나 직장에서도 마찬가지다. 학창 시절 짝꿍이나 같은 기숙사 룸메이트, 옆자리에 앉는 직장 동료가 거리상 멀리 있는 사람보다 더 친해지기 쉽다. 이것이 바로 '이웃 효과'다.

인간관계는 자연스럽게 환경이나 위치의 영향을 받는다. 교실 옆자리, 기숙사 이층 침대, 사무실 옆자리 등 위치와 환경이 사람의 생각과 행동 방식에 직접적인 영향을 줄 수 있다. 좋은 이웃 관계를 한번 만들면 사람은 더 적극적으로 원만하게 지내길 바란다. 자주 인사를 주고받으면 정이 쌓이고, 많은 일을 처리하는 비용이 상대적으로 줄어든다.

교류가 많을수록 더 친해진다

물리적인 거리가 가까울수록 만나는 기회는 더 많아진다. 이웃과는 교류하는 데 시간과 공간의 비용이 더욱 적어진다. 자주 만나면 서로에 대한 이해가 높아져 신뢰감이 커지고 서로에게 관심을 두게 된다.

반대로 만날 기회가 적은 사람은 친척이나 친한 친구라 해도 친밀도가 낮아지고 때로는 멀어졌다는 느낌이 들기도 한다. 그래서 "먼 친척보다는 가까운 이웃이 더 낫다"는 말이 생겨난 것이다.

직장에서도 업무에 관한 소통을 원활하게 하고 협력 관계를 강화하려면 무엇보다 평상시에 좋은 인간관계를 구축하는 것이 중요하다. 그렇다면 어떻게 해야 효과적으로 인간관계를 좋게 만들 수 있을까? 전체를 아우르면서도 유형에 따라 맞춤형으로 인간관계를 강화하는 방법이 있다.

직장 내 인간관계 매트릭스

물리적 거리와 업무 협력 긴밀도를 기준으로 다른 동료와의 관계를 구분해보았다. 개인적인 친분은 기본적으로 이 두 요인에 의해 생성되는 것이고 직장에서는 이런 개인적 친분을 지양하기 때문에 여기서는 논외로 한다.

직장 내 인간관계를 4사분면으로 나누면 아래 그림과 같다. 1사분면은 자리가 가깝고 업무적 협력이 많은 경우다. 2사분면은 자리는 가깝지 않지만, 업무적 협력이 많은 경우며, 3사분면은 자리도 멀고 업무적 협력도 적은 경우다. 4사분면은 자리는 가까운 데 비해 업무상 협력이 거의 없는 경우다. 이 그림에서 각 사분면에 속한 사람과 당신의 관계를 다음과 같이 설명할 수 있다.

1사분면: 매우 익숙하고 친하다

직장에서는 이 영역에 속한 사람들과의 관계나 업무가 매우 중요하다.

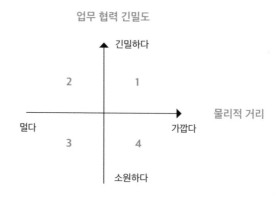

직장 내 인간관계 매트릭스

최선을 다해 원만한 관계를 유지해야 하고 자신만의 좋은 이미지도 만들어야 한다. 업무 외에도 팀 회식이나 주말 모임 등 자주 만나면서 정을 쌓는 것도 좋다. 하지만 주의할 점도 있다. 끼리끼리 어울리는 행위, 특히 이성과 짝을 지어 노는 건 위험하다. 타인의 오해를 불러일으키거나 사적 모임을 만든다는 인상을 주어서는 안 된다.

2사분면: 업무 외적 분야에서는 친하다고 말하기 어렵다

이 영역에 속한 동료는 상대적으로 친밀한 관계로 발전하기 쉬운 부류다. 업무상 관계가 긴밀하고 협력도가 높다는 것은, 좀 더 풀어서 설명하면 업무를 추진하는 데 서로의 도움이 필요하다는 말이다. 이 영역에 속한 사람과는 '공과 사'가 지나치게 명확히 구분되어 있다는 느낌에서 조금씩 벗어나 업무 외에 서로의 관심사를 이야기하며 관계의 친밀도를 높이면 좋다.

3사분면: 매우 소원한 관계로 심지어 서로를 모를 수도 있다

이 영역은 인간관계의 사각지대다. 하지만 언제든 이 영역에 속한 사람들과 업무적으로 협력할 수 있다. 서로를 잘 몰라서 업무 추진에 애로사항이 많다. 이런 사람들과 관계를 맺는 방법 중 하나는 '추천'이다. 이웃의 추천을 통해 전혀 낯선 상대를 '하나 건너 아는' 상대로 바꾸는 것이다. 갑작스러운 업무 협력이 필요하다면 업무 방식에 특별히 주의를 기울여야 한다. 예의 바르고 겸손하고 존중하는 태도로 감동을 주어야 한다. 정리하자면, 이 영역에 속한 사람들을 점차 2사분면으로 이동시켜야 한다.

4사분면: 가볍게 인사를 나누고 수다를 떨 수 있는 관계다

이 영역에 속한 동료는 보기에는 꽤 친해 보이지만 업무적으로 협력하는 일은 거의 없다. 그저 피상적인 관계일 수도 있고 심지어 그 안에는 위기가 도사리고 있을지 모른다. 헛소문이나 유언비어는 종종 이런 유형의 사람에게서 시작된다. 이런 부류에 속한 사람에게는 업무상 적극적으로 도움을 제공하면 좋다. 물론 일부러 그럴 필요는 없다. 가끔씩 약한 모습을 보이며 부담되지 않을 정도로 도움을 청하고, 기회를 엿보아 상응하는 보답을 하자. 부탁할 때만 잘 보이다가 필요 없을 때는 안면몰수하는 이기적인 행동은 금물이다. 그러면 이 영역에 속한 동료와의 관계를 더 친밀하게 만들 수 있다.

맺음말

"여자의 마음을 얻고 싶다면 매일 편지를 보내지 말라. 매일 편지를 전달하는 과정에서 여자는 집배원과 사랑에 빠질 수 있기 때문이다." 예전에 어느 심리학자가 농담으로 던진 경고다.

인간관계에서 익숙함은 매력을 증가시킨다. 만약 조건이 비슷하다면, 사람은 친한 사람과의 교류를 더 선호한다. 팔은 안으로 굽는다는 말도 있지 않은가. 직장 동료나 상사와 접촉 빈도를 높이고 '이웃 효과'를 최대한 활용하는 것이 직장에서 인간관계를 발전시키는 효과적인 비법이다.

사슬 효과
직장에서는 철저히 혼자일 수 없다

인간관계는 사슬이다

대학은 직장생활의 바로 전 단계이자 하나의 작은 사회다. 학창 시절의 인간관계는 단순하고 직장 동료보다 학교 친구가 더 친밀하다. 그래서인지 사람과 사람 간의 상호 영향력이 큰 편이다.

내가 대학교 1학년 때의 일이다. 학교에서 학생들의 공부와 휴식 시간을 관리하기 위해 기숙사 전기 공급을 시간에 따라 제한했다. 우리 학교는 매일 밤 11시 정각에 소등했고, 기숙사에서는 인터넷이 깔려 있지 않았다.

당시는 2G를 사용하던 시절이어서 휴대폰으로 게임도 할 수 없었다. 기숙사에서 가만히 있자니 너무 지루했다. 신입생들은 대입을 준비하던 습관이 남아 있어 공부에 대한 열정이 여전히 뜨거웠다. 대부분 밤 10시 전에는 기숙사에 돌아오지 않았고 혼자 도서관에서 공부를 하거나 몸만들기에 열중했다. 친구들은 서로에게 영향을 받았고 내심 서로를 견제했다. 모든 학생이 면학의 열기라는 사슬에 묶여 있는 것처럼 말이다.

직장의 사슬

회사에 신입 사원으로 들어가면 보통은 팀에 빨리 섞이기 위해 다른 동료들의 행동을 따라 하게 된다. 자신은 빠르게 조직 문화에 적응할 수 있다는 것을 어필하고 남과 어울리지 못한다는 오해를 받기 싫은 단순한 의도에서 비롯된 행동이다.

신입 사원에게 가장 가까운 무리를 세 가지 유형으로 나눌 수 있다. 첫째, 함께 교육을 받은 입사 동기로 학창 시절처럼 순수한 우정을 간직할 수 있다. 둘째, 입사 동기이면서 같은 부서에 배치된 동료로 이런 부류는 인연 중의 인연이다. 셋째, 사무실에서 자신의 자리 주변에 앉은 동료들이다.

직장생활 첫 2년 동안 신입 사원은 기본적으로 이 세 가지 유형의 사람들과 긴밀히 엮여 있다고 할 수 있다. 세 유형의 관계는 세 개의 사슬로 비유할 수 있다. 나도 그 사슬 중 한 개의 고리에 해당한다. 자신의 행동이 타인의 행동과 유사해지고 때로는 자기 색깔을 잃기도 하는 것은 무리에 동화되어 심리적 안정을 얻기 위한 하나의 방편이다.

세 유형의 관계에서 조금씩 무리의 범주가 좁아지면서 생각이 같은 사람끼리 더욱 친밀해진다. 시간이 나면 함께 밥을 먹거나 운동을 하거나 여가 시간을 즐길 수 있다. 공부나 야근도 같이 할 수 있다. 반면 다른 사람과의 관계는 상대적으로 소원해진다.

어떤 유형을 선택하든 당신은 가랑비에 옷 젖듯 그 유형의 특징을 갖게 된다. '근주자적 근묵자흑(近朱者赤 近墨者黑)'이라는 말도 있지 않은가.

사슬 효과란 무엇인가?

'근주자적 근묵자흑'과 같은 현상을 심리학에서는 '사슬 효과'라고 부른다. 사람은 성장 과정에서 다른 사람이나 환경에 영향을 받는다는 것을 가리키는 용어다.

직장에서 어느 라인을 타느냐가 중요하다는 말을 한 번쯤 들어봤을 것이다. 라인을 타는 것도 능력이고 문화다. 어떻게 라인을 탈까? 언제 탈까? 라인을 변경해야 할까? 이 모든 것이 결정적 선택이 된다. 이런 라인이 하나하나의 사슬이다. 모든 사람은 사슬 속 고리에 속하며 고리가 엮여서 서로에게 영향을 준다.

사람은 혼자일 수 없고 언제나 타인의 영향을 받는다. 도미노처럼 엮인 사슬은 모든 사람의 행동에 영향을 주며 때로는 자유를 제약하기도 한다. 이런 영향은 긍정적일 수도 부정적일 수도 있다. 단결하고 노력하고 더 나아지기 위해 힘쓰는 긍정적 영향력이든, 불평을 늘어놓고 소극적이고 업무를 게을리 하는 부정적 영향력이든 직간접적으로 모든 사람에게 영향을 미친다.

좋은 '사슬'을 선택하거나 좋은 자신이 되자

1. 좋은 환경을 선택하자

같은 병에 담긴 생수지만 공항의 귀빈실에 놓여 있는 것과 기차역의 매점에서 파는 것은 가격이 다르다. 마찬가지로 기회를 포착해 좋은 플랫폼이나 좋은 회사를 선택하는 것 자체로 자신을 한 단계 업그레이드할 수 있다.

직장생활에서 환경은 대부분 팀의 분위기를 말한다. 회사의 팀은 하나의 작은 플랫폼이다. 플랫폼은 어느 정도 그곳에 속한 사람의 가치관을 좌우한다. 팀이 가진 특징은 그 팀의 구성원에게도 나타난다.

2. 교류할 사람을 선택하자

관계 네트워크의 사슬에서 당신이 어떤 사람과 교류하느냐에 따라 당신이 어떤 사람이 되는지에 영향을 미친다. 환경을 선택하는 것뿐 아니라 교류할 사람을 선택할 때도 주의를 기울여야 한다.

품성이 바른 친구와 사귀면 당신의 행실이 뛰어나게 좋지는 않아도 그 친구에게 알게 모르게 영향을 받아 당신도 예의바른 사람이 될 가능성이 높다. 반대로 성품이나 행실이 저급한 사람과 함께 있으면 말할 필요도 없이 당신의 말과 행동도 그 사람과 유사해진다. 환경도 사람을 바꾸지만 사람은 사람을 더 쉽게 바꾼다.

3. 더 나은 자신을 만들자

타인이 당신에게 영향을 주듯이 당신도 타인에게 영향을 줄 수 있다. 가장 이상적인 상황은 함께 배우고 성장하는 것이라는 사실을 잊지 말자.

직장에서는 늘 자신의 이미지에 주의를 기울이고 감정을 조절할 줄 알아야 한다. 시도 때도 없이 불평불만을 토로하거나 분노를 표출하지 말아야 한다. 최대한 적극적인 태도로 대인관계와 업무에 응하면 다른 사람도 당신과 가까워지길 바라고 좋은 운도 따를 것이다.

4. 아니다 싶을 때는 과감히 사슬을 끊자

세상일은 예측 불가능하다. 시간이 흐르면서 환경이 자신과 전혀 맞지 않게 변모할 수도 있다. 이런 상황에 직면할 때는 냉정함을 유지하고 정세를 제대로 살펴야 한다. 극단적인 상황에서는 곤경에서 벗어날 용기가 필요하다. 기존의 사슬에서 벗어나 다른 길을 모색해야 한다.

맺음말

사람이 환경을 바꿀 힘은 미약하다. 반면, 환경이 사람에게 미치는 영향력은 매우 강력하다. 물론 주요 원인은 자신에게 있다. 환경 자체를 바꾸는 것은 불가능하지만 우리에게는 환경을 선택할 수 있는 자유가 있다. 이 세상에는 '진흙 속에서 자라지만 더럽지 않은' 자기 통제력이 강한 사람도 많다. 좋은 환경을 선택하고 그 안에서 자신을 끊임없이 갈고 닦으면 자기 성장에 큰 도움이 될 것이다.

8장

업무 보고에도 요령이 있다

직장에서 상사와의 관계야말로 가장 중요한 인간관계일 것이다. 업무, 승진은 물론이고 평소 기분과도 직접적인 연관이 있기 때문이다. 업무 보고는 직장인이라면 중요성을 익히 알고 있지만 가장 꺼리게 되는 일이기도 하다. 업무 보고에도 요령이 있다. 이 요령만 알아도 큰 도움이 될 것이다.

피드백 효과
상사를 흡족하게 하는 비법이 있다?

단계적 피드백

난도가 높은 업무를 공략할 때 당신은 어떤 방법을 사용하는가? 두문불출하며 정진하다가 상사와 동료들에게 '서프라이즈'처럼 새로운 능력을 선보이는가? 아니면 분위기를 조성해 모든 사람이 다 알게 만들어 더 많은 정보와 자원을 얻어내는가? 아니면 한 발 한 발 앞으로 나아가면서 매일 자신이 수행하는 바를 상사에게 보고하는가?

무엇이든 적절한 때에 피드백을 하는 것이 가장 좋다. 그렇다면 피드백은 어떤 작용을 할까? 직장에서 직원이 하는 일의 대부분은 윗사람의 지시에 따른 것이다. 그래서 정기적인 피드백으로 일의 진행 상황을 상사에게 알리면 진행 과정에서 오류나 문제가 있는지, 잠재적 위험이 존재하는지 등을 미리 발견하거나 해결할 수 있다.

하지만 한 가지 주의할 점이 있다. 여기서는 특별히 '효과적인'이라는 단서를 붙이고자 한다. 시시때때로 업무 진행 상황을 보고하라는 말이 아니기 때문이다. 피드백은 했지만 '효과적'이지 않을 수도 있다. 그렇다면 어떻게 해야 '효과적인' 피드백을 할 수 있을까? 해답은 업무의 피드백은 하되 일의 세부 사항은 '순환 서클(Closed Circle)' 방식을 취하는 것이다.

피드백 효과란 무엇인가?

'피드백'이란 원래 물리학에서 파생된 개념으로, 증폭기로 출력한 회로에서 일부 에너지가 회로로 다시 돌아가 입력 정보를 증가시키거나 감소시키는 효과를 말한다. 심리학에서는 이 개념을 차용해 자기 학습 결과에 대한 학습자의 이해를 설명하고자 했다. 결과에 대한 이해를 강화시켜 학습자가 더 열심히 공부하게 만들고 이를 통해 학습 효과를 향상시킨다. 이런 심리 현상을 '피드백 효과'라고 부른다.

C. C. 로스와 L. K. 헨리는 유명한 실험을 진행했다. 한 반의 학생을 A, B, C 세 팀으로 나눠 매일 공부하게 한 다음 테스트를 한 것이다. 실험에서 A팀 학생들은 매일 학습 결과를 들었고, B팀 학생들은 매주 한 번씩 학습 결과를 들었으며, C팀 학생들은 한 번도 학습 결과를 듣지 않았다.

이렇게 8주간의 교육을 진행했다. 그리고 A팀과 C팀의 방식은 서로 바꾸고, B팀은 동일하게 다시 8주간의 교육을 진행했다. 그 결과 B팀은 안정적이고 지속적으로 성장했지만 A팀과 C팀의 상황은 크게 변했다. A팀의 학습 성적은 점차 하락세를 보인 반면, C팀의 성적은 갑자기 상승한 것이다.

이는 적절한 때에 자신의 학습 성과를 아는 것이 학습에 매우 중요한 촉매제 효과를 한다는 사실을 보여준다. 피드백 방식의 차이에 따라 학습 동기를 끌어올리는 효과도 다르게 나타났다. 일반적으로 학생 스스로 하는 능동적인 피드백이 교사의 피드백보다 더 효과적이었다.

'피드백 효과'는 기업에서도 업무 교육에 이정표 역할을 하는 중요한 관리 원칙이기도 하다. 그렇다면 이 '피드백 효과'가 직장에서는 어떻게 적용되는지 살펴보도록 하자.

변화에 잘 대응하기 위해 적절한 계획을 수립해야 한다

"결국 업무는 수시로 변하는데, 계획이라는 건 원래 변경하라고 있는 거 아닌가요?" 누군가는 이렇게 반문할지 모른다. 이런 생각을 가지고 있으면 업무 전반을 통제할 수 없다. 윗사람이 가장 싫어하는 것은 업무를 통제하지 못하는 상황이다.

그렇다면 좋은 계획은 어떻게 세울까? 첫째, 명확한 인식을 기반으로 업무 전반에 대한 대응 방식을 도출한다. 업무의 히스토리, 필요한 자원, 최종 목표를 확실히 인식할 수 있다. 여기서 목표는 성과적 목표와 시간적 목표를 모두 포함한다. 둘째, 업무 전반을 세분화하고 방법과 업무에 필요한 자원, 목표와 소요 시간을 분석한다. 셋째, 각 업무의 연관성을 판단한다.

계획을 세웠다면 이에 관한 의견을 정리해 상사에게 보고한다. 일반적인 경우 상사는 새로 시작되는 업무에 낙관적으로 기대할 것이다. 계획과 관련된 지시를 내려주면 이에 따라 계획을 조정하면 된다.

상사와 정기적인 보고 시기를 정한다

정기적으로 상사에게 보고하는 시기를 정할 수 있다. 업무의 중요성과 상사의 관심도에 따라 보고 시기가 결정된다. 보고 시간은 업무에 대한 피드백을 가장 많이 할 수 있는 시간이다. 따라서 정해진 보고 시기를 잘 지켜야 한다.

피드백을 할 때는 업무가 계획대로 진행되는지 여부 등을 일목요연하게 정리해 결론 형식으로 상사에게 보여줘야 한다. 장황하게 과정을 설명하고 마지막에 가서야 결론을 알리는 방식은 피하자.

적시에 리스크를 파악하고 상사의 협조를 요청한다

업무를 진행하다가 어려움에 빠지면 상사를 찾아가 상황을 설명하는 데 그쳐서는 안 된다. 관점을 바꿔서 상사 자체를 활용할 수 있는 하나의 자원으로 간주하고 일을 진행해야 한다. 업무에서 문제점이 발견됐다면 즉시 보고해야 한다.

보고할 때는 먼저 '결론'부터 말하고 원인을 일목요연하게 정리해 간결하게 설명하자. 또한 자신이 생각한 해결책을 제시한 뒤 상사의 결정 또는 지원을 구할 수 있다.

상사는 직원에게 해결책을 제공하는 사람이 아니라 자원을 제공하는 사람이다. 그러므로 상사에게 어떻게 해야 하냐고 묻지 말고, 상사가 어떤 도움을 주면 자신이 문제를 해결할 수 있는지를 알리자.

미안함 때문에 자신을 망치지 말자

여기에서 말하는 '미안함'이란 두 가지 경우다.

첫째, 상사가 너무 바빠 보여 방해하기 미안한 경우다. 하지만 침묵은 상사의 신뢰를 잃게 만든다. 보고 내용을 1분 정도의 분량으로 요약하는 것이 좋다. 준비가 되면 상사의 의견을 묻고 1분 내외로 업무 보고를 마치는 것이다. 상사가 아무리 바빠도 보고를 들을 1분의 시간은 충분히 낼 수 있다. 게다가 상사는 당신이 논리적이며 표현력이 좋다고 느낄 것이다.

둘째, 문제가 발생할 때 숨기는 경우다. 보고하기가 미안하고 당신의 능력을 의심할까 두려운 것이다. 심각한 업무 사고는 대부분 작은 일을 제대로 해결하지 않고 내버려두어 큰 일로 발전한 것이다. 문제가 커지면 상사도 해결할 수 없게 되고, 그 결과의 심각성은 예상을 훨씬 뛰어넘을 것이다.

맺음말

피드백은 업무나 학습에서 목표 없이 앞으로 나아가기만 하는 것을 막는다. 피드백을 통해 적절한 때 타인의 평가를 받고 자신의 장단점을 파악할 수 있다. 단계별로 진행 과정을 정리해 객관적으로 자신의 상황을 바라볼 수도 있다.

상사에게 업무에 관한 정기적인 피드백을 하면 돈독한 신뢰 관계를 쌓는 데도 도움이 된다. 필요한 경우에는 상사에게 업무 지도를 받을 수 있고 문제가 발생할 때는 적절한 지원도 받을 수 있다.

냉·온탕 효과
상사의 호평을 받으려면?

기대가 크면 실망도 큰 법

인테리어 회사 사장인 친구는 평소 열정적이고 친절하며 성격도 시원시원했다. "집밖에서는 친구밖에 없다고 하잖아. 도움이 필요하면 언제든 얘기해"라는 말을 입에 달고 살았다. 그 친구는 정말 믿음직스러워 보였다.

나중에 집을 이사한 뒤에 인테리어가 필요해 자연스레 그 친구를 떠올렸다. 당연히 친구에게 인테리어를 맡겼다. "우리가 어떤 사이인데, 내가 다 알아서 해줄 테니 필요한 거 있으면 뭐든 말해. 가성비 좋은 물건으로 해줄 테니까!"라며 호언장담하는 친구를 보며 나는 모든 것을 맡기기로 했다.

하지만 시공에 들어가자 설계부터 재료, 공사 기간 모두 약속과 달랐다. 마지막 공정에서 만든 난간도 수평이 맞지 않았다. 나는 재차 교체를 요구했지만 알았다는 대답만 하고 처리를 미루다 보니 공사 기간만 늘어났다. 결국 더 이상 참을 수 없어 나는 잔금을 지불하지 않았다.

내가 왜 그렇게 친구에게 실망하고 관계까지 틀어졌나 생각해보니, 나의 기대가 너무 높았던 것에 비해 실제 결과물은 기대에 못 미쳤기 때문이다. 비유하자면, 친구가 처음 시작할 때는 따뜻한 물을 가져다주더니 나중에는 인정사정없이 나에게 차가운 물을 끼얹은 셈이다.

냉·온탕 효과란 무엇인가?

컵 하나에 미지근한 물이 들어 있다. 다른 컵에는 차가운 물, 또 다른 컵에는 뜨거운 물이 들어 있다. 손을 차가운 물에 먼저 넣은 후 다시 미지근한 물에 넣으면 미지근한 물이 더 따뜻하게 느껴진다. 손을 뜨거운 물에 먼저 넣은 후 미지근한 물에 넣으면 오히려 시원하게 느껴진다. 똑같은 온도의 따뜻한 물이지만 다른 느낌을 주는 것이다. 이것이 바로 '냉·온탕 효과'다.

이런 심리적 현상이 나타나는 것은 사람의 마음에 저울이 하나씩 존재하기 때문이다. 다만 사람마다 저울추는 동일하지도 않고 고정되어 있지도 않다. 마음이 바뀌면 저울추도 바뀐다. 저울추가 작아지면 그 저울로 잰 물체의 무게는 커지고, 저울추가 커지면 물체의 무게는 작아진다. 사물에 대한 사람의 지각은 이 저울추의 영향을 받는다.

사람의 심리 상태는 사물에 대한 지각뿐 아니라 어떤 사안에 대한 판단에도 영향을 줄 수 있다. 사람의 마음에 변화가 일어나면 이에 따라 지각과 행동의 변화가 일어날 수 있다. '냉·온탕 효과'를 적절히 이용하면 대인관계가 수월해진다. 열악한 상황일지라도 타인에게 나쁜 인상을 심어주는 것은 최대한 피할 수 있다.

기대치를 통제하는 것이 본질

'냉·온탕 효과'는 일상생활에서도 자주 찾아볼 수 있다. 누군가의 도움이 필요할 때 어떤 사람이 "그 일은 식은 죽 먹기"라고 말했다고 해보자. 그런데 그 사람이 일을 제대로 처리해주지 않으면 당신은 크게 실망하고 도와

줄 마음이 애초에 없던 것은 아니었는지 의심까지 품게 된다. 반대인 경우도
있다. 처음에는 "매우 까다롭겠네요. 그래도 최선을 다해볼게요"라고 말했는
데, 성공적으로 일을 해결하면 당신은 예기치 못한 기쁨을 느끼며 고마워하
게 된다. 설사 상대가 일을 완수하지 못해도 큰 실망 없이 담담하게 받아들
인다.

이런 차이가 나타나는 이유는 무엇일까? 본질적으로 심리적 기대치가
다른 것이다. 전자는 자신만만한 사람을 보면서 심리적 기대치가 높아지지
만 이에 걸맞은 결과를 내놓지 못하면 실망도 커진다. 후자는 심리적 기대치
가 처음부터 높지 않았지만 예상 외로 일이 성공하자 만족감과 기쁨이 커진
것이다.

자신의 능력을 뽐내려고 "걱정하지 말고 나한테 맡겨"라고 호언장담하
는 사람들이 많다. 심지어 이 말을 입버릇처럼 하고 다닌다. 물론 타인의 기
대치만 높여놓기 때문에 매우 좋지 않은 습관이다. 심리적 기대치에 부합하
지 못하면 실망만 시키고 때로는 신뢰마저 잃게 된다.

어떻게 업무 보고를 해야 좋은 평가를 받을 수 있을까?

많은 사람이 상사에게 업무 보고 하는 것을 두려워한다. 보고 내용을 제
대로 준비하지 못해서 그럴 수도 있지만, 준비를 착실히 했어도 상사의 기대
에 부응하지 못하면 자칫 비난을 면치 못하기 때문이다.

1. 제시한 방식에 상사가 동의하도록 만들자
'냉·온탕 효과'는 상대를 설득할 때 활용할 수 있다. 만약 상대가 '따뜻

한 물'을 받아들이게 하고 싶다면 상대가 거절할 수 없도록 먼저 '차가운 물'을 맛보게 한 뒤 '따뜻한 물'을 제시할 수 있다. 그러면 상대도 흔쾌히 제안을 받아들일 것이다.

난도가 높은 업무를 해결해야 할 때는 상사에게 3개 이상의 방안을 제시하는 것이 좋다. 각각의 방안에 대한 장단점을 사전에 확실히 파악하고, 가장 이상적인 방안이 다른 방안보다 최대한 나아 보이게 만드는 것이다. 업무를 보고할 때는 순서에 주의하자. 먼저 효과가 그다지 좋지 않은 방안을 제시하고 점차 나은 방안 순으로 제시하면 상사는 완벽하지 않은 방안이라도 쉽게 받아들일 것이다.

2. 차근차근 업무 효율을 높이자

어떤 일이든 자신에게 개선의 여지를 남겨두어야 한다. 특히나 오랜 시간이 필요한 연속적인 업무에서는 하나의 업무를 더 나아갈 여지가 없을 정도로 끝내 상사에게 '팔팔 끓는 물'을 제공해서는 안 된다. 상사가 더 개선하길 요구한다면 당신은 더 이상 어찌해야 할지 몰라 상사에게 실망만 안겨줄 것이다.

따라서 업무에 대한 난이도를 파악한 후 전략적으로 업무를 개선해나가야 한다. 상사에게 매번 올리는 물을 그 전보다 살짝 더 뜨겁게 해야 한다는 말이다.

3. 상사에게 좋은 평가를 받자

상사에게 곧바로 '뜨거운 물'을 바치지 못할 때는 먼저 '차가운 물' 한 잔을 올리자. 그런 다음 다시 '미지근한 물'을 올려보자. 그러면 이 '미지근한 물'은 상사에게 좋은 평가를 받을 수 있다.

세상을 살아가다 보면 어려움을 겪지 않을 수 없다. 자신의 능력에서 벗어난 업무지만 어쩔 수 없이 수행해야 할 때도 있다. 불행하게도 처리를 제대로 하지 못하면 내 이미지만 추락할 뿐이다. 이럴 때 임기응변으로 '냉·온탕 효과'를 적절히 활용하면 이미지 추락도 막을 수 있고 오히려 상사에게 좋은 평가를 받는 기회가 되기도 한다.

맺음말

당신이 잘 할 수 있는 일이라도 반드시 상대에게 흡족한 결과를 안겨주는 건 아니다. 일단 결과가 상대의 기대에 부합하지 않으면 당신에게 실망한다. 그러므로 처음부터 너무 단정적으로 말하지 말고 물러설 수 있는 보루를 마련해야 한다. 이는 상대에게도 심리적 여지를 남겨주는 것이다.

기대가 높으면 실망도 큰 법이다. 누구나 다 아는 이치지만, 직접 겪고 있을 때 어떻게 대처해야 하는지 모두가 아는 건 아니다. '냉·온탕 효과'를 활용해 타인의 마음속에 있는 '저울추'를 작게 만들면, 즉 기대치를 낮추면 수월하게 좋은 평가를 받을 수 있다.

상사에게 업무 보고를 할 때도 70% 원칙과 120% 원칙을 활용할 수 있다. 당신의 능력을 70%까지 떨어뜨리고 문제의 난이도를 120%까지 올리는 것이다. 이런 기준에 따라 일을 처리하면 상사의 기대치를 적절히 통제할 수 있다. 물론 주어진 업무에 항상 최선을 다해야 한다는 것은 기본 전제다.

침묵 효과
실수에 침묵하면 일을 더 그르친다

실수에 대응하는 것도 하나의 능력이다

일할 때 실수를 하지 않는 사람은 없다. 실수 자체는 잘못이 아니지만 실수한 뒤 적절하게 대처하지 못하는 것은 잘못이다. 직장에서 신입 사원이라면 같은 실수를 두 번 반복하지 않는 것이 좋다. 특히 상사의 지적을 받은 뒤 동일한 실수를 반복하면 입장이 난처해질 수 있다.

자신의 직장생활을 돌이켜보자. 실수를 범했을 때 당신은 어떻게 처리했는가? 다른 사람, 특히 상사에게 실수를 언급하지 않고 무마하려고 했는가? 아니면 적극적으로 실수를 인정하고 개선했는가? 대다수의 사람은 실수를 인정하는 것이 옳은 일이라고 생각하지만, 막상 그렇게 하는 사람이 얼마나 될까?

아무리 신중하고 실력 있는 직장인도 실수를 완벽히 피할 수는 없다. 실수를 적극적으로 인정하고 책임지는 태도야말로 보편적이고 바람직한 직업 윤리다.

침묵 효과란 무엇인가?

많은 사람이 능동적으로 실수를 인정해야 하는 것을 알면서도 왜 침묵을 선택할까? 실수를 저지르고도 인정하지 않으면 결국 자율권을 완전히 박탈당한다. 업무를 판단할 수 있는 권한을 상사나 동료에게 넘겨야 한다.

침묵을 지키는 행위의 심리적 저변에는 무엇이 있을까? 심리학에는 '침묵 효과'라는 것이 있다. 강압적인 수단을 남용하면 침묵을 야기할 수 있다는 것이다. '침묵 효과'에서 말하는 강압적 수단은 강압적 행동만이 아니라 강압적인 언어폭력이나 정신적 폭력도 포함된다.

물론 직장에서는 폭력이나 강압적 행위가 비일비재하게 일어나지는 않지만, 상사의 권위나 고압적인 태도는 종종 느낄 수 있다. 만약 직원이 권위적인 상사가 무서워 침묵한다면 상사는 정확한 정보를 얻지 못하고 결국 실수가 제때 바로잡히지 않아 더 큰 손해가 발생하고 만다.

실수를 알리지 않는 것이 더 큰 실수다

조직의 관점에서 볼 때도 직원이 실수를 저지른 뒤에 어떤 이유에서든 침묵을 지키면 마이너스적 효과를 가져온다.

1. 실수를 제때 바로잡지 않으면 참혹한 결과를 가져온다

실수를 저지른 후 덮어두거나 그냥 잊히기를 바라는 요행을 꿈꾸는 사람들이 있다. 그러나 아무리 단단한 둑도 개미구멍 하나로 무너지는 법. 큰 문제는 작은 문제들이 지속적으로 쌓여 초래된다. 실수를 제때 판단하고 예방하지 않으면 문제는 계속 확대되어 결국 수습할 수 없을 정도로 커진다. 조직이나 팀에 큰 불씨를 안겨주는 꼴이다.

2. 업무의 문제는 태도의 문제로 바뀔 수 있다

실수 자체는 큰 문제가 아니지만 실수를 저지른 후 언급을 회피하고 책임을 떠넘기는 것은 업무상의 문제를 업무 태도의 문제로 전환시키는 것이다. 이는 개인의 인성 문제로까지 확대될 수 있다. 문제의 성질이 아예 바뀌는 것이다.

3. 상사와의 관계가 불안정해지고 신뢰도는 떨어진다

실수를 저지른 후 침묵한다면 일단 '진상이 드러난' 뒤 직원에 대한 상사의 신뢰도가 추락한다. 상사는 직원이 지금도 감추고 있는 일이 있지 않을까 의심하게 된다. 이후에 상사의 신임을 충분히 받지 못하면 업무를 진행하는 데 많은 어려움을 겪게 될 것이다.

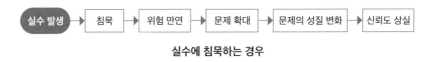

실수에 침묵하는 경우

지혜로운 대처 전략

그렇다면 실수를 저질렀을 때 어떤 방법으로 문제를 해결하는 것이 가

1. 변명을 늘어놓지도 무턱대고 잘못을 인정하지도 말자

상사가 반감을 갖는 이유는 실수를 저질렀으면서도 변명하기 때문이다. 실수를 저지른 뒤에는 반드시 본능적인 방어기제를 억제해야 한다. 결코 변명으로 자신의 책임을 줄이려 하지 말자. 또 다른 극단적인 유형은 무턱대고 인정하는 것이다. 상사가 추궁한다고 해서 냅다 인정하고 자신의 잘못이 아닌 것까지도 죄송하다고 말한다. 이런 태도도 좋지 않다. 줏대가 없다는 인상을 심어줄 수 있고 언제든 타인에게 이용당하기도 쉽다.

2. 해결책을 내놓는 것이 핵심이다

가장 조심해야 하는 것은 자신의 실수는 인정하지만 구체적으로 무엇을 잘못했는지, 또 어떻게 해야 하는지 모른 채 상사의 도움만 구걸하는 상황이다. 실수의 원인을 분석하고 책임을 명확히 하고 해결책을 제시하는 것이 올바른 방법이다. 향후 동일한 실수를 피할 방법을 제시하면 더없이 좋다. 이런 직원을 나무랄 상사는 아마 없을 것이다.

3. 상사의 성향에 맞춘 특별한 보고의 기술은 필요하지 않다

상사마다 성격과 성향이 다르다. 어떤 사람은 활발하고 주도적이지만, 또 어떤 사람은 조용하고 근엄하다. 각각의 경우에 맞는 보고 방식이나 기술이 필요하다. 사실 실수를 보고할 때 필요한 것은 기술이 아니라 정직하고 성실한 태도다. 앞에서 말했듯이 무엇이 잘못되었고 어떤 해결책이 있는지 제시한다면 성향과 상관없이 상사는 동일한 반응을 보일 것이다.

실수에 지혜롭게 대처하는 경우

맺음말

직장에서 상사에게 업무를 보고하는 것도 하나의 능력이다. 업무 보고는 무조건 좋은 소식만 전달하는 것이 아니다. 사실 부정적 소식을 보고할 때 그 사람의 진짜 실력과 책임 의식이 나타난다.

실수한 뒤에 침묵해서도 안 되고 그렇다고 무턱대고 모두 자신의 잘못으로 떠안아도 안 된다. 객관적으로 사태의 원인을 분석하고 책임 소재를 명확히 나누며 장단기 해결책을 제시해 같은 실수를 반복하지 않는 것이 가장 이상적이다.

한편 상사는 자신의 권위를 이용해 부하 직원을 억압해서는 안 된다. 그러면 문제가 생겼을 때 직원들이 침묵을 지킬 가능성이 높다. 부하 직원이 실수하면 일단 마음을 열어 직원의 고충을 이해하고 다른 성과를 통해 실수를 보완할 수 있도록 격려해야 한다. 그러면 부하 직원은 실수를 만회하기 위해 최선을 다하고 고마운 마음을 가질 것이다.

9장

중용되길 바라는가?
먼저 핵심 경쟁력을 갖추자

도대체 직장에서 핵심 경쟁력은 무엇일까? 뛰어난 업무 능력? 최고의 처세술? 독보적인 자원 포섭 능력? 이번 장에서 당신은 필요한 답을 얻을 수 있을 것이다.

고슴도치 효과
직장에서 얻고 싶은 것을 쉽게 얻는 법

고슴도치 효과란 무엇인가

이제 막 문을 연 도서관이 있다. 당신은 마침 조용한 곳에서 쉬면서 여유를 즐기려던 참이다. 이때 누군가가 들어와 당신의 앞자리나 옆자리에 앉으면 마음이 불편할 것이다. 당신이 할 수 있는 선택은 멀리 떨어진 곳으로 자리를 옮기는 것이다. 사람과 사람 사이에 일정한 거리를 두어야 마음도 편해지기 때문이다.

'거리감이 아름다움을 만든다'라는 말도 있다. 사람 간에는 적절한 거리가 필요하고 모든 사람은 저마다 자기만의 공간이 필요하다. 자기 영역을 누군가 침범하면 불안하고 때로는 화도 난다. 이것이 바로 '고슴도치 효과'다.

혹독한 추위가 찾아온 겨울, 한껏 웅크린 고슴도치들은 몸을 따뜻하게 하려고 서로 가까이 다가갔지만 몸에 난 가시 때문에 편안하지 않았다. 너무 가까이 다가가면 가시가 상대를 찔러 편히 잠들 수 없었다. 그래서 두 고슴도치는 일정한 거리를 유지했고 몇 차례 시행착오를 겪은 뒤에 서로에게 온기를 전하면서도 가시에는 찔리지 않는 적절한 거리를 찾아냈다.

직장에서 적용되는 고슴도치 효과

1. 상사와의 관계

직장에서 상사와 부하 직원의 관계는 조직에서도 핵심 관계다. 상사가 어떤 업무를 잘 이행하려면 부하 직원과 좋은 관계를 유지해야 한다. 하지만 상사와 부하 직원은 '친하지만 거리감 있는' 협력 관계여야 한다. 가깝지도 그렇다고 멀지도 않은 거리가 가장 이상적이다.

당신이 상사라면 이처럼 거리를 유지해야 부하 직원의 존중을 받을 수 있고 업무상 원칙도 고수할 수 있다. 뛰어난 상사나 관리자는 '낯선 사람과는 친하되 친한 사람과는 소원하다'라는 원칙을 고수해야 한다. 이것이 성공의 지름길이다.

당신이 직원이라면 선을 넘지 말아야 한다. 상사의 권위를 존중하고 스스럼없는 사이라고 확대 해석해서는 안 된다.

2. 동료와의 관계

직장에서 모든 사람은 가시가 달린 동물과 같다. 동료도 마찬가지다. 우리는 동료로부터 성원과 인정, 도움을 원하지만, 동시에 각자만의 사적 공간도 필요하다.

따라서 직장에서는 동료들과 좋은 인간관계를 맺되 적당히 거리를 두며 타인의 프라이버시도 존중해야 한다. 업무를 진행할 때도 마찬가지다. 포용력을 갖고 사사로운 실수는 최대한 눈감아주되 지속적인 관심을 보여야 동료 관계도 나빠지지 않고 업무도 순조롭게 진행할 수 있다.

3. 고객과의 관계

고객과의 관계도 직장에서 흔히 접하는 인간관계 중 하나다. 고객과 좋은 관계를 맺으면 당연히 업무에도 긍정적 영향을 준다. 이때는 인격적 독립성과 객관성을 유지해야 하고 자연스럽게 관계를 맺는 것이 가장 좋다.

지나치게 감정적으로 대응하면 객관성을 상실하고 심지어 이성적 판단이 불가능한 경우도 있다. 일을 처리할 때도 관계의 속박을 받기 쉽고 고객에게 어떻게 먼저 입을 떼거나 거절해야 할지 몰라 난처한 상황에 처하는 경우도 생긴다. 지나치게 가까운 친분이 쌍방의 신뢰에 타격을 줄 수도 있다. 예컨대, 개인적 친분 때문에 회사의 이익을 희생하며 거래했다는 오해를 살 수도 있다.

짐 콜린스의 '고슴도치 개념'

유명한 고대 그리스의 우화 「고슴도치와 여우」에서 여우는 고슴도치를 공격할 복잡한 전략을 세울 줄 아는 동물로 묘사된다. 반면 고슴도치는 눈에 띄지 않게 그저 먹이만 찾고 가족만 보살필 줄 아는 동물로 묘사된다.

오솔길에서 여우는 조용히 고슴도치를 기다린다. 고슴도치가 다가오는 것을 보고 여우는 번개처럼 앞으로 뛰어나간다. 위험을 지각한 고슴도치는 몸을 동그랗게 말아 온몸에 난 가시를 곤추세운다. 여우는 고슴도치의 '방어기제'를 보고 공격을 멈춘다. 숲으로 달아난 여우는 다시 새로운 공격 전략을 세운다.

고슴도치와 여우의 전투는 매일 다른 방식으로 이루어진다. 비록 여우가 고슴도치보다 영리하지만 백전백패는 여우의 몫이다. 별것 아닌 듯 보이는 고슴도치는 복잡한 상황을 간략하게 하나로 정리하고 하나의 기본 원칙을 바탕으로 핵심 능력을 키운다. 이것이 바로 세계적인 경영학자 짐 콜린스가 제시한 '고슴도치 개념(Hedgehog Concept)'이다. 기업이 단순하고 효과적인 발전 모델을 찾기만 하면 시장의 어떤 변화에도 손쉽게 대응하며 빠르게 성장할 수 있다는 것이다.

세 원의 교차점을 찾아라

'고슴도치 개념'을 좀 더 자세하게 설명해보겠다. 고슴도치 개념이란 단순하고 명확한 개념을 말하는데, 아래 그림처럼 세 원의 교차점이 무엇인지 이해하는 데서 시작된다.

첫째, 당신은 어느 점이 가장 뛰어난가? 지금 종사하고 있는 일에서 선천적인 재능과 자질을 찾고 이를 십분 발휘하는 것이 가장 좋다.

둘째, 무엇이 당신을 움직이는 경제적 원동력인가? 즉, 당신이 종사하는

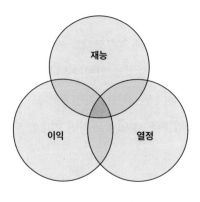

세 원의 교차점

업무에서 얻는 이익에 해당한다.

셋째, 무엇에 열정을 품는가? 일에 열정을 품는다는 것은 기꺼이 자신이 감당코자 하고 업무 과정에서 즐거움을 느끼는 것이다.

당신이 세 원의 교차점을 파악하고 단순 명료한 개념으로 전환해 인생의 선택 기준으로 삼는다면 자신만의 '고슴도치 개념'을 갖게 된 것이다.

맺음말

'고슴도치 효과'는 거리감이 아름다움을 만든다는 이치를 깨닫게 해준다. 현명한 사람은 사랑과 우정을 즐길 줄 알고, 그것이 아름다울 수 있도록 거리를 조절한다. '고슴도치 개념'의 핵심 내용은 일을 단순화하는 것이다. 복잡다단한 현대사회에서는 하나에 집중해 힘을 쏟고 핵심 경쟁력을 위해 노력하며 자신의 열정과 자원을 분산시켜서는 안 된다. 세 원의 교차점은 어떻게 자신만의 발전 모델을 찾아 핵심 경쟁력을 갖출 수 있는지 알려준다.

26 안타이오스 효과
자신을 키워준 토양을 잊지 말자

아무리 성공했어도 팀을 잊어서는 안 된다

나는 회사에서 꽤 큰 규모의 소프트웨어 프로젝트를 수행한 적이 있다. 수만 명의 사람들이 참여한 이 프로젝트는 큰 성공을 거뒀다. 성공을 축하하는 자리에서 상사는 무심코 프로젝트에 참여한 어느 직원에게 솔직한 소감을 말해보라고 했다.

그 자리에서 직원은 흥분했는지 많은 이야기를 꺼냈다. 그런데 반복적으로 '나는'이라는 말이 나왔고, '우리는'이라는 말은 없었다. 옆에서 이야기를 듣고 있던 나는 마음이 초조해졌다. '나'가 아닌 '우리'라는 표현을 써야 한다고 넌지시 알려주고 싶었다. 축하연이 끝난 뒤 직원들은 즐거워 보였지만 나는 마음이 복잡했다. 그 직원의 실수를 지적하고 싶었지만, 괜히 흥을 깰까 봐 목구멍까지 올라오는 말을 몇 번이나 삼켰다.

직원의 소감을 들은 다른 프로젝트 참여자들은 어떤 기분이었을지 모르지만, 아무 뜻 없이 내뱉은 말에도 듣는 사람에 따라 의미를 다르게 부여할 수 있다. 누구도 완전히 독립적인 업무를 수행할 수는 없다. 즉, 팀의 협력 없이는 성공을 거둔 사람도 없다는 말이다. 지나치게 자신의 공치사에만 집중한다는 것은 팀의 공로를 깡그리 잊어버렸다는 뜻이다.

나는 팀이 없었다면 프로젝트도 성공하지 못했고 그 누구도 능력을 제대로 발휘할 수 없었을 것이다. 팀 구성원 모두 각자의 자리에서 맡은 임무를 수행하며 공을 세운 것이다. 직장에서 성공은 절대로 각자도생으로 이루어진 산물이 아니다. 옆에 있는 동료들을 생각해보자. 그들이 없었다면 지금의 내가 존재할 수 있었을까?

안타이오스 효과란 무엇인가?

고대 그리스 신화에서 바다의 신 포세이돈과 땅의 신 가이아 사이에서 태어난 거인 안타이오스는 힘이라면 둘째가라면 서러운 백전백승의 천하장사였다. 하지만 그에게도 치명적인 약점이 있었으니 땅에서 몸이 떨어지면, 즉 어머니의 품에서 떨어지면 힘을 잃고 말았다. 그의 적수는 이 비밀을 알아내고는 땅에서 공중으로 안타이오스를 들어 올려 힘이 빠진 틈에 살해해 버렸다. 나중에 사람들은 이를 빗대어 어떤 조건에서 이탈되면 능력을 잃어버리는 현상을 '안타이오스 효과'라고 불렀다.

'안타이오스 효과'를 직장에 적용해보자. 안타이오스가 땅에 귀속되듯이 직장인도 결국 조직에 귀속된다. 동료들의 성원이 없다면 그 누구도 자기 힘을 제대로 발휘하기 힘들다. 물에 물고기가 없어도 물은 여전히 물이다. 하지만 물고기는 물을 잃으면 물고기가 아니다. 많은 사람이 힘을 합치면 더 큰 힘을 만들 수 있다. 여러 명이 노를 저어야 큰 배를 움직일 수 있다.

언제 어디서나 적용되는 인생철학

대자연을 관찰하면 '안타이오스 효과'를 여기저기서 찾아볼 수 있다. 생태계 먹이사슬은 서로 긴밀하게 연계되어 있다. 어떤 생물이라도 땅과 물, 공기에 의존할 뿐 아니라 먹이사슬의 최하위층에 의존한다.

아무리 큰 거목이라도 비옥한 토양을 떠나면 며칠 내로 시들게 마련이다. 새는 공기가 없으면 날지 못할 뿐 아니라 살 수도 없다. 물고기도 물을 떠나면 죽는다. 하지만 거목이 사라져도 토양은 여전히 광활하고, 새가 없어져도 공기는 여전히 신선하고, 물고기가 없어도 물은 여전히 맑다. 당신이 회사를 떠나도 회사는 여전히 정상적으로 돌아가는 것처럼 말이다. 다만 당신은 물을 떠난 물고기처럼 회사가 제공했던 여러 자원과 조건을 누리지 못해 성공하기 힘들고 때로는 생계까지 위태로워진다.

그렇다면 어떤 조건과 자원이 직장인에게는 생존의 토양이 될까?

직장에서 꼭 필요한 조건은 무엇인가?

1. 회사라는 플랫폼

회사는 한 사람이 직업적으로 성장할 수 있는 플랫폼이다. 같은 생수를 동네 편의점에서는 1,000원에 팔지만, 공원에서는 2,000원에 팔 수도 있다. 이것이 바로 플랫폼에서 생성되는 부가가치다. 회사가 당신에게 제공하는 부가가치로 당신이 영웅 자리에 오를 수 있다는 점을 잊지 말자.

회사의 창립자도 회사가 어느 정도 발전한 뒤에는 반드시 필요한 존재가 되는 것은 아니다. 투자자들에 의해 일선에서 물러난 사례가 허다하다.

창업의 성공도 당연히 시장 환경과 무관할 수 없으며, 투자자들의 지지에서 자유롭지 못하다.

2. 상사의 주목

상사에게 주목받는 것을 마치 아첨이나 비위 맞추기로 오해할 수도 있겠지만, 이것이야말로 중요하다. 상사의 주목을 받지 못하면 많은 업무에서 당신은 스스로를 드러낼 기회조차 얻지 못한다. 다시 말해, 직장에서 상사와 좋은 협력 관계를 맺어야 언제든 기회가 온다.

3. 팀의 성원

회사에서 한 사람의 능력이 아무리 출중해도 팀을 떠나서는 아무것도 하지 못한다. 따라서 평소 팀을 위해 헌신하는 자세를 보이고 사람의 마음을 얻는 일이 중요하다. 무엇보다도 성공의 공로를 팀에게 돌리되 절대 형식적인 겸손이 아닌 진심으로 팀에게 감사해야 한다. 팀은 자신이 성장하게 된 기반임을 확실히 직시해야 한다.

4. 나의 전문성

모든 사람에게는 저마다 어울리는 영역이 있다. 자기에게 어울리는 영역을 벗어나면 좌절감이 생긴다. 지금의 환경이 당신에게 재능을 펼칠 기회를 부여했다는 점을 잊지 말자. 자신의 재능을 펼칠 수 없다면 망망대해에서 당신은 그저 한 줌의 먼지에 지나지 않는다.

5. 잠시 감춰둔 결점

성공했을 때 우쭐하지 말아야 할 뿐 아니라 자신의 단점을 잊어서도 안 된다. 성공을 거둔 시기야말로 가장 위험할 수 있다. 성공을 거머쥐었을 때 단점이 드러나 오히려 해가 되기도 한다.

맺음말

사람은 생존하고 발전하는 데 필요한 환경을 잃어서는 안 된다. 관리자는 직원 개개인에게 필요한 환경을 조성하고 조직을 구성해야 한다. 가끔씩이라도 직원 교육을 통해 조직이야말로 비옥한 토양이며 직원 개개인은 이 토양을 발판으로 성장하고 토양을 떠나면 시들 수밖에 없다는 진리를 깨우쳐주어야 한다.

사회적 배경 효과
스스로 만든 후광을 적절히 활용하자

배경도 일종의 자원이다

일상적인 업무에서 특별히 뛰어난 능력을 보이지 않던 젊은 직원이 차근차근 발전해 한 단계씩 직급이 상승하더니, 어느새 관리자가 되어 사람들의 부러움과 비난을 한 몸에 받는 상황을 가끔씩 보게 된다. 비난을 하는 건 의심을 품기 때문이다. 능력이나 실적이 출중하지 못하면 사람들은 자연히 무슨 연줄이 있는 게 아닌지 의심한다. '낙하산'이나 '누구의 라인'이라는 말이 이런 데서 나온다. 다시 말해, 개인의 능력을 통해 성취한 것이 아니면 사람들의 비웃음을 살 수 있다는 것이다.

하지만 이를 다른 관점에서 생각해볼 필요도 있다. 요령 없이 열심히 일만 하는 사람은 보통 다음과 같은 단계를 거친다. 일단 탐색 단계에서는 방향을 정하지 못하고 도움을 구할 사람도 없어 자신의 직감에 의존해 돌파구를 찾는다. 어렵사리 자리를 잡았지만 이미 너무 지친 상태다. 초조함은 계속 없어지지 않는다. 돌이켜 보면 다른 사람들에 비해 너무 발전이 늦고 한계에 부딪힌 느낌이 든다.

열심히 노력하는 자세와 정신력은 존경할 만하다. 하지만 직장에서는 자원과 인맥이 때로는 큰 역할을 하므로 좀 더 지혜롭고 유연하게 이런 수단을 활용하면 효율적으로 성과를 얻을 수 있다.

사회적 배경 효과란 무엇인가?

예수와 부처를 그려놓은 그림을 보면 몸 뒤에 후광이 그려져 있다. 신비감과 장엄함 분위기를 연출하기 위해 그려 넣은 것이다. 이를 '후광의 힘' 또는 '배경의 힘'이라고 부른다.

현실 세계에서도 한 사람을 평가할 때 자연스럽게 사회적 배경을 보게된다. 재직하는 직장이나 가족, 친구, 경제적 상황 등과 관련지어 평가하는데, 심리학자들은 이런 사회심리 현상을 '사회적 배경 효과'라고 부른다. 사람들은 당신의 사회적 배경에 맞는 태도를 취하곤 한다. 달리 말하면 사회적배경을 당신을 판단하는 중요한 근거로 삼는다는 것이다.

당신이 특출한 사회적 배경을 가지고 있다면 사람들은 처음 만났더라도 비교적 당신을 신뢰한다. 당신은 늘 쉽게 타인의 신뢰나 인정을 받을 것이다. 더러는 아첨을 떠는 사람도 있을 것이다. 관계는 순조롭게 맺어진다. 반대로 당신의 사회적 배경이 평범하다면, 우대를 받기 힘들 뿐더러 항상 순조롭게 관계가 지속되지는 않을 것이다.

사회적 배경의 주요 유형

사람의 신분은 복잡하고 다양하다. 마찬가지로 사회적 배경도 여러 유형이 있는데, 크게 자신의 신분, 인맥, 가정환경으로 나눌 수 있다.

1. 신분
신분이란 스스로 노력을 통해 얻은 직위, 학력, 권력 등을 말한다. 일반적으로 외부로부터 쉽게 인정받을 수 있는 신분이자 배경이다. 누구나 드러내거나 자랑하고 싶은 부분이고 자신감과 자존감을 불러일으키는 요인이다. 자신의 신분은 수월하게 일 처리를 하는 데 도움을 줄 수도 있다.

2. 인맥

오늘날 방대하고 복잡한 협력 시스템의 사회에서 살고 있는 우리에게 인맥의 영향력은 무시할 수 없다. 유명인이나 인플루언서의 추천과 지지를 받으면 힘과 시간을 절약하고 빠른 시일에 영향력을 제고할 수 있다.

3. 가정환경

이른바 '금수저'를 물고 태어난 사람들은 인생의 시작점부터 남보다 훨씬 앞선다. 때로는 이들의 시작점 자체가 다른 사람들에게는 종착점인 경우도 있다. 가정환경이 든든한 사람은 높은 곳에 서서 저 멀리 내다볼 수 있다. 남이 부러워할 만한 일도 손쉽게 해낸다. 하지만 다른 사람의 시기를 받기 쉬우므로 대부분은 가정환경을 대놓고 드러내려 하지는 않는다.

배경도 핵심 경쟁력이니 충분히 활용하자

1. 가정의 자원을 활용하자

가정의 자원은 스스로 큰 노력을 하지 않아도 쉽게 얻을 수 있다. 이 자원은 선조 대부터 대대로 노력해 얻은 산물이다. 처음부터 좋은 조건을 가졌다면 출발점에서 타인을 능가할 수 있고 시행착오를 줄이거나 시간을 절약할 수도 있다. 그러니 타인의 시선을 너무 의식하지 말고 크든 작든 가정의 자원을 잘 활용할 방법을 찾아보자.

2. 신분이 가진 후광을 감추지 말자

학력은 무엇보다 개인의 노력으로 쟁취할 수밖에 없다. 권력도 노력 없이 쉽게 얻을 수 있는 것이 아니다. 특히나 인간적 매력이나 영향력을 쌓으려면 많은 시간이 필요하다. 자신의 신분은 기본적으로 본인의 피땀으로 쟁취한 것이며 핵심적 배경이자 사회의 인정을 받는 중요한 근거다. 따라서 후광을 감추지 말고 세상이 알도록 내세우자.

3. 큰 나무 밑이 시원하다

대대수의 사람은 평범한 집안 출신이다. 가정환경이 특출하지 않고 조건도 유한해 남다른 교육을 받지 못한다. 그렇다면 기회가 전혀 없을까? 그렇지는 않다. 자기 분야에서 실력을 쌓고, 인맥을 넓히고, 자신에게 그늘을 제공할 큰 나무를 찾자. 물론 모든 일에는 개인의 노력이 수반되어야 한다. 끝도 없이 양분만 흡수하고 아무 행동도 하지 않으면 끝이 좋지 않다.

맺음말

직장에서는 개인의 핵심 경쟁력을 만들어야 자기 자리를 확보할 수 있다. 방대하고 복잡한 직장 시스템 안에서는 무엇보다 다원화된 경쟁력이 필요하다. '다원화'란 개인의 내적 능력만이 아니라 사회적 배경, 인맥 등 외적 경쟁력도 중요한 요소다. 개인의 능력에 훌륭한 사회적 배경까지 받쳐준다면 금상첨화다.

사회적 배경에 대한 외부의 시선이나 오해는 일단 제쳐두자. 자신의 신분, 가정환경, 인맥 등을 최대한 활용해 경쟁력을 구축한다면 좀 더 지혜롭고 효율적으로 성과를 낼 수 있을 것이다.

10장

부화뇌동하지 말고
개인의 고유한 이미지를 만들자

오늘날 개인의 발전은 빠른 속도로 이루어지고 경쟁은 점점 더 치열해지고 있다. 이런 상황에서 자신만의 고유한 이미지를 만드는 것이 중요하다. 고유한 이미지가 바로 경쟁력이기 때문이다. 하지만 부화뇌동을 조심해야 한다. 고유한 이미지를 만들려면 남의 것을 모방해서는 안 된다. 독자적이고 차별화된 관점을 가지는 것부터 시작해야 한다.

28 웨지 법칙
독자적으로 행동할 것인가, 부화뇌동할 것인가?

결단의 힘

중국 삼국시대에는 군웅이 할거하면서 일촉즉발의 상황이 이어졌다. 조조는 북쪽의 중원을 차지하고 강남 지역을 호시탐탐 노렸다. 남쪽으로 군대를 보내기 전, 조조는 손권에게 오(吳)나라에서 장군과 같이 사냥하고 싶다는 서신을 보냈다. 서신에는 조조의 위협이 강하게 느껴졌다. 불안감에 빠진 오나라 조정은 전쟁을 주장하는 세력과 화친을 주장하는 세력의 다툼으로 소란스러웠다.

오나라 주인 손권은 득실을 따져본 뒤 마음을 굳히고는 칼로 책상 모서리를 내리치며 조조에 저항하겠다는 뜻을 내비쳤다. 이후 벌어진 사건이 그 유명한 '적벽대전'이다. 약세인 손권 군대가 유비 군대와 연합해 막강한 조조 군대를 이기는 기적을 낳았다. 전쟁에서 패배한 조조는 줄행랑을 쳤다.

역사에 '만약'은 없다지만, 손권이 줏대 없이 부화뇌동했다면 맹목적으로 군중의 뜻에 따라 나라를 바치고 화친을 맺었을 것이다. 결국 한 사람의 결단이 역사의 결과를 송두리째 뒤바꿔놓은 것이다.

나의 생각 vs. 주변의 생각

직장에서는 다음과 상황을 자주 접하게 된다. 당신이 어떤 업무를 하려고 하는데 누군가 그 일을 반대한다. 하지만 당신은 아랑곳하지 않고 자신이 옳다고 생각하는 업무를 완수한다. 마찬가지로 당신이 어떤 업무를 하는데 이번에는 여러 사람이 반대한다. 이때는 자기 생각을 의심하기 시작하고, 타당성을 재검토하고, 사람들의 의견을 구한다. 마지막으로 모든 사람이 당신이 하려는 일을 부정하면 당신도 자신의 생각을 쉽게 부정하게 된다.

동료 하나가 당신에게 업무를 부탁했다. 일반적인 상황에서 당신은 이 일을 할 가치가 있는지 충분히 따져보고 신중하게 이해득실을 평가한다. 하지만 상사가 당신에게 업무를 맡길 때는 어떤가. 일단 시킨 일이니 해야 할 테고 꼬치꼬치 따진다면 상사의 미움을 받을 수 있어 조심스럽다.

위의 사례들은 하나의 현상을 설명하고 있다. 개인의 행위는 온전히 주체적 의식에서 비롯된 것이 아니라 주변 사람이나 환경에 깊이 영향을 받는다는 것이다. 그렇다면 자신의 견해와 주변 사람의 의견이 대립하는 경우에는 어떻게 대처해야 할까?

웨지 법칙이란 무엇인가?

사람은 살면서 진로나 배우자부터 물건 구매, 점심 메뉴까지 여러 선택을 하게 된다. '사회적 동물'인 인간은 가족, 친척, 친구 등 항상 인간관계의 틀 안에서 살아간다. 무언가를 선택할 때도 주변 사람들의 의견을 물어볼 때가 많다.

직장에서는 사람의 사회성이 더욱 강해진다. 임원이든 말단 직원이든 모든 업무에서 팀의 지원을 받아야 한다. 어떤 결정을 내렸을 때 주변 동료들이 반대한다면 결정을 내린 사람은 심리적 압박이 클 것이다.

간혹 대중의 의구심에도 불구하고 줏대를 잃지 않고 진리는 늘 소수의 수중에 있다고 생각하는 사람들이 있다. 하지만 줄곧 독단적으로 행동하면 이에 따른 리스크가 대단히 크다. 단 한 번의 실패에도 따르던 무리가 뿔뿔이 흩어지는 상황이 벌어지고 만다.

미국 캘리포니아대학교 경제학자인 웨지는 주관이 아무리 뚜렷한 사람이라도 친구 10명과 생각이 완전히 다르면 동요하지 않을 수 없다고 했다. 이런 현상을 '웨지 법칙'이라고 부른다. 타인의 의견을 경청하면 전반적으로 정보를 파악하고 문제를 깊이 있게 분석해 작은 오차 범위 안에서 올바른 결정을 내릴 수 있다. 하지만 타인의 관점을 과도하게 수용하면 자기 생각에 혼동이 생기고 결론도 내리지 못한다. 얼핏 보면 우스꽝스러운 '패러독스'처럼 느껴지지만 실제로 우리가 흔히 빠지는 함정이기도 하다.

그렇다면 어떻게 해야 할까?

개성을 추구하고자 독자적으로 행동할 수도 없고, 그렇다고 줏대 없이 부화뇌동할 수도 없는 노릇이다. 어떤 선택이든 고수할 가치가 있는지 진행할 필요가 있는지 여부는 모두 그 일 자체가 올바르고 정의롭고 타당한지에 달려 있다. 하지만 문제가 발생하면 올바름, 정의로움, 타당성이라는 이 세 방향에 대해 사람마다 다른 관점을 갖는다. 이 때문에 또 다른 선택의 문제에 직면하게 된다.

지속적으로 문제에 직면할 수밖에 없는 현실이라면 객관적인 부분부터 주관적인 부분까지 차근차근 분석하고 세심하게 문제를 해결해 최대한 올바른 판단을 내리도록 해야 한다.

1. 뚜렷한 주관은 전제 조건!

갈대처럼 이리저리 흔들리는 사람은 주변의 신뢰를 얻기 힘들다. 그러니 선택은 신중하게 하되 한번 결정된 선택은 함부로 바꾸어서는 안 된다.

2. 올바른 선택인지 충분히 논의하자

자신의 생각이 정말 올바른지 충분히 논의해야 한다. 수많은 자료 수집과 분석은 물론 자료에 대한 충분한 검증과 연구, 토론 등을 진행해야 한다. 요컨대, 모든 일에서 '당연하다'는 생각은 배제해야 한다.

3. 자기주장만 내세워서는 안 된다

자기주장만 옳다고 생각하는 사람은 제멋대로 일을 진행하기 일쑤다. 객관적인 환경과 정세의 변화를 파악하지 못하고 기분에 따라 일을 처리할 수 있다. 따라서 환경의 변화를 고려하며 늘 변화에 적응해야 하고 맹목적으로 자기주장만 고집해서는 안 된다.

4. 선입견에 사로잡혀서도 안 되고 주관이 없어서도 안 된다

많은 사람의 의견을 수렴하기 전에 이미 선입견이 있다면 자기주장만 내세우는 오류에 빠지기 쉽다. 의견을 수렴한 후에는 여러 의견 가운데 과감히 행동 방침을 정하고 분명한 자기 생각을 가져야 한다.

5. 다양한 의견을 두려워하지 말고 결론을 내리지 못하는 것을 두려워하자

다양한 의견을 두려워하지 말자. 오히려 의견이 다양하면 여러 관점을 충분히 살필 수 있어 최선의 결정을 내리는 데 도움을 줄 수 있다. 결론을 내린 뒤 업무를 추진할 때는 이견이나 오해 없이 같은 마음을 갖게 해야 한다.

맺음말

'웨지의 법칙'은 뚜렷한 주관을 가진 사람도 많은 사람이 의문을 제기하면 흔들리거나 심지어 포기하는 심리를 말한다. 성공한 사람이 성공을 손에 넣을 수 있었던 이유는 다른 사람보다 더 높이 더 멀리 내다보고 자신의 선택을 충실히 견지했기 때문이다. 따라서 목표를 한번 설정했다면 다른 사람의 판단으로 자신의 선택을 함부로 저울질하지 말자. 정의롭고 올바른 일이 맞다면 성실하고 꾸준하게 성공을 향해 나아가자.

폰 레스토프 효과
차별화된 퍼스널 브랜드를 만들자

차별화가 바로 브랜드다

대학원 졸업 후 몇 년 뒤, 대학원 선배가 우리 회사에 출장을 오게 되었다고 갑자기 연락을 했다. 나는 기쁜 마음으로 선배를 만나러 나갔고 마침 점심시간이라 회사에 찾아온 손님을 접대한다는 마음으로 지역에서 유명한 식당으로 모셨다.

식사를 하면서 우리는 대학원 과정 때를 회상하며 수다를 떨었다. 선배는 평소 연락하며 친하게 지내던 나 말고 다른 후배들은 잘 기억하지 못했다. 다만 한 여학생은 선명하게 기억하고 있었다. 사실 나도 선배가 말하자마자 누구인지 대번에 알 수 있었다.

그 여학생은 입학 첫날부터 독특했다. 연구실의 자기 자리도 개성 넘치게 꾸몄고, 컴퓨터 바탕화면부터 의자 색상까지 모두 예사롭지 않았다. 패셔너블한 가방과 현란한 액세서리, 반짝이는 매니큐어와 찰랑거리는 긴 치마가 학구적이고 진지한 분위기의 연구실에 새로운 활력을 불어넣었다.

더 놀라운 점은 그녀의 개성 넘치는 행동이 교수나 동료에게 전혀 반감을 사지 않았다는 것이다. 일단 활달한 성격의 그녀는 다른 사람을 잘 도와줬고 업무상 에티켓도 잘 지켰다. 공부하는 스타일도 혁신적이고 대범하고 꼼꼼했기 때문에 사람들은 오히려 그녀의 개성을 긍정적으로 보았다.

나는 당시 차별화가 가장 확실한 퍼스널 브랜드가 될 수 있다는 사실을 절감했다.

폰 레스토프 효과란 무엇인가?

'폰 레스토프 효과'는 구소련의 심리학자인 폰 레스토프가 고안한 법칙으로, 평범한 사물에 비해 독특한 사물이 사람들의 기억에 각인될 확률이 더 높다는 점을 설명한다. 다시 말해, 사람들은 자연스럽게 사물의 조합에서 독특한 부분에 더 관심을 두게 되는데, 이 조합은 단어나 과목, 물체, 사건, 이름, 얼굴 등이 될 수 있다.

'폰 레스토프 효과'는 본질적으로 기억의 특성과 관련 있다. 수많은 사물에 대한 기억은 모두 무의식적 기억이다. 무의식적 기억은 기억의 목적을 자각하지 않아도 되고 기억하는 방법이나 기억하려는 노력도 필요하지 않다. 무의식적 기억은 선택성을 띠고 있다. 즉, 접촉한 모든 사물을 기억하는 것이 아니다. 일상생활에서 큰 의미를 지닌 사안에 대해 흥미를 느끼고 어떤 감정이 일어나면 더욱 쉽게 기억에 남는다.

정보의 홍수 시대에 사람들은 갈피를 잡지 못한다. 특별히 가치가 없는 정보는 아예 시야에도 들어오지 않는다. 그래서 '폰 레스토프 효과'의 중요성을 알게 된 사람들은 대중의 시선을 사로잡을 만한 정보를 만들어내기 시작했다.

직장에서 어떻게 차별화할 수 있는가?

정글 같은 직장에서 남들보다 두드러지려면 차별화된 브랜드를 만들어 강한 인상을 남겨야 한다. 자신만의 독특한 개성을 퍼스널 브랜드로 변모시키는 방법에는 어떤 것이 있을까?

1. 독특한 외적 이미지로 자신을 드러내자

사적인 일상에서나 공적인 직장에서 외모, 키, 옷차림 등 한 사람의 외적 이미지는 타인이 제일 먼저 접하는 부분이다. 우리의 선천적인 몸은 바꾸기 어렵지만 옷차림이나 스타일은 신경 쓸 수 있다. 특히 옷차림은 직위나 체형, 나이 등과 격이 맞아야 하고 직장 환경이라는 큰 범주와도 조화를 이루어야 한다.

직장에서 다른 사람과 옷차림을 차별화하면 타인에게 좀 더 강렬한 인상을 심어줄 수 있다. 예를 들어 옷차림이 비교적 자유로운 직장에서는 깔끔한 정장이나 세미 정장을 입을 수도 있다. 물론 지나치게 차려입어 동료들과 괴리감이 들지 않도록 주의해야 한다. 반대로 정장 차림을 고수하는 직장이라면 허락하는 범위 내에서 자신이 좋아하는 액세서리로 살짝 포인트를 줄 수 있다.

2. 독자적인 업무 방식을 견지하자

업무 방식은 크게 두 가지로 나눌 수 있다. 하나는 독특한 업무 습관이다. 내가 만난 실력자들은 한결같이 한 시간 먼저 출근해 업무를 준비하거나 점심시간에 다른 동료들이 휴식을 취할 때 시간을 내어 공부하는 등 남다른 행동 습관을 지니고 있었다. 이것이 누군가에게 보이기 위한 쇼가 아니라 자발적인 행동이라는 점을 기억하자. 시간이 쌓이면서 이런 행동이 타인의 뇌리에 강하게 남는다.

다른 하나는 혁신적인 업무 처리 능력이다. 자신만의 특별한 노하우를 만드는 것이다. 독창적인 프로젝트 관리 방법을 가지고 있거나, 차별화된 PPT 활용 능력 또는 발표 능력을 갖춘 경우다. 이런 사람은 대놓고 자신을 PR하지 않아도 특별한 능력이 상대의 뇌리에 강한 인상을 심어준다.

3. 성과의 차이는 디테일에 있다

흰 종이 두 장을 빨리 구별해야 한다면 어느 것이 더 하얀지 확인할 것이 아니라 그중 한 장에 점 하나를 찍으면 된다. 두 자동차의 차이를 비교해야 한다면 어느 자동차의 바퀴가 더 많은지 비교할 것이 아니라 디자인의 디테일한 차이나 엔진의 차이를 비교해야 한다. 마찬가지로 업무에서 차이를 선보이고 싶다면 디테일을 포착해 타인의 눈길을 사로잡아야 한다.

그렇다면 디테일은 어떻게 포착해야 할까? 먼저 업무의 핵심을 명확히 파악해야 한다. 예컨대, 회의의 핵심 내용, 프로젝트의 중요한 타이밍, 업무에서 상사가 주목하는 지점 등 핵심적인 세부 사항을 명확히 파악한다. 그 디테일한 부분에서 최대한 능력을 발휘하면, 타인의 뇌리에 자신을 각인시키는 것은 물론이고 부족한 부분까지 감출 수 있다.

4. 능력의 한계를 인정하고 'OK맨'이 되지 말자

모든 일을 다 해결할 수 있는 이는 전능한 신밖에 없다. 따라서 모든 일을 다 해낼 수 있다고 말하는 'OK맨'은 오히려 타인에게 신뢰를 잃기 쉽다. 사실상 신뢰와 능력은 직접적인 상관관계가 없다. 당신이 가진 능력의 한계가 어디까지인지 확실히 알려주는 것이 오히려 신뢰도를 높일 수 있다. 또한 능력의 한계가 없다는 것은 달리 말하면 전문 분야가 없다는 뜻이기도 하다. 전문 분야가 없다는 것은 전문성을 갖출 능력이 없다는 말로도 해석된다.

맺음말

개성과 매력을 중시하는 오늘날에는 특별한 인재들만 주목받는다. 평범하게 지내다가는 도태되기 쉽다. 하지만 '폰 레스토프 효과'를 활용하면 외적 이미지, 업무 방식, 업무의 디테일, 능력의 한계 등에서 차별화된 모습을 드러낼 수 있다. 설사 자신의 모습을 선보일 기회가 많지 않더라도 차별화된 이미지를 강하게 각인시킬 수 있다.

센세이션 효과
직장의 스타가 되어 값진 보상을 받자

직장에도 스타는 존재한다

직원에게 상을 수여하는 시상식에 참석해본 적이 있는가? 시상식은 주로 대회의실이나 강당에서 진행한다. 연석에는 회사의 주요 임원들이 앉아 있고 좌석에는 직원들로 가득하다. 임원이 연설하고 상을 수여하면 박수 소리가 들리고 끝을 맺는다. 임원은 상을 받은 직원만 기억할 뿐 좌석에 앉아 있던 수많은 직원은 이름조차 모른다.

대다수의 직장인이 성실하게 자신의 직무를 수행한다. 하지만 임원을 마주치면 괜히 가던 길을 돌아가거나 전체 회의에서 임원의 시선을 피해 숨기 일쑤다. 그 결과 임원에게는 전혀 존재감 없는 직원으로 전락한다. 일부 성격이 명랑한 직원들은 보고에 능하고 업무도 비교적 적극적으로 수행한다. 그런데 이들은 큰 실수를 저지르지 않지만 그렇다고 대단한 실적을 내는 것도 아니다. 직원 중에서 극소수만이 뛰어난 성과를 거두고 말재주도 좋다. 소문은 금세 퍼지고 때로는 센세이션을 불러일으켜 승진도 순풍에 돛 단 듯 이루어진다.

사람의 능력 차이가 이처럼 하늘과 땅 차이란 말인가? 속도를 중시하는 이 시대에 더 빨리 발전할 방법은 없을까? 당연히 있다.

센세이션 효과란 무엇인가?

'센세이션 효과'는 사람들이 주목하는 사건을 통해 센세이션을 불러일으키는 사회심리 효과를 말한다. '센세이션 효과'는 신기한 사물이나 유명인의 사건에 관심을 보이는 사람들의 심리적 저변에서 시작된다. 인간의 삶은 고인 물처럼 정체되지 않는다. 물결이 일고 변화가 생기고 자극과 흥분과 분출이 일어나는 루트가 필요하다. 그래서 센세이션을 일으킬 만한 일을 퍼뜨리는 것이 사람들의 보편적 심리다. 프로이트의 말을 빌리자면, 심리적 에너지를 분출해 심리적 균형을 잡는 것이다.

'센세이션 효과'는 미디어나 입소문을 통해 전파된다. 가령 스타의 결혼 소식이 뉴스 미디어를 통해 전파되고 때로는 '센세이션 효과'를 불러일으킨다. UFO 출몰이나 테러 같은 기이한 사건으로 센세이션이 일어나기도 한다. '센세이션 효과'는 능동적인 것과 수동적인 것으로 나눌 수 있다. 전자는 어떤 목적을 달성하기 위해 의도적으로 형성된 '센세이션 효과'다. 후자는 무의식적으로 미디어나 타인의 입을 통해 전달되어 형성된 것이다. 일상생활에서 능동적 '센세이션 효과'를 활용하면 타인의 뇌리에 강한 인상을 심겠다는 목적을 달성할 수 있다.

어떻게 센세이션을 불러일으킬까?

1. 공개적으로 탁월함을 선보일 기회를 포착하자

어떤 사건이나 인물이 센세이션을 일으키려면 최대한 많은 사람에게 알려져야 한다. 따라서 공개적인 장소에서 두각을 드러낼 기회를 포착해야 한다. 이것은 잊지 말아야 할 기본 원리다. 공개적으로 두각을 드러내는 방법은 여러 가지가 있는데, 예를 들면 대형 회의나 세미나, 공연 등이 있다. 한번에 큰 반향을 불러일으키지 못했다면, 여러 번의 시도로 누적시킬 필요가 있다. 즉, 여러 장소에서 작은 센세이션을 불러일으키도록 해야 한다.

2. 중대한 업무에 참여하자

중대한 업무나 프로젝트는 임원들이 직접 관리하고 신경 쓴다. 따라서 해당 업무를 수행하는 직원은 자연스레 임원의 시야에 노출된다. 이때 민감하게 레이더를 세워 회사의 분위기를 파악하고 최선을 다해 중대한 업무에서 실적을 쌓아 어느 순간 사람들을 놀라게 만들자.

3. 타인과 힘을 합치자

한 사람의 힘으로 센세이션을 일으키는 것은 한계가 있다. 하지만 타인과 힘을 합쳐 자신의 능력을 소문내면 효과는 기하급수적으로 커진다. 따라서 어떤 업무에서든지 조직에서 떨어져 나오면 안 되고 타인을 무시해서도 안 된다. 여러 사람이 모이면 더 큰 힘을 발휘할 수 있다. 조직에서 벗어나는 것은 성장 동력을 포기하는 것과 같다.

센세이션 효과는 양날의 검, 잘못된 길로 빠지지 말자

1. 부정적 센세이션은 피하자

직장에서는 칭찬이 자자한 사람보다 악명 높은 사람이 되기가 더 쉽다. 따라서 자신의 영향력을 최대한 발휘하면서도 그것이 자신에게 부정적인 부메랑으로 돌아오지 않을지 냉철하게 판단해야 한다. 이것은 매우 중요한 문제다. 잘못 내려놓은 한 수 때문에 전체를 그르칠 수 있기 때문이다. 만약 동료에게 어떤 부정적인 이미지가 각인된다면 거기서 벗어나기 꽤 힘들 것이다.

2. 표리부동해서는 안 된다

당신이 센세이션을 불러일으켰다면 아마도 한동안 사람들의 주목을 받을 것이다. 따라서 이 상황에서는 특히 민감하게 행동해야 한다. 행동이 모순적이거나 앞뒤가 다르다면 결국 남들도 알게 될 것이고 그러면 손에 쥐었던 명예도 잃고 말 것이다. 가식적인 모습은 버리고 일을 행하기 전 먼저 자신이 표리부동하지 않은지 살펴야 한다.

3. 효과는 오래 지속되어야 한다

일단 한번 센세이션을 통해 단계적 승리를 얻었다면, 그 후 가만히 앉아 성과를 누리기보다는 기세를 몰아 개인의 영향력을 더 확대해야 한다. 그래야 이미 센세이션을 일으킨 사안이 지속적으로 영향력을 가질 수 있고 다른 사안에도 연쇄반응을 일으킬 수 있다.

4. 실력에 바탕을 두어야 한다

성공을 거둔 사람 중에는 하루아침에 뛰어난 사람이 된 경우는 없다. 모든 일에는 '누적'이 필요하다. 실력은 금방 만들 수 있는 것이 아니다. 물론 효과적인 수단과 방법으로 빨리 성장할 수는 있지만, 실력이라는 밑바탕이 없는 상황에서 사상누각을 쌓으려는 헛된 망상은 버려야 한다.

맺음말

직장인이 빠른 시일 내에 개인의 이미지를 구축한다면 이후의 커리어에도 매우 유리하다. 이런 점에서 '센세이션 효과'는 활용할 만한 가치가 있다. 특히 신입 사원이 효과가 좋은 센세이션을 불러일으킨다면 인생 전반을 바꾸는 계기가 될 수도 있다.

'센세이션 효과'를 불러일으키는 것은 생각보다 어렵지 않다. 그저 관찰하고 있다가 기회를 제때 포착해 공개적인 장소에서 대중 앞에서 자신을 드러내면 된다. 또는 중요한 업무에서 좋은 실적을 내면 사람들은 당신을 달리 볼 것이다.

하지만 모든 일에는 양면성이 있다는 점을 잊지 말자. 센세이션도 늘 긍정적인 것만은 아니고 부정적 영향을 불러일으킬 수 있으므로 지혜롭게 대처해야 한다. 모든 일에 속도만 중시해서도 안 된다. 마음을 단단히 먹고 실력을 쌓은 후 정세를 관찰하며 기회를 노리자. 노력을 게을리 하지 않으면 마침내 당신은 회사에서 스타가 되고 값진 보상을 얻게 될 것이다.

11장

매너리즘과 슬럼프에 빠졌다면
경직된 사고방식에서 벗어나자

현대사회는 지식 기반 경제가 급속도로 발전하고 있어 혁신이 중요한 원동력이 되고 있다. 혁신을 이루기 위해서는 사고방식부터 바꿔야 한다. 하지만 많은 직장인이 기존 방식을 답습하고 아무런 발전 없이 매너리즘에 빠진다. 혁신적 사고방식을 가진 사람이라도 여러 이유로 슬럼프를 겪게 될 수 있다. 매너리즘과 슬럼프에서 벗어나려면 무엇보다 경직된 사고방식에서 탈피해야 한다.

모충 효과
발전 없는 매너리즘은 자멸의 길이다

모충 효과란 무엇인가?

프랑스 과학자 장 파브르는 유명한 '모충 실험'을 진행했다. 모충 여러 마리를 둥근 화분의 가장자리에 일렬로 배치해 원으로 만든 후 화분 주변에 모충이 좋아하는 솔잎을 뿌려놓았다.

모충은 앞에 있는 모충을 따라가며 화분의 가장자리를 한 바퀴, 두 바퀴 돌기 시작했다. 한 시간이 지나고 하루가 지나고 또 하루가 지났지만, 모충 행렬은 여전히 밤낮으로 화분 가장자리에서 원을 만들며 돌고 또 돌았다. 그렇게 일주일이 지나자 결국 기력이 다한 모충은 모두 굶어 죽고 말았다.

장 파브르는 실험 전 모충이 아무 의미 없는 원 만들기에 금세 싫증을 내고 자기가 좋아하는 먹이를 찾아 나설 것이라는 가설을 세웠다. 하지만 유감스럽게도 모충은 그렇게 하지 않았다. 나중에 파브르는 기존 노선을 답습하는 경향을 '추종자 습관'이라고 불렀고, 맹목적 추종으로 실패를 보는 현상을 '모충 효과'라고 명명했다.

자연계의 애벌레보다 더 고차원적인 생물에게도 이런 '모충 효과'가 나타난다. 인간도 마찬가지로 이런 효과에서 자유롭지 못하다. 한 사람이 줄곧 다른 사람을 모방하거나 과거의 성공에만 연연하다가 실패자로 전락하는 사례가 수도 없이 많다.

직장에서는 어떤가? '월급을 받는 만큼만 일하면 된다'라는 생각에 쉽게 사로잡힌다. 안정을 지향하고 도전을 두려워하는 것이 흔히 볼 수 있는 직장인의 마음가짐이다. 그러나 발전 없는 매너리즘은 모충의 비극처럼 자멸의 길로 빠져들게 만든다. 그렇다면 직장에서는 어떤 유형의 '모충 효과'가 존재하는지 살펴보자.

대세를 따르는 유형

'모난 돌이 정 맞는다'라는 말이 있다. 직장인들은 혼자 튀지 않고 다수의 말이나 일 처리 방식을 그대로 따르면 최소한 성과는 내지 못해도 실수는 피할 수 있다고 생각한다.

개인의 관점에 보면, 이런 유형은 기본적인 업무에서도 두각을 나타낼 수 없을뿐더러 낙오되거나 도태되기 십상이다. 조직의 관점에서 보면, 대세를 좇는 분위기가 조성되면 팀은 활기를 잃고 난도가 높은 업무는 아무도 책임지려 하지 않는다. 팀의 성과도 하락세를 보인다.

맹목적 추종형

맹목적 추종이란 주로 부하 직원이 상사의 지시를 무비판적으로 따르는 것을 말한다. 시키면 시키는 대로 하는 유형이다. 상사의 권력 앞에 완전히 무릎을 꿇고 있어 상사의 지시에 아무 비판 없이 지시한 내용을 이해하든 이해하지 못하든 시킨 대로 할 뿐이다.

개인의 관점에서 보면, 이런 유형은 사고력과 판단력이 흐려져 상사의 모든 지시에 맹목적으로 복종한다. 아부와 감언이설로 인생의 정점에 도달할 수도 있지만, 이런 방식은 사실 성공과는 거리가 멀다. 결국 다른 사람의 도구로 전락하는 지름길이다.

조직의 관점에서 보면, 모든 직원이 상사의 지시만 따르고 자주적으로 생각하거나 일을 처리하지 못하면, 윗사람은 자신만 전지전능하고 옳다고 착각할 수 있다. 실제로 이런 상황까지 온 조직에게 실패는 시간문제다.

과거 집착형

직장생활에서 당신은 이런 말을 들어본 적이 있을 것이다. "예전에도 이런 방식으로 해왔는데 뭐가 문제야?" 물론 과거의 경험은 소중한 재산이지만, 과거에만 집착하는 것은 기존의 사고방식 틀에서 벗어나지 못하게 지붕을 덮어씌우는 것과 같다.

개인의 관점에서 보면, 지나치게 과거에 집착하거나 혁신을 거부하면 주변에서 나쁜 평판을 얻게 될 것이다. 상사도 이런 유형의 사람에게는 난도가 높거나 도전적인 업무를 맡길 가능성이 낮다. 오히려 잡무만 맡겨 직장에서 아웃사이더가 될 확률이 높다.

조직의 관점에서 보면, 개인보다 조직이 과거에 집착할 때 더 큰 리스크를 보일 수 있다. 시대의 흐름에 역행하면 퇴보하게 마련이다. 과거만 답습하는 회사는 결국 냉혹한 시장에서 쫓겨나고 만다.

어떻게 모충 효과에서 벗어날 수 있을까?

'모충 효과'에서 벗어나려면 먼저 자기 자신을 충분히 이해해야 한다. 자신과 다른 사람의 차이점을 인식하고 대세에 휩쓸리지 않도록 노력하자. 공부를 게을리 하지 말고 평생 학습자가 되어야 한다. 공부만이 사람의 사고방식을 유연하게 만든다. 정체되지 않은 사고방식이 가장 강력한 무기가 될 수 있다.

기존의 방식을 추종하지 말고 과감하게 혁신을 일으키자. 혁신하는 사람은 세상을 바꿀 수 있다. 과거를 답습하는 사람이 세상을 바꿨다는 말은 들어본 적 없다. 타성에서 벗어나 새로운 방식을 추구하자. 지금과 다른 길은 생각보다 험난하지 않고 누릴 것이 많다. 무엇보다도 그 길은 정의롭고 올바른 길이어야 한다. 바른 길이라면 점점 더 넓게 펼쳐질 것이고, 그른 길이라면 자기 무덤으로 들어갈 것이다.

맺음말

시대는 계속 변하고 우리도 계속 성장하고 발전한다. 어떤 문제를 해결할 때 과거의 방식만 집착해서는 안 된다. 혁신적인 방법으로 시대의 변화에 순응하고 자신을 계발해야 한다. 직장에서든 일상에서든 기존의 사고방식에서 벗어나 자신만의 길을 새로 찾아낸다면 만족할 만한 성취를 이루고 어제보다 더 나은 오늘을 살 수 있을 것이다.

패턴 효과
고착화된 사고 속에서 성실함은
오히려 질 낮은 결과물을 낳는다

꿀벌과 파리

어렸을 때 곤충을 잡고 놀던 기억이 난다. 그중 꿀벌과 파리는 가장 흔히 볼 수 있는 곤충이었다. 큰 유리창이 있는 방에 방문을 열어놓고 유리창은 닫았을 때 파리와 꿀벌의 반응은 사뭇 달랐다.

꿀벌은 이미 닫힌 유리창으로 계속 날아갔다. 유리창 밖에 밝은 빛이 보였기 때문이다. 시간이 얼마나 걸리든 꿀벌은 부지런히 유리창으로 날아가 나갈 길을 찾았다. 굶어 죽거나 힘이 빠져 최후를 맞이할 때까지도 활짝 열린 문으로는 날아가지 않았다. 반면, 파리는 유리창에 몇 번 부딪힌 뒤 영리하게도 이리저리 날아다니더니 가끔 벽에 붙어 휴식을 취하고 사방을 돌아다니며 탐색하다가 활짝 열린 문을 통해 나가버렸다.

꿀벌이 범한 실수는 사고의 고착화다. 고착화된 사고 속에서 성실함은 오히려 패망에 이르게 할 뿐이다.

패턴 효과란 무엇인가?

한 농부는 도끼가 사라지자 이웃집 아들을 도둑으로 의심했다. 이웃집

아들의 걸음걸이, 얼굴 표정까지 관찰하던 농부는 그의 행동거지가 도끼를 훔친 도둑놈과 같다고 여겼다. 나중에 농부가 잃어버린 도끼를 다시 찾고 이 웃집 아들을 다시 살펴보니 도둑놈 같은 행동거지는 전혀 보이지 않았다.

이 이야기는 고착화된 사고방식의 폐해를 잘 보여준다. 고착화된 사고 방식을 심리학에서는 '패턴 효과'라고 부른다. 과거에 가진 생각으로 형성된 인식이나 심리적 편향이 이후의 생각에도 영향을 미친다는 것이다. 특히 낯 선 사람의 첫인상이 형성된 뒤에는 이런 작용이 매우 두드러지게 나타난다.

'패턴 효과'에 대한 연구가 이루어지면서 사람들이 감각, 지각, 기억, 사 고방식 등에서 보이는 편향을 이해할 수 있고 사회적 태도의 경향도 설명할 수 있다. 이른바 '심리적 패턴'이란 고정관념이나 기존의 지식과 경험을 바 탕으로 지금의 문제에 접근하는 하나의 심리 편향이다.

황제가 고른 것은 황금으로 만든 멜대

흥미로운 우화가 하나 있다. 나무꾼 두 명이 산에서 땔감을 구한 뒤 멜 대에 메고 집으로 돌아오는 길에 잠시 휴식을 취했다. 휴식을 취하던 나무꾼 한 명이 질문을 던졌다. "황제는 매일 어떻게 땔감을 질까?"라고 묻자 다른 나무꾼은 "당연히 황금 멜대에 지겠지"라고 대답했다.

이 우화는 가난하면 상상력이 날개도 펼치지 못한다는 사실을 잘 보여 준다. 나무꾼은 매일 나무만 하며 사느라 황제가 어떤 삶을 사는지 상상조 차 하지 못한다. 그저 나무를 하며 사는 자신의 세상에 갇혀 있어 그의 머리 에서 생각해낸 것은 금으로 만든 멜대 정도다. 오늘날에도 자기 삶의 테두리 안에 갇혀 사고방식의 한계에서 벗어나지 못하는 사람들이 많다.

직장에서 흔히 볼 수 있는 사고의 고착화란 무엇인가?

시장 형세는 복잡다단하고 직장 환경도 시시때때로 변한다. 사고방식이 고착화되면 업무 처리의 혁신이 부족하고 돌파구를 찾지 못해 아무리 열심히 해도 이상적인 결과물이 나올 수 없다.

1. 일차원적 사고방식

일차원적 사고방식이란 흔히 말하는 한 우물만 파는 방식을 말한다. 생각에 아무런 변화는 없고 업무 스타일도 한 가지 방식만 고수한다. 때로는 이런 고집이 그 사람만의 원칙처럼 보이고 존경스러울 때도 있지만, 사실 유연하고 폭넓은 사고가 부족해 한계를 뛰어넘기 힘들다.

2. 극단적 경험 제일주의

풍부한 경험은 시행착오를 줄이고 빠른 의사 결정을 가능케 한다. 하지만 모든 일에는 장단이 있는 법. 시대적 흐름에 맞지 않은 과거의 경험만 고집하면 새로운 변화에 적응할 수 없다. 고정관념에 따라 사람을 판단하거나 일을 처리하면 언젠가 실수를 범하게 된다.

3. 과도한 자신감

지혜로운 사람이 수백 번 고민하고 결정한 일에도 결점이 있게 마련이다. 하물며 우리 같은 보통 사람은 어떻겠는가? 과도한 자신감은 자만에 불과하다. 자신만 믿는 것만큼 위험한 사고의 고착화도 없다. 따라서 상사와 동료의 의견을 경청해 시행착오를 줄여야 한다. 물론 다방면으로 충분히 고민한 뒤에는 과감하게 결정해야 한다.

사고의 고착화를 어떻게 극복할 것인가?

1. 용감하게 자신을 부정하자

사고의 고착화는 일상의 습관에서 비롯된다. 그저 습관적으로 사고하다 보면 자신도 모르게 고정적인 궤도를 따라가게 된다. 이것을 경계하며 의도적으로 자신의 습관을 부정하는 것이 고정된 틀에서 벗어나는 첫걸음이다. 사고의 고착화에서 벗어나려면 먼저 용감하게 자신을 부정하자.

2. 지식과 경험을 충분히 쌓자

지식과 경험이 부족하면 상상력이 제한될 수 있다. 1만 권의 책을 읽고 만 리의 길을 걸어야 한다. 지식과 경험이 충분히 쌓이면 판단력이 생겨 각 상황에 맞는 사례들을 찾을 수 있다. 조직에서는 구성원이 집단 지성을 발휘하면 혁신적인 생각이 탄생하는 데 수월해진다.

3. 여러 사람의 의견을 경청하자

지혜로운 왕은 지혜로운 신하들을 거느린다. 우리처럼 평범한 사람들도 상사나 동료들의 의견을 두루두루 경청해야 한다. 사람들의 의견은 제각각일 수 있지만 이를 경청하고 속뜻을 읽는 법을 배워야 한다. 여러 사람의 의견을 들으면 고착화된 생각의 틀이 깨지고 좀 더 합리적인 결정을 내릴 수 있다.

4. 조금 엉뚱해도 괜찮다

다른 각도에서 문제를 바라보자. 자유롭게 생각하고 과감하게 실행하자. 인류가 엉뚱한 상상력을 펼치지 않았다면 문명이 이렇게 발전하지 못했을 것이다. 생각이 광범위하게 뻗어나가야 당신의 미래도 더 멀리 뻗어나갈 수 있다.

맺음말

'패턴 효과'는 불변하는 사물이나 환경에 대해서는 선택과 결정을 빠르고 효율적으로 내릴 수 있게 한다는 점에서 긍정적 면이 있다. 하지만 우리 주변의 사물과 환경은 끊임없이 변화를 거듭하고 있다. 따라서 기존의 경험과 지식에만 의존하면 변화하는 시대의 흐름을 따라가기 힘들다.

경직화된 사고는 사람의 발전을 제약한다. 우리의 사유 공간은 본래 무한하다. 당신이 어려움에 봉착했다면 혹시 경직화된 사고 패턴이 원인이 아닌지 살펴봐야 한다. 과감하고 혁신적인 사고만이 어려움에서 벗어날 수 있는 지름길이다.

끓는 냄비 속 개구리 효과
침묵 속에서 벗어나지 않으면
침묵 속에서 죽는다

끓는 냄비 속 개구리 효과란 무엇인가?

19세기 말 미국 코넬대학교에서 유명한 '개구리 실험'을 진행했다. 개구리 한 마리를 보글보글 끓고 있는 냄비에 넣자 마치 감전이라도 된 듯 냄비 밖으로 팔딱 튀어나왔다. 나중에 다시 개구리를 찬물이 담긴 냄비에 넣자 개구리는 자유롭게 물속을 휘젓고 다녔다. 약한 불로 냄비에 천천히 열을 가했다. 개구리는 수온의 변화를 느꼈지만 너무 미미해 바로 튀어나오지 않았다. 하지만 타성에 젖은 개구리는 물이 따뜻하다 못해 더 이상 견디기 힘들 정도까지 뜨거워졌지만 밖으로 나오지 못하고 결국 죽고 말았다.

과학자들은 첫 번째 실험에서 개구리가 위험에서 바로 벗어날 수 있었던 이유는 처음부터 뜨거운 물이라는 극한 자극을 받았기 때문이라고 분석했다. 하지만 두 번째 실험에서 개구리는 자극을 확실히 감지하지 못해 경각심과 위기의식을 잃었고, 위기를 직감했을 때는 이미 물에서 뛰어나올 힘이 없었다.

'끓는 냄비 속 개구리 효과'는 우리에게 근심 속에서는 살 수 있고 안락함 속에서는 죽을 수 있다는 교훈을 준다. 우리는 위기를 늘 예방하고 위기가 통제할 수 없을 정도로 확산되는 것을 막아야 한다. 위기를 직시하고 적절히 긴장감을 가져야 그것을 극복할 수 있다.

우리에게 진짜 위험한 것은?

일상생활이든 직장생활이든 우리는 유비무환(有備無患)의 자세를 가지고 항상 위험한 상황에 대비할 줄 알아야 한다.

1. 짧은 식견

식견이 짧아 부분만 보고 전체를 보지 못하는 사람들이 있다. 갑작스러운 변화에 침착하게 대응하지 못할 뿐 아니라 천천히 이루어지는 변화도 감지하지 못해 결국 심각한 피해를 입고 만다.

2. 카르페디엠 숭배

'카르페디엠(carpe diem, '현재를 즐겨라'라는 뜻의 라틴어—옮긴이)'은 인생을 살아가는 하나의 태도다. 이를 놓고 좋다 나쁘다 가치를 판단할 수는 없다. 하지만 인생의 큰 목표를 잡았다면 '오늘만 산다'든지 '내 맘대로 살자'는 식으로 의미 없이 시간을 흘려보내서는 안 된다. 반드시 미래를 내다보고 문제의식을 느끼며 실력을 쌓기 위해 노력해야 한다.

3. 현실 안주

사회는 매우 빠르게 변화하고 있다. 10년 전과만 비교해도 세상은 크게 변했고, 앞으로 10년 후에는 어떤 세상이 다가올지 모른다. 그러므로 현실에 안주하고 진취적 태도를 잃어버리면 시대의 흐름에 도태될 수밖에 없다.

4. 작은 위기를 무시하지 말자

사람은 본래 크나큰 위기 앞에서는 경각심을 곤두세우지만 소소한 위기는 금세 망각한다. 그래서 "작은 암초에 배가 좌초된다"라는 말이 생겨났다. 서서히 다가오는 작은 위기야말로 가장 무서운 적이다. 이런 위기가 양적으로나 질적으로 한 사람의 인생을 완전히 뒤흔들 수 있다.

개인이 발전하려면 안전지대를 멀리해야 한다

현대 심리학에서는 외부 세계에 대한 인류의 의식을 공포지대, 학습지대, 안전지대 세 가지 영역으로 나눈다. 학습지대는 공포지대와 안전지대의 중간에 있고, 안전지대에서 탈출하는 곳이라고도 부른다.

공포지대는 자신의 능력 범위를 완전히 벗어난 지식이나 기술을 말한다. 이곳에서 사람은 심리적으로 완전히 부적응해 멘탈이 붕괴되고 중도 포기하게 된다. 예를 들어, 운전을 못할 때 운전 자체가 자연스럽게 두려움의 대상이 되는 것과 같다.

일상이나 직장에서 안전지대는 우리가 장시간 머무는 구역이다. 회사에서 자신에게 익숙한 업무를 반복하고 집으로 돌아와 TV나 휴대폰을 보는 등 여러 생활 습관이 존재한다. 이런 습관적 행태는 편안함을 느끼게 하고 위기의식을 망각하게 만든다. 이는 마치 따뜻한 물에 들어간 개구리와 같다.

진정으로 변화하고 싶다면 자신을 학습지대에 놓아야 한다. 배움을 구하는 사람은 자신에게 도전이 될 만한 책을 항상 읽는다. 어떤 기술을 익히려면 단계적으로 난도를 높여야 하는데, 그렇지 않으면 금세 안전지대로 물러나게 된다.

진정한 고수는 영원히 안전지대에서 벗어나 있다. 자신을 무의식적인 상황에 그냥 내버려두지 않고 늘 고난도의 수련을 시도한다.

기업도 발전하려면 위기의식이 필요하다

기업의 경쟁 환경은 복잡다단하다. 하지만 늘 갑작스러운 변화가 있는 것은 아니므로 많은 기업이 따뜻한 물속 개구리처럼 안주해 있다가 도태된다. 시장 환경의 변화에 어떤 자극도 느끼지 못한다. 기업은 눈앞의 이익에 만족하거나 과거의 승리에 도취되는 일을 삼가야 한다. 위기와 실패에 점차 감각을 잃은 기업은 개구리처럼 현실에 안주하다가 죽음을 맞이한다.

어느 기업이든 위기가 찾아오지 않을 수 없다. 이미 도처에 위기의 원인이 잠복해 있다. 그러나 관리자가 위기의식을 갖고 충분히 대비한다면 소소한 위기들이 연쇄 반응을 일으켜 기업을 무너뜨릴 만한 큰 위기로 확대되지는 않는다.

빌 게이츠는 이런 말을 남겼다. "마이크로소프트사는 항상 파산까지 1년 6개월밖에 남지 않았다." 기업은 '끓는 냄비 속 개구리' 신세가 되어서는 안 된다. 관리자는 늘 위기의식을 품고 모든 직원이 끊임없이 혁신을 이루도록 이끌어야 한다.

맺음말

'끓는 냄비 속 개구리 효과'는 항상 위기의식을 가져야 한다는 교훈을 일깨워준다. 편안함 속에서도 위기에 대비하며 잘못 난 싹은 초장부터 잘라내야 한다. 근심 속에서는 살 수 있고 안락함 속에서는 죽을 수 있다는 이치를 기억하자.

사람은 천성이 게으르다. 늘 현실에 안주하고 싶고 어쩔 수 없는 상황에서만 기존의 삶을 변화시킨다. 하지만 안일한 생활에 도취한다면 주변 환경의 변화를 망각하고 위기가 도래했을 때 끓는 냄비 속 개구리처럼 가만히 앉아서 당할 수밖에 없다.

물론 지나친 위기의식 속에서 항상 전전긍긍할 필요는 없다. 적당한 긴장감을 가지고 그저 열심히 자신의 길을 걸어가면 된다. 자신에게 맞는 목표를 세우고 늘 준비하는 자세로 살아간다면 언젠가 자신의 능력을 폭발적으로 선보일 기회가 반드시 올 것이다.

12장

직장에서 정체기를 맞이하면 역발상이 해법이다

직장인이라면 누구나 순탄한 성공 가도만 달릴 수는 없다. 때로는 해결하기 힘든 난관에 부딪히기도 한다. 직장생활을 하다 보면 소소한 업무의 실패부터 승진의 한계에 부딪히는 중대한 문제까지 온갖 형태의 어려움을 겪는다. 그리고 정체기를 맞이한다. 이 모든 과정은 지극히 정상적이다. 문제는 정체기를 벗어나는 것인데, '역발상'이 당신의 재도약을 도와줄 것이다.

도어 인 더 페이스 테크닉
직장생활 중 난관에서 벗어나는 법

목표의 상대성

직장인은 업무 과정에서 해결해야 할 문제들을 연속적으로 마주하게 된다. 그중에서도 가장 납득하기 힘들고 해결하기 까다로운 문제는 난도와 기준이 높고 불가능해 보이는 업무를 상사가 지시했을 때다.

물론 어쩔 수 없이 그 업무를 수행한 당신은 결과물이 처음 설정한 목표치에 비해 한참 모자란 것을 발견한다. 두려운 마음으로 상사에게 결과를 보고했는데 의외로 흡족한 반응을 보인다. 당신은 기쁘기는 하지만 의아한 생각도 들 것이다.

사실 이는 경영자나 관리자가 흔히 활용하는 경영 수단이다. 일반적인 상황에서 목표를 100으로 잡으면 대부분은 80 정도를 달성할 수 있다. 하지만 목표를 80으로 잡으면 결과는 60밖에 나오지 않는다. 이런 이유로 직원에게 업무를 지시할 때 상사는 목표치를 예상보다 훨씬 높게 잡는다.

도어 인 더 페이스 테크닉이란 무엇인가?

중국의 대사상가 루쉰은 1927년 '소리 없는 중국'이라는 제목의 강연에서 다음과 같이 말했다. "중국인들은 항상 조율하고 절충하는 것을 좋아한다. 집이 너무 어두워 창문을 하나 내자고 하면 대부분은 반대할 것이다. 하지만 지붕을 허물자고 제안한다면 중국인들은 조율하고 절충해 창문을 하나 만들 것이다." 이렇게 먼저 큰 요구 사항을 제시하고 그다음 소소한 요구 사항을 제안하는 방식을 심리학에서는 '도어 인 더 페이스 테크닉(Door in the face technique)'이라고 부른다.

이런 심리 현상은 얼핏 보기에는 이상하게 느껴질 수도 있다. 하지만 흔히 볼 수 있는 가격 흥정 상황을 생각해보자. 한 상품의 원가가 100원이라고 하자. 사장은 이것을 200원에 팔고 싶다. 가격을 산정할 때 사장은 두 가지 방법을 선택할 수 있다. 하나는 그냥 가격을 200원으로 책정하는 것이고, 다른 하나는 가격을 400원으로 정한 다음 200원으로 50퍼센트 할인하는 것이다. 소비자는 둘 중 어느 것에 더 만족함을 느낄까? 당연히 후자일 것이다.

일반적으로 사람들은 같은 사람에게 연달아 두 번 거절하기를 꺼린다. 처음에 무리한 요구를 거절하면 상대에게 미안한 마음을 갖게 되어 다음에 좀 더 쉬운 요구는 최대한 받아들이려고 한다. 이로써 상대가 거절당했다는 느낌을 갖지 않게 하려고 하는 것이다.

직장에서 흔히 접할 수 있는 상황

1. 비즈니스 협상

'도어 인 더 페이스 테크닉'은 특히 비즈니스 협상에서 자주 활용된다. 협상자는 처음부터 상대가 받아들일 수 없는 터무니없는 조건을 제시한다. 물론 협상할 마음이 없거나 협상을 끝내려고 그런 것이 아니라 협상 전략을 펼치는 것이다. 이 기술은 협상의 시작점에서 효과적으로 협상 목적을 달성하기 위한 수단일 뿐이다. 보통은 터무니없는 조건을 제시한 쪽이 협상에서 주도적인 지위를 차지한다.

2. 업무적 소통

업무를 진행할 때 많은 시간이 소통하는 데 소요된다. 소통의 목적은 업무의 공감대를 형성하는 것이다. 좀 더 직설적으로 말하면, 상대가 당신의 요구를 이행하도록 하는 것이다.

하지만 종종 다른 사람이 당신의 요구를 받아들이기 힘든 상황을 마주할 때가 있을 것이다. 이럴 때는 터무니없고 받아들이기 힘든 요구 사항을 먼저 제시하고 그다음 진짜 요구 사항을 제시하는 방법, 즉 '도어 인 더 페이스 테크닉'을 시도할 수 있다. 그러면 바라던 결과를 얻을지도 모른다.

3. 상사의 업무 지시

업무 수행 과정에서 상사가 힘들고 가혹하고 낯선 요구를 한다고 느끼지 않는가? 상사가 제시하는 요구 사항 앞에 당황스러울 때가 있을 것이다. 상사가 요구한 수준까지 업무를 이행하지 못해 면목이 없다면 잠깐 달리 생각할 필요가 있다.

사실 상사는 '도어 인 더 페이스 테크닉'을 구사하고 있을지도 모른다. 직원은 지시한 업무의 80%만 달성했지만, 사실 상사의 기대치는 70%일 수도 있다. 상사가 너그럽고 배려심이 깊은 것이 아니라 솔직히 상사는 이미 자신이 설정한 목표를 이룬 것이다. 이것이 바로 '윈-윈 전략'이 아닐까? 물론 주의할 점이 있다. 상사가 100%를 요구할 때 실제 목표치는 얼마일지 스스로 분석해보면 도움이 된다.

난관에 부딪혔을 때 어떻게 대응할까?

직장에서 우리는 난관에 부딪힐 때가 많다. 직장에서 흔히 마주하는 난관은 상사가 지시한 고난도의 업무다. 사람들은 리스크가 많은 이 '뜨거운 감자'를 회피하려고 한다. 하지만 어려운 일을 잘 해내면 보람된 결과와 새로운 기회가 찾아올 수도 있다. 그렇다면 '도어 인 더 페이스 테크닉'을 이용해 난관에서 벗어나는 방법으로는 무엇이 있을까?

1. 입버릇처럼 'NO'라고 말하는 습관을 버린다

직장에서 업무를 거부하거나 떠넘기면 동료들의 반감을 산다. 당신은 잠시 업무에서 해방될지 모르지만 장기적으로 보면 더 많은 기회를 잃게 되는 꼴이다. 특히 상사 앞에서는 'NO'라고 말하는 습관을 버려야 한다. 이를 위해서는 업무의 난이도를 확대 해석하는 심리를 가져서는 안 된다. 다시 말해, 전략적으로는 업무를 중요시해야 하지만 심리적으로는 업무에 큰 부담을 갖지 않는 것이 좋다.

2. 객관적으로 상황을 분석한다

객관적으로 분석해야 하는 대상에는 업무에 대한 상사의 실제 기대치도 포함된다. 다른 동료들이 그 업무를 거부한 진짜 원인도 분석해야 하고, 업무가 가진 리스크와 향후 수익도 계산해야 한다. 물론 분석 결과 자신이 업무를 맡기 힘들다는 결론이 나오면 상사에게 논리적으로 이유를 설명하면 된다. 이때 대안을 덧붙이면 더 좋다.

3. 업무를 적절히 나눈다

업무를 조각조각 나누는 것은 중요한 기술이다. 큰 프로젝트도 결국 여러 작은 프로젝트의 조합이다. 큰 프로젝트의 난도가 높다고 해서 서브 프로젝트가 모두 어려운 것은 아니다. 업무를 잘게 나누면 수월하게 처리할 수 있는 부분을 우선 해결해 문제 해결의 효율을 높이는 장점이 있다. 또한 업무의 핵심 문제를 발견하고 문제를 해결하는 데 모든 자원을 집중할 수 있다는 더 큰 장점도 있다.

4. 적시에 보고한다

업무를 적절히 나누고 순차적으로 해결하는 과정에서 상사에게 적시에 업무 진행 상황을 보고해야 한다. 그래야 상사가 잠재적인 문제나 리스크를 즉각 발견하고 어떤 결정을 내리거나 업무 방향을 조절할 수 있다. 보고하는 과정에서 당신은 점점 상사의 진짜 의도를 파악하게 될 것이다.

맺음말

상사가 당신에게 달성하기 힘든 업무를 지시했다면 무의식적으로 '도어 인 더 페이스 테크닉'을 활용하고 있는지도 모른다. 사실 상사의 심리적 기대치는 그렇게 높지 않을 수 있다. 이런 업무야말로 상사의 기대 이상을 해내며 '공'을 세우는 기회가 된다. 오히려 책임 소재나 리스크가 적으므로 '역발상' 전략을 활용할 수도 있다.

암흑 효과
암흑은 서로의 마음을 훤히 드러낸다

어느 건축회사 프로젝트 이야기

모 회사에서 오랜 경력을 쌓아 임원이 된 내 친구가 들려준 실화다. 어느 건축회사에서 프로젝트 매니저로 일하는 A씨가 있었다. A씨의 회사는 고속도로 건설 프로젝트를 맡았고, 3년이라는 오랜 기간이 걸린 프로젝트는 순조롭게 마무리되어 프로젝트 점검 및 대금 송금 단계로 접어들었다.

프로젝트 점검 합격과 최종 대금 지급 업무는 고속도로 건설 프로젝트 도급을 준 회사의 B대표에게 승인을 받아야 했다. 프로젝트는 실제로 완벽하게 수행되었다. 하지만 A씨가 B대표에게 점검 진행 상황을 물을 때마다 그는 항상 화제를 돌렸고 나중에는 무시하는 태도로 일관했다. 시간이 지체되자 A씨는 조급해지기 시작했다.

A씨는 다른 이유가 있으리라 짐작했다. 한참 고민한 후 공식적인 업무 장소가 아닌 곳에서 대표와 승부를 봐야겠다고 결심했다. 교외에 근사한 온천이 하나 새로 생겼다. A씨는 여러 차례 대표에게 온천에 가자고 제안했지만, 온천을 좋아하지 않는다며 거부했다. 실은 회사의 정책과 규정 때문에 거부한 것이었다.

B대표의 부하 직원 중 C매니저가 있었는데, A씨와는 업무적으로 더 많이 접촉했다. A씨는 C매니저에게 함께 가자고 했고, 그제야 B대표는 마지

못해 토요일 오후에 출발하자고 약속했다.

온천으로 가면서 A씨는 프로젝트에 관한 일은 일절 언급하지 않았다. 이번에 새로 개장한 온천이 얼마나 좋은지만 소개했다. 온천에 도착했을 때는 이미 어둠이 내려앉아 있었다.

온천에 도착한 뒤 A씨는 자기도 B대표의 걱정을 충분히 이해한다고 말했다. 하지만 그리 비싼 온천도 아니고 업무 시간도 아니었기에 개인적인 휴식은 전혀 문제될 것이 없다고 밝히자 B대표는 비로소 마음의 근심을 내려놓았다.

노천 온천에는 이미 땅거미가 지고 은은한 조명과 감미로운 음악까지 더해지니 마음이 편안해졌다. 세 사람은 온천에 몸을 담그고 업무적으로 가지고 있던 마음의 경계를 조금씩 늦추며 많은 대화를 나눴다. 분위기가 무르익자 A씨는 조심스레 프로젝트 이야기를 꺼냈고 지금은 자금을 회수할 시기이고 모든 점검 준비가 다 끝난 상황임을 강조했다. 옆에 있던 C매니저도 심의 업무도 이미 수월하게 통과되었다고 덧붙였다.

B대표는 프로젝트가 이미 승인 기준에 도달했다는 사실을 잘 알고 있었다. 그제야 B대표는 권위를 내려놓고 천천히 A씨에게 상황을 설명했다. B대표의 윗사람이 현행 정책은 과거와 다르니 프로젝트 점검 및 심의, 대금 지급에 신중해야 하고 절대 실수가 있어서는 안 된다며 시간 조절에도 주의를 기울이라고 재차 강조했다고 토로했다.

속마음을 털어놓은 뒤 B대표는 A씨에게 최종 시간을 제시했고, 이후로는 프로젝트 점검도 순조롭게 진행되었다. A씨는 '암흑 효과'라는 심리학 개념을 제대로 활용해 난관에서 벗어날 수 있었다.

암흑 효과란 무엇인가?

남자가 여자에게 프러포즈를 하려고 한다. 어두운 밤에 촛불을 켜고 고백하는 게 더 낭만적일까, 아니면 뙤약볕이 내리쬐는 한낮에 고백하는 게 더 감동적일까? 은은한 조명과 감미로운 음악이 흐르는 술집이 매력적일까, 아니면 형광등이 밝게 비추는 회의실이 좋을까?

어두운 밤에 사람의 감각은 낮은 수준으로 떨어진다. 마찬가지로 어두운 공간에서는 자신을 감출 수 있는 여유가 생긴다. 이때는 밝은 대낮처럼 사소한 행동에도 신경 쓰며 크게 조심할 필요도 없다.

빛이 조금 어두운 장소에서 데이트하는 두 사람은 서로의 표정을 제대로 볼 수 없어 오히려 경계심이 줄어들고 안정감을 느낀다. 이런 장소가 밝은 빛이 내리쬐는 곳보다 서로에게 친밀감을 더 느끼게 한다. 심리학자들은 이런 현상을 '암흑 효과'라고 부른다.

어두운 밤은 어느 정도 자신을 숨길 수 있는 공간을 제공한다. 하지만 낮에는 사람들이 자신의 언행에 주의를 기울이기 때문에 누구 앞에서든 자신의 본 모습을 숨기게 마련이다. 이는 사회적 동물인 인간이 가진 하나의 방어기제다. 어두운 밤에 나누는 대화는 사회적 지위나 신분 등으로 생성된 거리감을 낮춰 서로가 더욱 허심탄회하게 교류할 수 있다.

직장에서 암흑 효과를 어떻게 효과적으로 활용할까?

1. 어두운 환경을 선택하자

까다로운 협상이 눈앞에 있거나 상대하기 어려운 고객과 가까워져야 한다면, 상사나 동료와 좀 더 친하게 지내고 싶다면 조명이 조금 어두운 식당이나 카페, 술집, 휴식 공간 등을 찾아보자. 물론 상대방이 좋아할 만한 장소여야 한다. 이런 방법을 활용하면 당신은 업무 스트레스를 대폭 줄일 수 있을 것이다.

조명은 사람의 기분에도 영향을 준다. 어두운 조명은 긴장을 완화시키고 어느 정도 경계심을 늦추게 한다. 그래서 사람을 대할 때 서로를 마주 보면서 생기는 압박감과 긴장감이 줄어들어 신분이나 지위에 따른 부담감도 해소할 수 있다. 게다가 서로의 관심사에 쉽게 접근하고 친밀한 감정을 무기로 상대의 마음을 열게 할 확률도 높아진다.

혹시 상대방을 가장 이상적인 장소에서 만나지 못한다고 해도 최대한 조용한 곳이나 명도가 조금 낮은 장소를 찾아보자. 회의실의 조명을 일부러 조절할 수도 있다.

2. 마음은 활짝 열되 직설적으로 말하지는 말자

직장에서 업무가 잘 풀리지 않거나 대인관계가 꼬였을 때 원인이 복잡한 경우가 많다. 이 세상에는 흑과 백처럼 이분법으로 나뉘는 일이 많지 않다. 직설적인 표현은 도리어 나의 경험 부족을 드러내는 셈이다. 말이 직설적이고 너무 많으면 말하는 사람이나 듣는 사람 모두 물러설 곳이 없다.

진정한 고수는 운만 띄운다. 직접화법보다는 간접화법으로 변죽을 울리지만 뜻을 명확하게 담고 있어 상대방이 의도를 금세 알아차린다. 이미 반은 성공한 셈이다.

자신의 마음에 충분한 여유 공간을 남겨두고 상대방의 마음도 섣불리 판단하지 않아야 일을 그르치지 않는다. '암흑 효과'를 능수능란하게 활용하는 사람은 진정 고수 중의 고수다.

3. 보조 수단도 잘 활용하자

'암흑 효과'나 화법뿐만 아니라 효과적인 커뮤니케이션에 활용할 수 있는 보조 수단은 무궁무진하다. 상대방의 부담감을 줄이기 위해 시선의 충돌은 피하는 것이 좋다. 알맞은 타이밍에 미소와 칭찬을 선사할 수도 있다. 동성이라면 적절한 신체 접촉도 친밀함을 높이는 훌륭한 수단이 될 수 있다.

맺음말

심리학자들은 조명이 너무 밝은 환경에서는 공격성이나 민감도가 높아진다고 분석한다. 반대로 조명이 어두운 장소에서는 상대의 표정을 제대로 볼 수 없어 경계가 줄어들고 친밀감은 더 높아질 수 있다. '암흑 효과'는 당신의 직장생활에서 대인관계의 어려움을 극복하도록 도와주는 좋은 무기가 되어줄 것이다.

여백 효과
역발상이 무한한 가능성을 창출한다

상상력을 펼치게 하는 그림

먼저, 붓을 많이 놀리지 않은 아래 그림을 보자. 어지러이 그어진 검은 선과 여백이 보인다. 검은 선보다 오히려 여백이 눈길을 사로잡고 무한한 상상의 가능성을 제공한다.

어지러이 그어진 선을 머리카락으로 보고 위쪽에 터치된 자국을 눈, 코, 입이라 생각하면 사람의 얼굴이 드러나는 것 같다. 젊고 청순하고 아리따운 여성이 연상될 수도 있다. 이 그림을 보고 다른 장면도 충분히 상상할 수 있다. 여백으로 인해 재창조의 공간에서 무한한 상상의 나래를 펼치게 된다.

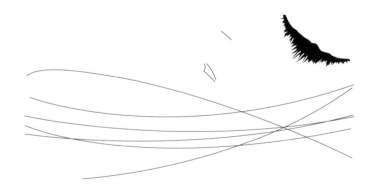

여백 효과란 무엇인가?

여백은 중국 산수화에서 쓰는 화법이다. 전체 그림에서 빈 공간을 남겨 사람들에게 상상의 여지를 제공한다. 이 기법은 심리학에서도 응용된다. 대인관계에서 상대와 거리를 유지하고 적절한 여지를 남겨주면 생각지도 못한 효과를 낼 수 있는데, 이것이 '여백 효과'다.

서양 예술에서 대표적인 여백의 미는 〈밀로의 비너스〉라는 조각 작품이다. 두 팔이 없는 이 작품은 물론 예술가의 의도가 아닌 우연에 의한 결과물이지만, 사람들은 이 작품을 보고 무한한 상상을 펼치게 되고 작품의 가치는 더욱 높아진다.

여백은 '불완전의 미(美)'라고 말할 수 있다. 인간은 완전함을 추구하는 본능을 가지고 있어 이런 불완전성은 인간의 창조성을 자극한다. 불완전성에 의한 재창조는 예술적 또는 문학적 효과를 극도로 끌어올린다. "햄릿을 읽는 사람이 천 명이면 천 명의 햄릿이 존재한다"라는 말이 이런 이치를 잘 설명해준다.

이해하기 힘든 직장의 상황

내가 사회 초년생 때 일이다. 동료들이 상사의 사무실에서 나올 때 멍한 표정을 짓는 것을 종종 목격했다. 마치 상사가 지시한 업무를 전혀 파악하지 못한 표정이었다. 나중에 동료들에게 들어보니 정말 상사의 지시를 이해하지 못했다고 한다. 상사에게 멍청하다는 인상을 남길까 두려워 다시 질문을 던지지도 못했다. 나는 상사에게 답답한 마음을 가졌다. '상사라는 사람이 업무 하나도 제대로 설명하지 못하나? 직원이 혼자 가늠하다가 다른 길로 빠지면 오히려 시간 낭비 아닌가?'라고 생각했다.

경험이 많은 동료들 사이에서는 그렇게 운만 띄우는 식의 장난을 자주 한다. 그들은 재밌어하지만 나는 전혀 맥락을 짚지 못할 때가 있다. 막막해하는 내 표정을 본 동료는 어깨를 두드리면서 "아직 젊으니까 서서히 이해하게 될 거야"라며 위로하기도 했다. '동료 사이에도 금기 사항이 있나? 그냥 농담일 뿐인데 왜 말을 명확하게 안 하지?'라고 생각하며 답답했다.

하지만 지금 나는 이것 역시 '여백 효과'를 활용한 예라는 사실을 알게 되었다. 일부러 지시 사항을 명확하게 전하지 않아 직원의 상상력을 자극하는 것이다. 상상의 공간을 열어 더욱 큰 기쁨을 안겨주는 것이다.

직장에서는 어디에 여백을 남겨야 할까?

그렇다면 직장에서 관리자나 직원은 이 '여백 효과'를 어떻게 활용해 업무 효율을 끌어올릴 수 있을까?

1. 부하 직원에게 너무 구체적으로 말하지 말자

상사가 업무를 지시할 때도 여백을 신경 써야 한다. 운만 띄우고 부하 직원이 말의 의도를 찾게 하는 방식을 사용하는 것이다. 듣는 사람이 스스로 이해하고 깨닫게 해야 한다. 왜 이렇게 해야 할까?

너무 구체적으로 지시하면 부하 직원은 고민을 게을리 할지도 모른다. 일일이 해야 할 일을 알려주면 스스로 고민하거나 창의력을 발휘하기가 어렵다. 반대로 운만 띄우듯 방향만 설정해주면 부하 직원은 혹시나 상사의 의도를 제대로 파악하지 못했을까 봐 머리를 계속 굴린다.

물론 메시지를 명확하게 전달하지 말라는 것이 아니다. 수수방관하라는 말도 아니다. 오히려 상사는 이 방법으로 부하 직원을 단련시켜 팀의 업무 능력을 끌어올려야 한다.

직원이 상사의 지시를 잘못 이해할 수도 있다. 그러므로 관리자는 자기가 내린 지시를 직원이 올바로 파악했는지 점검하고 적절하게 인도자 역할을 담당하며 괜한 헛수고를 줄여야 한다. 하지만 어느 정도 선에서는 실수를 범하는 것도 허락해야 한다. 실수하고 다시 바로잡는 우여곡절의 과정을 통해 배우는 것도 있고 생각지도 못한 아이디어를 건질 수도 있기 때문이다.

2. 상사에게 불필요한 말을 줄이자

가끔 상사 앞에서 자신의 능력을 과시하려고 불필요한 '다짐'을 늘어놓는 직원들이 있다. 목표를 장황하게 설명하면 스스로에게 어떤 여지도 남지 않는다. 다시 말해, 처음 세운 목표치에 도달하지 못할 때 퇴로를 마련해두지 않아 상사를 실망시킬 수도 있다. 그러므로 자신에게 여지와 퇴로를 남기자. 일을 처리할 때도 여유 있게 여백을 남기면 상사의 예상을 뛰어넘는 기회가 생긴다.

먼저 상사의 기대치가 얼마인지 파악하자. 나에 대한 기대치가 100점 만점 중 85점이다. 그런데 실제 나의 능력으로는 최대 95점까지 도달할 수 있다고 하자. 현명한 직원은 업무를 진행하기 전 상사에게 자신의 최대치는 80점 정도라고 이야기한다. 하지만 최종적으로 업무를 90점 정도로 완수한다. 그러면 상사는 예상치보다 높은 결과에 만족할 것이다. 내가 능력의 최대치를 발휘하지 않은 이유는 자신에게 여지를 남기는 것이다.

물론 해당 업무가 자신의 사명이라고 생각하고 최고의 목표를 세우고 싶다면 최선을 다해야 한다. 당연히 이런 경우는 예외다.

3. 동료 사이에도 여지를 남겨야 한다

동료 사이의 여지란 두 가지로 나눌 수 있다. 하나는 너무 가까이 지내지 말라는 것이다. 일상생활에서 지나치게 접촉이 잦고 적당한 거리가 존재하지 않으면 심리적으로 숨이 막힌다. 다른 하나는 일을 할 때 동료에게 적절히 숨을 고를 여유를 주는 것이다. 동료에게 일을 부탁할 때도 시간적 여유가 필요하고 실수나 잘못을 했을 때도 널리 이해해주는 아량이 필요하다.

맺음말

예술에도 여백이 필요하고 글에도 여백이 필요하듯, 사람에게도 여백이 없어서는 안 된다. 인생에 여백이 없다면 자유롭게 상상의 날개를 펼치지 못하고 삶의 다채로운 색을 잃어버릴 것이다. 마찬가지로 직장에서 여백이 없다면 창조적인 기회가 사라지고 숨을 고를 여유가 없어지며 아량과 유머도 잃게 될 것이다.

3부

감정

─────

감정 컨트롤을 통해 정서 지능을 높이자

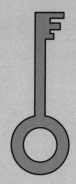

우리는 살면서 기쁨, 분노, 슬픔, 즐거움, 비애, 공포, 놀람 등 온갖 감정을 느낀다. 좀 더 세부적으로 들어가면 질투, 참회, 수치심, 자부심 등 구체적인 감정도 있다. 지난 100년 동안 심리학자들과 철학자들은 사람의 감정이 무엇인지 연구하고 논의해왔다. 일반적으로 '감정'이란 주관적인 인지 경험의 총칭으로, 여러 느낌과 생각, 행위가 복합적으로 발생시킨 심리적·생리적 상태를 말한다.

우리가 흔히 말하는 정서 지능(EQ, Emotional Quotient)은 주로 감정이나 의지, 좌절을 견디는 능력 등에서 보이는 성품을 말한다. 정서 지능이 인생을 좌우한다는 말이 존재할 만큼 직장에서도 큰 영향력을 발휘한다.

오늘날 직장은 거대한 압력밥솥과도 같다. 직장인이라면 누구나 압력(스트레스)을 느낀다. 불편한 인간관계, 과도한 업무량, 잦은 직위 변동, 감원, 감봉, 복잡한 인사 정책 등이 우리를 압박한다. 감정 컨트롤을 잘 하지 못하면 심적으로 견디기 힘들고 심각하면 정신적인 문제로까지 번진다.

따라서 직장에서 감정 컨트롤은 대단히 중요하다. 개인의 정신력 강화뿐 아니라 대인관계 향상에도 도움이 된다. 감정을 잘 컨트롤해야 적극적이고 낙관적인 태도를 유지하며 어려움에 처했을 때도 쉽게 극복할 수 있다.

13장

감정 조절에 실패하면
큰 폐해를 가져온다

직장에서 복잡하고 부담스러운 업무에 항상 마음이 놓이지 않는가? 상사의 까다로운 요구에 어떻게 해야 할지 갈피를 못 잡겠는가? 눈치 없는 동료 때문에 짜증나는가? 이것으로 끝나는 게 아니라 감정이 점점 쌓이면서 불만은 더 커진다. 불만스러운 감정은 집으로 이어지면서 가족과도 사이가 나빠진다. 부정적 감정을 해소하지 못하면 삶은 점점 내리막길을 걷게 된다. 부정적 감정은 폐해가 크다. 반드시 지금 여기서 멈춰야 한다!

37 헤라클레스 효과
한발 물러나 넓은 아량을 베풀자

헤라클레스의 분노

헤라클레스는 고대 그리스 신화에 등장하는 힘이 센 영웅이다. 어느 날 헤라클레스가 울퉁불퉁한 길을 걷고 있었다. 헤라클레스는 불룩한 자루 같은 물건이 발밑에 걸리자 발로 뻥 차버렸다.

하지만 그 자루는 헤라클레스의 발길질에도 요동하지 않았고, 처음보다 몇 배나 커졌다. 이를 본 헤라클레스는 화가 나 커다란 나무 막대기로 이 요상한 자루를 내리쳤다. 하지만 자루는 계속 커져 결국 길을 막아버렸다.

분노한 헤라클레스가 어찌할 바를 모르고 있을 때 지나가던 현자가 이렇게 말했다.

"여보게, 그만하게나. 잊어버리고 멀리 떨어지게. 그건 분노의 자루일세. 자네가 건드리지 않으면 처음 크기로 작아질 걸세. 하지만 계속 건드리면 건드릴수록 끝없이 커지고 말 거야."

분노는 헤라클레스가 걷어찼던 그 자루와 같다. 처음에는 아주 작은 자루인데 잊어버리면 자연히 사라진다. 하지만 자루를 건드리면 몸집이 커져 걷잡을 수 없는 지경에 이른다.

헤라클레스 효과란 무엇인가?

우리는 일상에서 이와 유사한 경우를 자주 접한다. 오해나 질투로 두 사람 사이에 갈등이 생긴다. 이때 당신이 복수하면 상대방의 분노가 커진다. 당신을 해하려고 상대방은 온갖 수단을 동원할 수도 있다. 여기서 멈추지 않으면 갈등은 끝내 사라지지 않는다.

나의 마음속 분노가 깊을수록 상대방의 복수도 더욱 가혹해져 결국 양쪽 모두가 큰 피해를 입는데, 이런 현상을 '헤라클레스 효과'라고 한다. 중국 옛 시의 한 대목 '원수는 원수를 낳을 뿐이다(冤冤相報何時了)'라는 구절이 정확히 이런 의미를 담고 있다. '헤라클레스 효과'는 사람과 사람 사이, 집단과 집단 사이에 존재하는 적대감과 분노, 원한이 점점 깊어지는 인간관계의 상호작용이자 일종의 사회심리 효과다.

누군가와의 관계에서 '헤라클레스 효과'에 빠지면 끝없는 번민에 사로잡힌다. 분노와 증오에 휩싸이면 인생의 여정에서 만나는 아름다운 풍경을 보지 못한다. 진정한 기쁨을 잃고 건강한 대인관계를 맺기 힘들어진다.

직장에서 인간관계의 중요성은 두말하면 잔소리다. 인간관계는 개인의 커리어 계발, 업무의 성패, 일상적인 정서에 큰 영향을 미친다. 직장에서 가장 흔히 접하는 인간관계는 네 종류로 나눌 수 있다. 상사와의 관계, 부하 직원과의 관계, 동료와의 관계, 타부서 또는 타사와의 관계다. 이 네 가지 인간관계에서 '헤라클레스 효과'가 어떤 폐해를 가져올 수 있는지 살펴보자.

상사와의 관계

상사와의 관계는 직장에서 매우 중요한 인간관계 중 하나다. 상사는 기본적으로 직원에게 업무를 지시하고 평가하는 위치에 있기 때문에, 상사와 어떤 관계를 맺고 있는지에 따라 회사생활의 질이 달라진다.

물론 상사와 늘 좋은 관계를 100퍼센트 유지할 수 있는 사람은 없다. 상사는 불가피하게 '관리자가 지녀야 할 까다로움' 때문에 부하 직원은 듣기 싫은 말을 들어야 할 때도 있다. 부하 직원은 상사에게 왜 지적과 훈계를 받는지 냉정한 머리로 판단해야 한다. 여기에 감정이 개입해서는 안 된다.

만약 상사와의 관계에서 '헤라클레스 효과'가 존재한다면 직장생활은 치명적이다. 상사가 마땅히 훈계를 했는데도 불구하고 이를 고치려 하지 않고 도리어 분노를 표출하면 조직에서 소외되는 건 시간문제다. 기본적으로 승진이나 연봉 인상의 가능성은 사라지고 심할 경우에는 퇴사를 선택해야 할 수도 있다.

마음속 깊이 상사의 권위를 인정하고 장점을 파악해 진심으로 배운다는 마음가짐이 있어야 직장생활도 수월해질 것이다.

부하 직원과의 관계

당신이 팀장이나 관리자라면 팀을 어떻게 이끌지, 어떻게 직원들의 마음을 관리할지가 주요 이슈일 것이다. 쉽게 말해 부하 직원과 어떻게 잘 지낼 수 있을지 고민하게 된다.

팀장의 직무는 팀원들이 목표를 성공적으로 완수하도록 만드는 것이다.

팀장이 배라면 팀원들은 물이다. 물은 배를 띄울 수도 있지만 전복시킬 수도 있다. 상사와 부하 직원의 좋은 관계는 팀이 우수한 성과를 거두기 위한 필수 조건이다.

일반적으로 상사는 부하 직원에게 아무 이유 없이 분노를 표출하지 않는다. 다만 업무상 지적과 불평은 나타날 수 있다. 하지만 과도한 지적과 불평은 오히려 부하 직원의 불만을 야기할 수 있고 악순환이 일어나면 결국 '헤라클레스 효과'에 빠지게 된다.

심하면 부하 직원이 팀 안에 부정적 감정을 퍼뜨리고 사람들 앞에서 상사의 흠을 본다. 심지어 상사보다 더 윗선에 직접 불만을 토로하면 결국 두 사람 모두 손해를 본다. 이는 누구도 원치 않는 그림일 것이다.

따라서 관리자는 '역지사지'의 태도로 부하 직원이 업무 성과를 잘 달성할 수 있도록 인도해야 한다. 단기간에 부하 직원이 기대치에 도달하지 못해도 인내심과 너그러운 마음을 가지고 이끄는 것이 좋다. 이런 상사는 업무를 완수하도록 도울 뿐 아니라 사람의 마음도 얻을 수 있다.

동료와의 관계

아마도 직장인은 가족보다 동료와 지내는 시간이 더 많을 것이다. 동료와의 인간관계는 업무 협력을 위해서도 중요하지만 직장생활의 정서적 측면에 큰 영향을 미친다.

동료와 갈등을 빚는 일이 생긴다면 한발 양보하며 넓은 아량을 보이고 서로 잘못을 인정하는 것이 가장 좋다. 갈등의 불씨는 금세 사라지고 대승적 차원을 고려하고 공과 사를 구별할 줄 아는 사람으로 인식될 것이다.

상사와 부하 직원의 관계와 마찬가지로 갈등의 골이 깊어지면 '헤라클레스 효과'가 나타난다. 갈등을 빚는 두 사람은 조직에서 소외되고 업무에 방해가 될 뿐만 아니라 다른 사람들의 불만도 증폭되어 조직의 전체 분위기가 흐려질 것이다.

타부서 또는 타사와의 관계

타부서 또는 타사와의 협력 관계는 사람들이 가장 간과하기 쉽다. '단 한 번의 거래'로 끝난다고 생각해 관계를 발전시켜야 할 필요성을 느끼지 못한다. 하지만 작은 암초에 배가 좌초되는 패착을 낳는다. 일단 당신의 협력 파트너가 어떤 사람인지 잘 알지 못하고 그 사람과 당신의 동료나 상사와의 관계도 알 수 없어, 한번 협력 파트너와 갈등이 생기면 그 파장의 크기는 감히 예측할 수 없다.

협력 파트너와 '헤라클레스 효과'에 빠지면 잘못을 인정한다고 금세 문제가 해결되지는 않는다. 매일 만나는 동료는 어떻게든 얼굴을 보며 갈등을 풀 수 있겠지만, 협력 파트너는 보이지 않는 곳에서 어떻게 복수의 칼날을 들이밀지 모른다. 간과하기 쉽지만 이 관계에도 신경 써야 한다.

맺음말

원수지간에는 진정한 승자가 없다. 모두 패배자가 되어 파멸에 이른다. 그러므로 모든 인간관계에서 '헤라클레스 효과'가 나타나지 않도록 용서하고 인내하는 법을 배워야 한다.

분노에 분노로 맞서면 갈등의 골은 깊어지고 관계는 나락으로 떨어진다. 때에 따라 인내는 그저 양보가 아닌 하나의 역량이다. 복수심을 버리고 관용을 베풀어야 사람들과 잘 지낼 수 있다. 타인의 우정과 신임, 협조와 지지는 쉽게 얻을 수 있는 것이 아니다.

38 걷어차인 고양이 효과
부정적 감정의 해결사가 되자

감정의 전염

남자 동료들은 아이가 태어난 후 가끔씩 집에 가는 것보다 야근하는 게 더 낫다고 말한다. 회사에서 피곤한 하루를 보내고 집에 돌아가도 감정을 해소할 수 없을 뿐 아니라, 잡다한 집안일까지 처리해야 한다는 것이다. 일단 책임감의 문제는 논외로 두자. 그렇다면 집이 감정을 해소하는 공간일까?

한 친구는 매일 퇴근하고 집에 돌아가면 아내와 말다툼을 벌인다고 하소연했다. 이유를 묻자 친구는 지칠 대로 지쳐 있는데 아내는 이해해주기는 커녕 오히려 알 수 없는 화만 내니 대화가 싸움으로 번진다고 했다.

나는 조금 다르게 행동했다. 나도 과도한 업무 스트레스에 시달렸고 혼자 쉬면서 아무 말도 하고 싶지 않았다. 하지만 하루 종일 나 없이 하루를 보낸 가족들이 나와 몇 마디 대화를 나누고 싶어 하는데 피곤하다는 이유로 뚱한 반응을 보이면 가족들의 기분이 상할 것 같았다.

직장에서 쌓인 부정적 감정은 왜 이렇게 집으로 쉽게 전염되는 걸까? 부정적 감정을 집 밖에서 해소할 방법은 없을까?

걷어차인 고양이 효과란 무엇인가?

회사에서 사장에게 크게 혼난 아버지가 집으로 돌아와 소파에서 이리저리 뛰노는 아이를 호되게 꾸중했다. 꾸중을 들은 아이는 억울한 마음에 옆에서 뒹굴고 있는 고양이를 힘껏 차버렸다. 놀란 고양이는 집 밖으로 뛰쳐나갔고, 마침 지나가던 트럭 운전사는 고양이를 피하려고 핸들을 꺾는 바람에 길가에 서 있던 회사 사장이 트럭에 치였다.

이것이 그 유명한 심리학 이론인 '걷어차인 고양이 효과'다. 부정적 감정의 전염으로 야기된 악순환을 설명하고 있다. 자신보다 약한 대상에게 부정적 감정을 배출해 생기는 연쇄반응을 말한다. 부정적 감정은 계급 피라미드의 상부에서 하부로 확산한다. 자신의 감정을 배설할 곳이 없는 최약자가 최종 피해자가 된다.

직장에서 볼 수 있는 걷어차인 고양이 효과

'걷어차인 고양이 효과'의 이야기도 공교롭게 직장에서 시작된다. 현대 사회에서는 시장 경쟁이 과열되면서 직장 내 경쟁도 치열해지고, 이에 따라 직장인이 받는 스트레스도 점점 커진다. 스트레스는 부정적 감정을 키운다.

직장에서 일이 뜻대로 풀리지 않으면 짜증이나 염려, 분노의 감정을 느낀다. 이런 부정적 감정을 곧바로 해소하지 않으면 결국 자신도 모르게 '고양이를 걷어차는' 사람이 될 수도 있다.

'걷어차인 고양이 효과'는 부정적 감정에서 비롯되고 부정적 감정은 자기 자신이나 타인의 비판에서 시작된다. 하지만 직장생활을 하는 사람이 어찌 비판을 피할 수 있을까? 여기서 가장 큰 문제는 비판을 부정적 감정으로 부적절하게 전환하는 것이다. 비판 속에 담긴 근본적 원인을 객관적으로 바라보지 않고, 해결책을 적극적으로 강구하지 않으면서 그저 단순하고 거칠게 감정을 배설하는 것이다.

그렇다면 '걷어차인 고양이 효과'를 효과적으로 해결할 방법은 무엇일까? 비판 자체를 분석하면 해결책을 찾을 수 있다. 본질적으로 비판을 받는 원인은 두 가지다. 하나는 타인의 정서 문제이고, 다른 하나는 나의 잘못이다. 또는 이 두 원인이 혼재되어 있을 수도 있다. 따라서 나는 아래와 같이 '걷어차인 고양이 효과'의 발생을 통제해야 한다고 생각한다.

걷어차인 고양이 효과를 어떻게 피할 수 있을까?

1. 자신의 과오를 확실히 인식하고 적극적으로 고친다

직장에서 진심 어린 비판을 하는 사람은 몇 명 되지 않는다. 누군가의 지적을 받으면 화낼 것이 아니라 고마워해야 한다. 세상에 완벽한 사람은 없지 않은가? 일하면서 누구나 실수할 수 있고 어떤 일이든 완벽할 수는 없다.

상사와 부하 직원 사이나 동료와 동료 사이에는 사실상 상호 지적과 비판이 필요하다. 그래야 업무의 방향을 쉽게 고쳐나갈 수 있다. 서로 올바로 지적하고, 비판을 겸허히 받아들이고, 적절하게 고치는 법을 알아야 한다. 지적을 받는다고 부정적 감정을 품기보다는 냉정하게 자신의 부족한 부분을 받아들이고 감사하는 마음을 가져야 한다. 이것이 소중한 경험과 교훈을 통해 성장하는 비결이다.

2. 냉정함을 유지하고 상대의 입장에서 문제를 바라본다

지금 우리는 감정의 전염에 관해 이야기하고 있다. 당신은 영문도 모른 채 상사에게 욕을 먹거나 미리 의견 일치를 본 업무를 갑자기 180도 바꾼 상사에게 꾸지람을 들을 수도 있다.

이때는 먼저 인내심을 가지고 경청해야 한다. 냉정함을 유지하고 상대가 말을 마칠 때까지 기다린다. 어떤 반박도 하지 않는다. 경청한 뒤에는 재빠르게 사건 발생의 자초지종을 알아보거나 분석한다. 마지막으로 분석한 내용을 상사에게 적극적인 태도로 보고하고, 상사의 관점에서 최대한 빨리 해결책을 내놓아야 한다.

'웃는 얼굴에 침 못 뱉는다'라는 속담이 있다. 문제에 부딪히면 먼저 감정을 컨트롤하고 상대의 관점에서 생각하고 상대를 곤경에서 벗어나게 하면 문제는 물 흐르듯 해결될 것이다.

3. 객관적인 태도를 견지해 타인에게 부정적 감정이 전염되지 않게 한다

직장에서 부당한 대우를 받았을 때 위의 두 방법을 사용했음에도 감정이 완전히 해소되지 않을 수 있다. 그렇더라도 부정적 감정을 집으로 가져가서는 안 된다. 특히 가족들에게 감정을 전염시키는 것은 금물이다. 누군가에게 속사정을 털어놓을 수는 있지만, 그 사람을 '분풀이 대상'으로 삼아서는 안 된다.

타인에게 '화'를 전가하는 것은 무례한 태도다. 상사인 당신이 부하 직원에게 화풀이를 했다면 인심을 잃는 건 시간문제다. 다른 사람의 실수로 자신을 괴롭히지도 말고 자신의 실수로 타인을 힘들게 하지도 말자.

4. 집은 휴식 공간이지 감정의 쓰레기통이 아니다

직장에서 생긴 감정을 고스란히 집으로 가져가 가족들에게 다짜고짜 화를 내는 것이 가장 나쁘다. 하지만 안타깝게도 이런 일이 비일비재하다.

하루 종일 일에 치여 피곤한 몸을 이끌고 집으로 돌아왔을 때 두 가지 선택지가 존재한다. 하나는 고민을 잊고 가족과 함께 즐거운 시간을 보내는 것이다. 다른 하나는 직장에서 생긴 부정적 감정을 가족들에게 배출하는 것이다. 당연히 후자는 아무런 효과도 보지 못하고 오히려 감정은 더욱 악화될 것이다.

직장일은 결국 가정의 생계를 위한 수단이다. 집에 돌아온 뒤에는 직장 스트레스를 잊어버리자.

맺음말

『논어』에 '극기복례위인(克己復禮爲仁)'이라는 말이 나온다. 자기의 사리사욕을 극복해 예(禮)로 돌아가야 인(仁)에 도달할 수 있다는 것이다. 경쟁과 스트레스가 가득한 직장에서 관용의 태도를 유지하는 것은 결코 쉬운 일이 아니다. 하지만 감정을 컨트롤할 줄 아는 것도 하나의 실력이다. 관리자든 일반 사원이든 회사에서나 가정에서 평정심을 유지할 줄 알아야 한다. 스트레스를 받아도 태연하게 대처하고 돌발적인 문제도 적절히 해결해나가며 주변 사람에게 긍정적 에너지와 유쾌한 분위기가 전해지도록 노력해야 한다.

존슨 효과
감정의 파동이 능력을 집어삼키지 않게
평정심을 유지하자

안타까운 실력 발휘 실패

고등학교 시절 동창 한 명이 '만년 재수생'이 되었다. 학창 시절에는 반에서 3등 안에 들 정도로 우등생이었다. 하지만 평소 성적과는 다르게 큰 시험만 보면 실수를 연발했다. 세 번째 대입 시험 결과도 성적이 잘 나오지 않았지만 안타까운 마음을 뒤로한 채 중위권 대학교에 입학했다.

반면, 같은 반 여학생 한 명은 평소에 반에서 중위권 성적을 유지했다. 하지만 마지막 대입 시험에서는 자기 능력의 120퍼센트를 발휘해 상위권 대학교에 입학했다.

이런 차이가 일어나는 이유는 심리적 자질과 관련 있다. 심리적 자질이 실력 발휘에 영향을 미치는데 이것 자체도 하나의 능력이다. 시험 말고도 일상이나 직장에서도 심리적 기복은 능력 발휘에 영향을 미친다.

존슨 효과란 무엇인가?

'존슨 효과'를 들어본 사람은 많지 않을 것이다. 하지만 우리가 일상에서 흔히 접하는 현상 중 하나다. 위에서 이야기한 사례처럼 평소에는 좋은 성적을 내지만 결정적인 순간에는 진짜 능력을 발휘하지 못하는 현상을 가리킨다.

갖추어야 할 심리적 자질이 부족하면 평소 아무리 좋은 성적을 내더라도 실전에서 실패하기 마련이다. '존슨 효과'는 운동선수인 존슨에서 이름을 따왔다. 존슨은 평소 훈련도 열심히 하고 실력도 갖춘 선수였다. 하지만 경기장에서는 계속 좋지 않은 성적을 보였다. 실력은 뛰어나지만 실전에서 실패하는 유일한 이유는 심리적 자질밖에 없다. 승패에 대해 과도하게 긴장하고 자신감이 부족하기 때문이다.

직장에서 능력 발휘에 실패한 예

몇 년 전 나는 상사의 지시에 따라 회사 분점에서 일선 직원들을 상대로 연구를 진행한 적이 있다. 작은 팀을 꾸려 2주 정도 밤낮없이 연구를 진행했고 주말에는 정성스레 PPT 보고 자료를 만들었다. 말할 것도 없이 연구 내용을 술술 외울 정도가 되었다.

연구 보고서는 매우 중요했다. 연구가 종료된 뒤 회사의 최고위층 임원들이 일선 직원들의 상황을 파악하기 위해 일부러 시간을 내서 보고를 들으러 온다고 했다. 우리 부서의 상사는 보고 준비를 잘해놓으라며 보고의 중요성을 재차 강조했다.

하지만 본사로 복귀한 지 며칠이 지나도 아무 소식이 없었고, 나는 잠깐이지만 부담을 내려놓을 수 있었다. 하지만 어느 날 갑자기 퇴근 전 상사가 내일 아침에 보고할 내용을 당장 리허설해보자고 말하는 게 아닌가!

나는 잠시 당황했지만 컴퓨터와 프로젝트를 켜고 보고하기 시작했다.

하지만 머릿속이 뒤죽박죽이었고, 정리한 PPT를 어디서부터 설명해야 할지 몰라 말이 엉뚱하게 흘러갔다. 상사는 나의 보고를 듣고 난 뒤 매우 언짢아했다. 나도 잔뜩 풀이 죽어 있었다. 분명 철저히 준비한 일인데 막상 상사 앞에 서니 갑자기 머릿속이 하얘져 무슨 말을 해야 할지 몰라 억울했다. 이것이 전형적인 '존슨 효과'다.

미국 대통령도 '존슨 효과'에 빠진 적이 있다. 닉슨 대통령은 첫 번째 재임 기간에 우수한 정치적 성과를 거둬 대부분의 정치 평론가들은 그가 연임할 것이라고 점쳤다. 하지만 정작 닉슨 본인은 자신이 없었다. 선거에 실패할까 봐 염려가 이만저만이 아니었다. 염려 탓인지 그는 귀신에 홀린 듯 세상을 발칵 뒤집어놓을 일을 저지르고 만다.

닉슨은 자신의 측근을 야당 본부인 워터게이트 빌딩에 잠입시켜 민주당 후보자의 사무실에 도청 장치를 설치한다. 사건이 발생한 후 닉슨은 번번이 조사를 방해하고 책임을 전가했다. 선거에서는 승리했지만 얼마 지나지 않아 어쩔 수 없이 대통령직에서 물러나게 된다. 이것이 그 유명한 '워터게이트 사건'이다.

평소 우수한 성적과 뛰어난 실력을 선보이던 선수 중 일부는 '실패는 절대 용납할 수 없고 성공만이 최고'라는 생각을 가지고 있다. 여기에 가족, 사회, 국가 등 각계각층의 기대가 더해져 실패와 성공에 대한 부담감은 극에 달한다. 이처럼 과도한 부담감에 압도된 상태에서 누가 과연 자신의 실력을 제대로 발휘할 수 있겠는가.

존슨 효과를 어떻게 극복할까?

직장에서는 '테스트' 형태의 시험은 거의 없지만 '시련' 형태의 시험은 여전히 존재한다. 따라서 강인한 마음을 가지고 있어야 시련에 대응할 수 있다. 반면 심리적 자질이 부족하면 많은 기회를 잃기도 한다.

1. 평정심을 유지한다

정성을 다해 어떤 일에 매진하지만 목표는 날개를 단 듯 멀리 날아간다. 이런 상황에서 평정심을 가지면 마음이 안정되고, 다시금 목표에 쉽게 다가갈 수 있다. 평정심은 스스로에게 위안을 주며 조화롭게 삶의 균형을 잡아준다. 따라서 평상시에도 평정심을 유지하는 훈련을 해야 언제든 기회가 되면 실력을 발휘할 수 있다.

2. 목표 자체에 초점을 맞춘다

하나의 목표에 몰두하면 두려움을 막거나 잊을 수 있다. "마음을 비우고 고요한 수준으로 끌어올리면 외부의 어떤 영향도 받지 않는다"라는 옛 선인들의 말도 이런 이치를 설명한다. 고도로 몰입할 때 마치 생쥐를 잡으려는 고양이처럼 모든 잡념이 사라진다. 네 발을 땅에 디디고 머리를 똑바로 들고 꼬리를 세운 채 날카로운 두 눈으로 사냥감을 응시하며 정신을 집중하면 언제든 치명적인 일격을 가할 수 있는 상태가 된다.

3. 충분히 준비한다

'충분한 준비'는 위에서 말한 두 가지 사항의 전제 조건이다. 모든 성공에 우연이란 없다. 실력을 발휘할 수 있는 가장 기초적인 조건은 충분한 준비다.

　앞에서 말한 업무 보고 이야기를 계속해보자. 하루 전날 리허설에서 허둥댔던 나는 마음을 가다듬고 밤새 발표 내용을 신중하게 다듬었다. 모든 문장의 발표 시간을 초 단위로 정확하게 맞춘 후 다음 날 회사 최고위층 앞에서 발표했다. 발표는 자연스럽고 자신감 있었으며 시간도 1초의 오차 없이 정확했다. 그렇게 나는 완벽하게 임무를 수행했다. 준비가 충분하면 자신감이 극대화되어 실력을 아낌없이 발휘할 수 있다.

맺음말

　노자의 『도덕경』에는 이런 구절이 나온다. "천하의 만물은 유(有)에서 시작하고 유는 다시 무(無)에서 시작한다. 성공은 실패에서 시작했고 실패는 성공을 만든다." 어떤 일에 대해 성공과 실패, 득과 실에 지나치게 집착해서는 안 된다. 늘 평정심을 유지한 채 목표와 이상을 추구하는 것이 진짜 성공으로 가는 지름길이다.

14장

강심장을 키워 어떤 상황에서도
해탈의 경지를 보여주자

평소에 꼼꼼하게 일을 처리하고 많은 부분을 염두에 두어도 예상외의 상황은 언제든 발생할 수 있다. 이럴 때마다 우리는 하늘이 불공평하다며 불만을 터뜨린다. 아무리 피나는 노력을 해도 결과물을 얻지 못하지만 다른 사람은 늘 꽃길만 걷는 것 같다. 그렇다면 직장생활에서 진짜 꽃길만 걸으려면 어떻게 해야 할까?

머피의 법칙
자주 강가를 걸으면 신발이 물에 젖기 마련이다

실수는 언제 어디서나 일어난다

당신이 매일 8시간씩 일주일에 40시간, 1년에 52주를 일한다고 하자. 그렇다면 당신이 1년 동안 일하는 시간은 40×52=2,080시간일 것이다. 이것을 초로 환산하면 7,488,000초다. 이 748만 초를 살아가면서 당신은 초 단위로 실수를 범할 수 있다고 한다. 두렵지 않은가?

이보다 더 두려운 상황은 무언가를 두려워하면 그 일이 진짜 현실로 일어난다는 것이다.

머피의 법칙이란 무엇인가?

이것은 기이한 현상이 아니라 객관적인 법칙이다. '머피의 법칙'은 바로 이런 현상을 설명한다. "만약 어떤 일을 두 종류 이상의 방식으로 한다고 가정하면 그중 하나의 선택은 재난을 가져올 것이고, 누군가는 꼭 그 방법을 선택한다." 에드워드 머피의 말이다.

'머피의 법칙'은 어떤 사건이 안 좋은 쪽으로 흘러갈 가능성이 있다면, 얼마든 그런 상황이 꼭 발생한다는 것이다. 사실 어떤 일이든 쉬운 일은 없다. 업무를 완수하는 시간도 예상보다 길어지고 실수도 항상 나타난다. 만일 당신이 어떤 일이 발생할까 걱정한다면 그 일은 진짜 발생할 것이다.

확률은 아주 낮지만 꼭 발생하는 사건

2018년 2월 18일, 66명의 승객을 태운 이란의 여객기가 이란 수도 테헤란에서 약 620km 떨어진 산악 지대에 추락했다. 66명의 승객은 한 명도 살아남지 못했다. 최근 몇 년간 빈번하게 발생한 비행기 사고는 이 사실 자체로 너무 안타까운 일이지만, '머피의 법칙'을 증명하는 훌륭한 증거가 되고 있다.

과거에 일어난 심각한 비행기 사고를 돌이켜보자. 2012년 3건, 2013년 2건, 2014년 6건, 2015년 2건, 2016년 5건, 2018년 2건이 발생했다. 비행기는 무엇보다 안전한 교통수단이고, 비행기 사고가 발생할 확률은 470만 분의 1에 불과하다. 자동차 사고보다 확률이 현저히 낮다. 하지만 왜 매년 비행기 사고가 끊이지 않을까? 항공사 직원의 실수 때문일까? 아니면 다른 이유가 있을까?

전 세계에서 1년에 최소한 1건의 비행기 사고가 일어날 확률은 99.91%이다. 2년 연속 최소 1건의 비행기 사고가 일어날 확률은 99.99991%이다. 이는 비행기 사고가 왜 매년 일어나고 한 번에 그치지 않는지 그 이유를 설명해준다.

영원히 좋은 일은 세상에 없다

어떤 일이든 모든 수단을 동원해도 실수를 범할 가능성은 늘 존재한다. 문제가 발생할까 전전긍긍하거나 문제를 회피할수록 손해는 더 커진다.

모든 일에는 실수가 따른다. 시간이 길어질수록 실수가 나타날 확률은 높아진다. 예를 들어 정기적인 기계 설비 검사, 기계실 검사, 소프트웨어 검사 등은 반복적으로 해야 하는 업무인데, 시간이 길어지면 언젠가는 문제가 발생할 수밖에 없다. 문제가 한번 발생하면 위력은 가히 폭발적이다. 그래서 많은 방법을 동원해 문제 발생 확률을 낮추려 한다. 하지만 아이러니하게도 투입이 많아질수록 문제 발생으로 파생되는 위력은 더욱 커진다.

앞서 이야기한 비행기 사고가 이런 점을 잘 보여준다. 모든 비행기는 비행 전에 반드시 정밀 검사를 거친다. 그러나 어떤 부품이든 고장이 일어날 확률은 있고 환경이나 인위적 요인에 영향을 받기도 한다. 그래서 비행기 사고는 피할 수 없고, 한 번 발생하면 매우 심각한 피해를 입는다.

그렇다면 어떻게 실수를 방지할 수 있을까?

실수를 피할 수 없고 사고는 언젠가 일어난다면 우리는 무엇을 할 수 있을까?

1. 예보 시스템을 만든다

예보는 문제를 예방하는 첫 번째 단계다. 정기적 업무는 대부분 반복 작업이라 크게 주의를 기울이지 않기 쉽다. 기술적 수단으로 알맞은 때에 예보할 수 있게 프로그램을 짜놓고 작업자에게 긴장을 늦추지 않게 해 큰 재난이 발생하는 것을 막아야 한다.

2. 응급 상황에 대비한다

어떤 일이든 대비책을 마련해야 한다. 실제로 대비책을 거의 사용할 일은 없다. 사용할 수밖에 없는 상황은 이미 '치명적인' 상황이다.

특히 IT 기업은 전체 생산 시스템과 데이터 시스템이 구축되어 있고 생산 시스템에 고장이 일어날 확률이 매우 낮지만, 반드시 거액을 투자해 긴급 상황 대응 센터를 설립해야 한다. 또한 기술적 수단을 동원해 심각한 생산 시스템의 문제를 최대한 빠른 시일 내에 긴급 상황 시스템으로 대체할 수 있게 만들어 업무 중단으로 인한 막대한 손실을 막아야 한다.

모든 일에는 엄연히 다른 시각이 존재한다

어떤 일이 일어날 확률이 아무리 낮더라도 확률 자체가 존재한다면 그 일은 언제든 발생할 수 있다. 창업을 예로 들어보자. 창업자가 성공을 지속할 가능성은 매우 크다. 왜일까? 풍부한 경험이 있어서? 아니다. 이유를 살펴보면, 확률 때문이다. 전반적으로 창업에 실패할 확률은 90% 이상으로 높게 나타난다.

만약 당신이 창업자라면 첫 번째 창업이 실패할 확률은 90%이다. 하지만 경험이 축적되면 실패 확률은 더 낮아진다. 10번 연달아 창업하면 실패할 확률은 34%밖에 되지 않는다.

농구를 예로 들어보자. 당신이 농구에는 젬병이라도 소 뒷걸음질 치다가 쥐를 잡듯이 몇 골은 넣을 수 있다. 당신의 골 성공률이 10%밖에 안 된다 해도 30개의 공을 던졌을 때 3개는 들어간다.

일상이나 직장에서나 예상 밖의 일은 언제나 존재한다. 그러니 꿈을 버리지 말자! 성공하지 못할 수도 있지만 성공의 가능성은 분명 점점 더 커질 것이다!

맺음말

발생할 확률이 낮은 일은 단 한 번의 테스트나 활동으로 일어날 가능성은 매우 낮다. 그래서 사람들에게 그 일은 전혀 발생하지 않을 것이라 착각한다. 하지만 이런 착각 때문에 안전 의식이 희미해지고, 사고 발생 확률은 높아진다.

실수는 피할 수 없는 인간의 특성이다. 과학기술이 아무리 발전해도 사고는 발생한다. 아이러니하게도 우리가 문제를 해결하는 수단이 고도화될수록 직면하게 되는 문제도 더 심각해진다.

따라서 우리는 미리 꼼꼼하게 전반적으로 문제를 살펴야 한다. 실제로 문제가 발생해도 여유를 갖고 대응하자. 핵심은 문제를 감추는 것이 아니라 매듭짓는 것이다. 신발이 젖을 것이라 예상되면 여분의 신발을 준비하자.

99℃ 이론
핵심 원인을 파악하고 양적 변화를 질적 변화로 바꾸자

'존버'하면 승리한다

두 사람이 우연히 신선과 만났다. 신선은 술 빚는 법을 알려줬다. 먼저 단옷날 익은 쌀을 고르고 거기에 눈이 처음 녹을 때 고산에서 흘러나온 샘물을 부어 밥을 한다. 밥이 익으면 1,000년 된 자사토로 빚은 항아리에 넣은 다음 초여름 아침에 뜨는 해를 처음 맞이한 연꽃을 따서 덮은 뒤에 49일 동안 밀봉해놓고, 닭이 세 번 울고 난 후 개봉한다.

두 사람은 비법을 듣고 세상에서 가장 감칠맛 나는 술을 만들겠노라고 다짐했다. 신선이 말한 대로 천신만고 끝에 모든 재료를 준비했고, 자신의 소망까지 항아리에 담아 인내심을 가지고 기다렸다.

드디어 49일이 되던 날 두 사람은 너무 흥분해 잠도 제대로 이루지 못한 채 수탉이 울기만 기다렸다. 한참을 기다린 끝에 닭의 첫 번째 울음소리를 들었다. 또 한참 지나 희미하게 두 번째 울음소리가 들렸다. 세 번째 울음소리는 도대체 언제 울릴까? 한 사람은 더 이상 참을 수 없었다. 닭이 두 번 울든 세 번 울든 별 차이 없을 거라 생각하고 항아리를 열어보았다. 다른 한 사람도 열어보고 싶은 마음이 간절했지만 이를 악물고 세 번째 울음소리가 들릴 때까지 기다렸다.

과연 결과는 어땠을까? 먼저 항아리를 열어본 사람의 술은 식초처럼 시

큼했다. 하지만 닭이 세 번 울기를 기다린 사람은 감미롭고 맑은 술을 얻을
수 있었다.

99℃ 이론이란 무엇인가?

심리학에서는 핵심 요인으로 일어난 본질적 변화 현상을 '99℃ 이론'이
라고 부른다. 물이 끓어 99℃가 되면 더 이상 물로 보기가 어렵고 물로서 활
용할 가치가 떨어진다. 하지만 불을 좀 더 뜨겁게 만들어 99℃의 물을 1℃
올리면 물이 끓어올라 수증기가 생긴다. 이 수증기는 기계를 작동시킬 만큼
큰 동력이 된다. 여기서 1℃는 핵심 요인으로서 물의 질적 변화를 일으켰다.

'99℃ 이론'에서 1℃는 이른바 '결정적 한 방'이라고도 부른다. 어떤 일
을 완료해야 할 때, 모든 준비가 끝나고 심지어 여러 번 확인했음에도 불구
하고 마지막 한 방이 부족할 때가 있다. 이런 결정적 한 방이 일의 승패를 가
른다.

우등생이 피나는 노력을 했지만 준비한 대입 시험에서 제 실력을 발휘
하지 못하거나, 대회를 위해 열심히 준비한 운동선수가 실제 경기에서는 성
적이 기대에 못 미치거나, 원활하게 진행되던 프로젝트가 마지막 단계에서
예상외의 난관에 부딪히는 등 일상에서 이런 '99℃ 이론'에 해당하는 현상
을 자주 접할 수 있다.

아주 사소한 차이가 아주 큰 격차를 만든다. 결정적 한 방은 마치 임계
점처럼 양적 변화에서 질적 변화로 전환되는 경계선이다. 미세한 차이지만
결과는 완전히 달라진다.

축적된 노력 없이는 성공할 수 없다

양적 변화와 질적 변화를 다시 살펴보자. 이 두 표현은 많은 사람에게 익숙한데, 특히 질적 변화는 성공과 동일시된다. 직장에서 질적 변화란 일반 직원이 관리자로 승진하거나 창업한 지 여러 해 지난 회사가 상장하는 것을 말한다. 이것은 본질적으로 '초월'을 의미한다.

이 본질적인 차이 때문에 많은 사람이 경제적 보상이든 다른 방면의 성취감이든 성공을 꿈꾼다. 특히 빠르게 성공할 수 있는 지름길을 찾는 사람들이 많다. 하지만 지름길이 어디 있겠는가? 헬스장에서 비 오듯 땀을 흘리든, 자수성가해서 자산을 모으든, 업무에서 남들보다 뛰어난 성과를 보이든 모든 성공은 노력과 시간을 쏟아부어야만 이룰 수 있다. 성공으로 가는 모든 단계를 차근차근 밟고 가는 것이 성공의 전제 조건이다. 진정한 성공에는 지름길이 없다. 축적된 노력 없이 성공 요인만 찾으려 하는 것은 요령을 피우는 행위 그 이상도 이하도 아니다.

결정적 요인을 파악하려면 종합적 능력이 필요하다

평소 성적이 뛰어난 학생 가운데 좋은 대학에 가는 사람이 있는 반면 실패하는 사람도 있다. 10여 년의 노력이 왜 마지막 순간에 다르게 나타나는 것일까? 성실한 직장 동료 중에는 두각을 나타내지 못하는 사람도 있지만 갑자기 이름을 널리 알리는 사람도 있다. 한 사람의 노력이 99℃에 도달했을 때 마지막 1℃를 결정짓는 요인은 무엇일까?

그것은 바로 결정적 요인을 파악하는 능력이다. 다시 말해 다각도의 종합적 능력이다. 대입 시험을 보려면 탄탄한 기본기뿐 아니라 단단한 마음가짐도 필요하다. 직장에서 인정을 받으려면 성실한 근무 태도뿐 아니라 원만한 대인관계 능력도 필요하다. 업무를 아무리 잘해도 보고하는 기술이 떨어진다면 상사의 마음에 영원히 자리 잡을 수 없을 것이다.

특정 분야에서는 뛰어난데 어떤 부분에서는 평균보다 못한 사람을 볼수 있다. 이 평균보다 못한 '어떤 부분'은 일상적인 업무에서는 대수롭지 않은 능력이지만 양적 변화에서 질적 변화로 뛰어넘게 만드는 결정적 요인이될 수 있다

그렇다면 어떻게 이 결정적 요인을 파악하는 능력을 가질 수 있을까? 가장 기본적인 방법은 사회생활 초창기에 노력을 게을리 하지 않고 주어진업무를 성실하게 수행하는 것이다. 게다가 업무의 디테일까지 파악할 수 있다면 일정 시간이 지난 뒤에 종합적인 능력이 갖춘 자신의 모습을 발견할것이다. 상사가 가진 종합적인 능력을 살펴보고 그를 멘토로 삼는 것도 좋은방법이다.

마음가짐이 성패를 좌우한다

직장생활에서도 마음가짐이 중요하다. 직장에 들어가서 초기에는 외로움을 견디고 고통도 참아내야 하며 조급하게 성공만 추구해서는 안 된다. 성실히 업무를 수행하고 사소한 일도 열심히 감당하면 이 모든 것이 경험과노하우로 축적된다. 꿈과 희망은 갖되 자신에 대한 기대치를 조절할 줄도 알아야 한다. 처음인 만큼 강인한 의지로 직장생활의 기반을 닦아야 한다.

어느 정도 직장생활을 한 경력자는 우선 조급해지지 않아야 한다. 끝까

지 인내심을 가지고 업무를 99℃까지 끌어올리자. 그런 뒤에 시야를 넓혀 자신의 종합적인 능력을 연마하자. 결정적인 시간이 다가오면 과감하게 능력을 선보이고 질적 변화를 맞이하자.

맺음말

지름길만 좇아 살아가는 사람은 아무것도 이룰 수 없다. 많은 사람이 오랜 시간 성실하게 일하고도 마지막에 능력을 발휘하지 못해 승진의 한계에 부딪히는 경우가 많다.

'99℃ 이론'을 이해하면 성공에는 지름길이 없다는 사실을 깨닫게 될 것이다. 양적 변화는 질적 변화의 전제 조건이다. 먼저 99℃까지 도달해야 한다. 다방면의 능력을 키우고 시기를 기다리다가 결정적인 순간에 1℃를 더 올리면 양적 변화에서 질적 변화로 바뀌는 데 성공할 것이다.

귀인 오류
잘못된 귀인은 잘못된 행위를 부른다

피상적 결론짓기

직장인이라면 일터에서 크고 작은 성공과 실패를 경험한다. 성공이든 실패든 우리는 그 원인을 찾아보려고 한다. 자신의 경험을 돌아보며 다음 성공을 위한 귀감으로 삼거나 실패에 대한 예방 조치로 삼을 수 있다. 이처럼 사람은 되돌아보는 행위를 통해 발전해나간다.

하지만 어떤 결과에 대한 원인을 파악하는 일은 쉽지 않다. 우리는 다음과 같은 상황을 자주 마주한다. 어떤 일에 성공하면 자신이 열심히 노력한 결과라 느끼고, 실패하면 운이 나빴다며 투덜대며 외부 환경을 탓한다. 타인이 성공을 거두면 좋은 배경이나 인맥을 가졌거나 생각지 못한 행운을 거머쥔 것이라 여긴다. 타인이 실패하면 능력이 부족했거나 사람 자체에 문제가 있다고 생각한다.

이처럼 짧은 시간 안에 도출해낸 원인은 현시점의 심리적 욕구를 쉽게 만족시킨다. 심리적 욕구는 자신이 성공했을 때는 찬미와 박수를 바라고, 타인이 성공했을 때는 능력보다 다른 데서 원인을 찾으려 한다. 하지만 이런 방식의 결론짓기는 대부분 피상적이라 본질을 꿰뚫어 볼 수 없다. 잘못된 원인 분석으로 자신을 성장시키려 한다면 발전은커녕 퇴보할 위험이 더 크다.

귀인 오류란 무엇인가?

'귀인(歸因) 오류'는 관찰자가 원래는 정확했던 정보를 왜곡하는 오류를 말한다. 왜곡하는 이유 중 일부는 인간의 인지 과정 자체가 가진 고유의 한계성 때문이고, 일부는 각각의 동기 때문이다. 귀인의 결과는 그다음 행위에 큰 영향을 준다. 올바른 귀인은 적극적이고 정상적으로 행동하도록 도움을 주는 반면, 잘못된 귀인은 행위 동기를 약화시키고 비정상적인 행위를 초래한다.

실제로 자신이나 타인의 잘못에 대해 원인을 찾는 행위는 흔히 일어난다. 하지만 '귀인 오류'가 발생하는 것은 어떤 조건에서만 생성되는 일종의 심리적 반응이다. 성공하면 자신에게 능력이 있다고 느끼고, 실패하면 외부 환경이나 타인에게 책임을 전가하려는 편향이 존재한다는 사실이 이미 심리학 연구를 통해 밝혀졌다. 이런 귀인이 사람의 심리 조절이나 자기방어에 도움이 되므로 그 자체를 나쁘다고 할 수는 없다. 하지만 '성장'이라는 장기적 관점에서 보면, 이런 심리적 방어기제가 긍정적인 영향을 주지 못한다는 사실은 분명하다.

직장에서 흔히 보이는 귀인 오류

잘못된 귀인은 오히려 자신의 성장에는 방해가 되므로 우리는 귀인의 '함정'을 최대한 분별할 수 있어야 한다.

1. 기본 귀인 오류

우리는 타인이나 자신의 행위에 대한 원인을 찾을 때 주로 내재적 요인이나 성격적 특성을 평가하는 경향을 보인다. 반대로 외부 상황이 미친 영향에 관해서는 과소평가한다.

예컨대, 많은 사람이 공개적인 장소에서 앞에 나서는 것을 두려워한다. 특히 직장에서 발표를 하거나 회의를 주재하는 것을 두려워하면 보통은 자신의 내성적 성격 때문이라고 원인을 분석한다. 하지만 발표력이나 중요한 자리에서 선보이는 리더십은 모두 후천적으로 습득하고 훈련을 통해 연마할 수 있는 능력이다. 이 점을 자각하지 못하면 능동적으로 학습할 생각을 하지 못하고 자신을 뛰어넘을 수도 없다.

2. 행위자-관찰자의 귀인 오류

숲 속에 있는 사람은 숲 전체를 볼 수 없다. 행위자는 직접 행위를 한 사람을 말하며, 관찰자는 외부에서 행위를 관찰한 사람을 가리킨다. 동일한 행위에 대해서도 행위자는 결과의 원인을 외부적 요인으로 귀납하고, 반대로 관찰자는 행위자의 개인적 능력이나 성품으로 귀납한다.

예를 들어보자. 누군가가 당신에게 돈을 빌리면서 한 달 후에 갚겠다고 했다. 하지만 한 달이 지나도 감감무소식이다. 당신이 먼저 그에게 묻자 돈을 빌린 사람은 요즘 너무 바빠서 시간이 없다는 식으로 외부 원인을 강조했다. 하지만 당신은 빌려놓고 갚지 않은 이 사람의 신용에 문제가 있다고 생각하거나 사람 자체에 문제가 있다고 단정 짓는다. 이때 당신은 관찰자이고 돈을 빌린 사람은 행위자다.

3. 이기적인 귀인 오류

이른바 '이기적인 귀인 오류'는 공은 자신에게 돌리고 실패의 책임은 회피하려는 편향을 말한다. 일반적으로 사람들은 좋은 행위나 성공에 대해서는 자신에게서 원인을 찾고, 나쁜 행위나 실패에 대해서는 외부 환경이나 타인에게서 원인을 찾는다.

직원들은 자신이 상을 받은 이유가 자신의 노력 때문이라고 생각한다. 하지만 벌을 받으면 관리자가 공평하지 못하거나 자신에게 편견을 가지고 있다고 생각한다. 이런 '귀인 오류'가 생기는 이유는 감정적 욕구 때문이다. 성공이나 좋은 것은 기쁘고 자랑스러운 감정과 연결되는 반면, 실패나 나쁜 것은 고통스럽고 슬픈 감정과 연결되기 때문이다.

4. 비교 대상을 간과하는 오류

어느 직원이 늘 요구한 대로 업무를 수행하지 못한다고 가정해보자. 관리자는 먼저 의식적으로 직원의 업무 태도나 적극성에 문제가 있는지 살필 것이다. 이론적으로 보면 이런 판단은 합리적이다. 하지만 종종 비교 대상을 간과하기도 한다. 관리자가 좀 더 판단의 범위를 확대해 다른 비슷한 수준의 직원이 같은 업무를 감당하고 있는지 살필 수 있다. 대다수의 직원이 주어진 시간 안에 업무를 완수하지 못한다면 그것은 업무 설정 자체가 문제지 그 직원을 나무랄 일은 아니다.

5. 집단 귀인 오류

직장인이 자신이 속한 조직의 행위와 다른 조직의 행위를 분석할 때도 '집단 귀인 오류'를 범할 수 있다. 자신이 속한 조직이 성공하면 모든 구성원의 노력 여부, 지적 수준, 단결과 협동 등 조직 내부 요인으로 귀납시키는 반면, 실패하면 시장 형세나 운과 같은 외부 요인으로 귀납시킨다. 하지만 제 3자 입장에서 다른 조직의 성패를 분석할 때는 반대의 경향을 보인다.

적절하게 '집단 귀인 오류'를 이용하면 조직의 단결을 강화시킬 수 있다. 하지만 일정한 선을 넘어서면 조직 구성원들이 책임을 전가하는 나쁜 습관을 갖게 되고 소극적인 태도로 문제를 바라볼 수 있다.

귀인 오류의 근본 문제는 본질을 가리는 것이다

자신의 실수는 외부 요인으로 귀납하고 자신의 성공은 내부 요인으로 귀납하는 '귀인 오류'는 상황을 객관적이고 종합적으로 판단하는 행위가 아니다. 숲은 보지 못하고 나무만 보거나, 하나만 알고 둘은 모르는 상황이 된다. 그렇다면 이 문제를 어떻게 해결해야 할까?

1. 역지사지, 입장 바꿔 생각한다

'귀인 오류'는 대부분 자신을 중심에 두기 때문에 생기는 편견이다. 따라서 입장을 바꿔 생각하면 편견을 없앨 수 있다. 관찰자는 행위자의 입장에서, 행위자는 관찰자의 입장에서 문제를 살펴볼 수 있다. 이것이 사고의 한계를 뛰어넘는 방법이다.

2. 객관적인 분석으로 기존의 관념을 깨부순다

기분이나 감정에 따라 문제를 바라보면 주관적인 판단과 인지 오류에 빠지기 쉽다. 객관적이고 합리적인 태도로 분석하고, 당연하게 여기던 비이성적 요인을 제거하면 오류를 바로잡을 수 있다.

3. 책임을 분명히 인정하고 방어기제에서 벗어난다

지나친 방어기제는 책임 회피에서 기인한다. 방어적 자세는 업무 수행을 어렵게 할 뿐 아니라 스스로를 계속 나락으로 몰고 갈 수 있다. 성장에는 당연히 아픔이 따른다. 방어기제에서 벗어나 용감하게 책임과 실수를 직면하자. 그러면 사태를 투명하게 볼 수 있어 문제를 제대로 해결하고 무의미한 소모도 줄일 수 있다.

맺음말

'귀인 오류'에 빠지면 사건의 본질을 제대로 파악하지 못한다. 성공과 실패의 원인을 엉뚱한 곳에서 찾고 결국에는 잘못된 행위를 낳는다.

종합적이고 객관적으로 상황을 바라보고 역지사지의 마음으로 입장을 바꿔 생각해야 한다. 무의미한 방어기제에서 벗어나 용감하게 책임을 직시하고 객관적인 분석과 감정 조절을 통해 최대한 '귀인 오류'에 빠지지 않아야 효과적으로 업무를 수행할 수 있다.

15장

직장에서는 말을 가장 조심해야 한다

말은 일종의 예술(또는 기술)이다. 말을 잘하는 것은 직장생활의 능력 중하나다. 직장에서 무심코 내뱉은 말 한마디로 타인에게 불쾌감을 주거나화를 일으키는 상황도 발생한다. 그래서 말을 많이 해봤자 실수만 늘어갈뿐이다. 차라리 말을 안 하면 본전이라도 찾는다는 생각을 갖는 사람도많다. 하지만 이 역시 과유불급이다. 사실 세 가지 심리 효과만 알면 웬만한 말의 기술은 마스터할 수 있다.

폭포 효과
직장에서 말로 화를 부르는 상황

말실수가 화를 부른다

사마천이 쓴 『사기』에는 이런 일화가 나온다. 중국 전국시대 말기에 살았던 평원군(平原君) 조승(趙勝)의 이웃은 다리에 장애가 있었다. 어느 날 평원군의 소첩이 이웃이 다리를 절뚝이며 우물에서 물을 긷는 모습을 보고 큰소리로 비웃으며 모욕을 주었다. 화가 난 이웃은 조승을 찾아가 상황을 전하며 그 소첩을 죽여달라고 말했다.

조승이 주저하자 이웃은 이렇게 청했다. "평원군께서는 선비를 존중하고 여색을 멀리한다고 알려져 있습니다. 그러니 사람들이 천 리를 마다하고 평원군을 뵈러 오겠지요. 저는 장애가 있지만 평원군 소첩의 비웃음을 받을 이유가 없습니다. 선비를 죽일 수는 있으나 모욕할 수는 없다고 했습니다. 평원군께서 저를 대신해 소첩을 제거해주십시오. 그렇지 않으면 사람들이 여자 때문에 선비를 업신여겼다고 생각하며 평원군의 곁을 떠날 것입니다."

평원군은 그제야 화들짝 놀라며 이웃에게 사죄를 구하고 언행이 경솔했던 소첩의 목을 베었다고 한다. 이외에도 역사 속에서 잘못된 언행으로 목숨을 잃은 사람은 셀 수 없이 많다. 언행의 정도를 지키는 것이 얼마나 중요한지 보여주는 대목이다.

폭포 효과란 무엇인가?

'폭포 효과'는 정보 제공자의 심리 상태는 평온한 데 비해 정보를 제공받은 사람은 심기가 불편해지고 이 때문에 태도나 행동까지 변화가 일어나는 것을 말한다. 이는 마치 폭포와 같다. 위에서 물이 떨어지기 전까지는 평온한데 아래에 떨어지는 물은 거센 물보라를 일으킬 정도로 강력하다.

"무심코 던진 돌에 개구리가 맞아 죽는다"는 말이 있다. 무심코 던진 말이 다른 사람에게 상처를 주고, 상처받은 사람은 반감이 일어나 다시 복수한다. 그래서 직장에서 말을 할 때는 조심하고 또 조심해야 한다.

직장에서 말할 때 이것만은 조심하자!

1. 타인의 사생활은 건드리지 않는다

사생활은 매우 민감한 부분이다. 누구나 타인에게 밝히고 싶지 않은 일이 있다. 직장에서 인간관계는 친구보다 멀고 가족보다는 더더욱 멀다. 직장에서는 타인의 사생활을 최대한 거론하지 않아야 한다. 누군가 자신의 사생활을 이야기하더라도 최대한 피하고 문젯거리에서 멀어지는 것이 좋다.

2. 타인을 함부로 평가하지 않는다

직장 내에서는 타인의 상황을 주관적으로 평가하는 일이 벌어지기도 한다. 하지만 어떤 상황이든지 기억해야 할 점이 있다. 모든 사람은 살아온 경험이 다르고 일을 처리하는 방법도 다르다. 본인의 잣대로 모든 사람을 평가하지 말자. 그러면 결국 틀린 사람은 자기 자신이 될 수밖에 없다.

3. 뒷담화를 삼가한다

'뒷담화'가 좋지 않다는 것을 누구나 알고 있지만 실제로 조심하는 사람은 많지 않다. "병은 입으로 들어오고 화는 입에서 나간다"라는 말처럼, 동서고금을 막론하고 '뒷담화'로 좋지 않은 상황에 내몰린 사람들이 적지 않다. 가만히 앉아 자신의 과오를 생각해보면 남의 잘못을 쉽게 탓할 수 없다.

4. 아무 말이나 내뱉으며 농담하지 않는다

가끔 분위기를 띄우려는 의도에서 농담을 던질 때가 있다. 하지만 농담이 상황에 맞지 않을 수도 있고 듣는 사람의 기분이 어떤지 알 수도 없다. 농담 때문에 오히려 상황이 더 어색해질 수도 있으니 분위기를 잘 살피며 주의해야 한다.

5. 타인의 건강 상태를 무시하지 않는다

건강 문제는 누구에게는 밝히고 싶지 않은 약점이자 상처가 될 수 있다. 혹여나 타인의 건강 문제를 꼭 언급해야 할 상황이라면 진심으로 조심하고 있다는 뜻을 내비치고 적절하게 배려해야 한다. 그렇지 않고 별것 아닌 듯 무시하는 태도로 말한다면 상대의 마음에 큰 상처를 남길 수도 있다.

6. 분쟁을 일으키지 않는다

업무를 하다 보면 문제가 발생하고 분쟁이 일어날 수 있다. 내가 당사자가 아닌 경우 못 본 척 넘어갈 수도 있지만, 여의치 않는 상황이라면 옆에서 도와줄 수도 있다. 이때는 섣불리 누가 옳고 그른지 시비를 가려서는 안 된다. 조심하지 않으면 갈등을 심화시키고 분쟁을 더 키울 수도 있다.

7. 자신을 치켜세우지 않는다

"겸손하면 이득을 얻고 교만하면 손해를 본다"라는 말이 있다. 직장생활에서 깊이 공감할 수 있는 말이다. 무턱대고 자신을 치켜세우는 사람은 타인의 반감을 사게 마련이다. 그러면 타인의 협력을 이끌어내기도 어려울 뿐 아니라 자신의 이미지도 나빠진다.

8. 저속한 화제를 멀리한다

어떤 사람은 업무와 상관없이 자주 수준 낮은 농담이나 저속한 잡담을 나누기도 한다. 때로는 자신의 유머에 도취되어 당황스러워하는 타인의 심정까지 헤아리지 못하기도 한다. 결국 사람들은 이런 부류의 인간을 멀리하게 된다.

9. 종교의 자유를 무시하지 않는다

직장 내에서 자신이 잘 모르는 종교 문화를 접할 때는 충분히 존중하고 세세한 사항까지 거론하지 않는 편이 좋다. 주변에 나와 다른 종교나 신앙을 가진 사람이 있다면 어떤 부분을 조심해야 하는지 미리 숙지해 실수하지 않도록 한다.

어떻게 해야 실수 없이 말할 수 있을까?

1. 자신의 신분을 명확히 인식한다

어떤 사람이 어떤 상황에서 말할 때는 특정한 신분, 즉 자신의 역할과 위치를 전제한다. 예를 들어, 부하 직원이라면 보고에 능해야 하고 월권하는 말은 피해야 한다. 상사나 임원이라면 모범을 보여야 하고 자신의 말이 미칠 파장을 주의해야 한다.

2. 타인을 존중한다

자존심은 매우 오묘한 감정이다. 자존심을 건드리면 더욱 강해진다. 반대로 상대를 존중하고 조심하면 자존심은 수그러든다. 따라서 말을 할 때는 언제나 상대의 민감한 포인트에 주의해야 한다.

3. 냉철함을 유지한다

직장에서는 열정적이면서도 온화한 마음으로 사람이나 사물에 접근하는 것이 좋다. 이해득실을 초월해 평안한 태도를 가져야 한다. 지나치게 흥분해 말실수를 하거나 다른 이에게 상처를 주지 않도록 해야 한다.

4. 객관성을 유지한다

여기서 객관성이란 사실을 있는 그대로 존중하는 것이다. 객관적으로 상황을 바라보면서 주변을 세심히 살피고 표현 방식에 주의해야 한다.

5. 선의를 유지한다

사람과 사람이 교류를 하려면 진심 어린 선의가 뒷받침되어야 한다. 타인을 배려하는 자세를 유지하면서도 자기 자신을 잃지 말아야 한다.

맺음말

말은 하나의 기술이다. 개인의 언행은 주변 사람들에게 감정적으로 영향을 미친다. 직장에서는 말 한마디가 대인관계나 업무에 미치는 파급력이 클 수 있다. 따라서 언어의 적정선을 잘 파악해야 유쾌하고 화기애애한 분위기를 유지할 수 있다. 반면, 언어 사용이 적절하지 않으면 화를 불러일으키기 일쑤다.

유언비어 심리 효과
유언비어를 어떻게 피할 수 있을까?

사람을 죽이는 유언비어

중국의 고전 『전국책』에는 다음과 같은 이야기가 나온다.

증삼이라는 사람과 동명이인인 자가 살인을 저질렀다. 한 사람이 증삼의 집으로 뛰어가 그의 어머니에게 말했다.

"증삼이 사람을 죽였습니다. 어서 도망가세요!"

증삼의 어머니는 당연히 믿지 않았다.

"우리 아들은 그럴 사람이 아닙니다."

그리고는 태연히 계속 베를 짰다. 얼마 후 또 한 사람이 뛰어와 말했다.

"증삼이 사람을 죽였어요!"

증삼의 어머니는 여전히 믿지 않고 계속 베를 짰다. 한참 후 또 한 사람이 황급히 뛰어오더니 말했다.

"어서 도망가세요. 증삼이 사람을 죽였어요."

증삼의 어머니는 놀라며 대문을 놔두고 담을 뛰어넘어 도망쳤다. 증삼은 어질고 덕망이 높은 인물로 유명했다. 증삼의 어머니도 자기 아들을 잘 알고 있었기에 절대로 살인을 저지를 사람이 아니라는 것을 알았다. 하지만 사람들이 계속 똑같은 말을 하자 얼토당토않은 이야기를 믿게 된 것이다.

소문이 반복되면 진실이 된다.

유언비어 심리 효과란 무엇인가?

유언비어는 정상적인 환경에서 만들어지면 아주 심각한 결과를 낳지는 않는다. 하지만 비정상적인 환경에서 만들어진 유언비어는 대혼란을 초래한다. 자연재해, 전쟁, 정치적 소요 사태, 경제 공황 등으로 사회가 혼란하고 정상적인 정보 전달 통로가 끊기면 유언비어가 생산되기 쉽다. 유언비어는 사람들의 감정을 불안하게 만들고 심지어 큰 소란을 일으킬 수 있다. 이것이 이른바 '유언비어 심리 효과'다.

여러분도 직장이라는 사회에서 떠도는 소문에 불안하거나 혼란스러웠던 적은 없는가? 주변에 정체를 알 수 없는 유언비어가 앞길을 망친 사람은 없는가?

직장에서 정체 없는 유언비어가 사람을 죽인다

사무실은 하나의 작은 사회이다. 겉으로는 잔잔하고 평온해 보이지만 실제로 수면 아래에서는 암류(暗流)가 소용돌이칠 수 있다. 동료 간에 서로를 믿지 못하면 누군가의 말 한마디가 와전되고 심지어 개인이나 조직의 갈등을 초래하기도 한다. 동료 사이에 협력은 어려워지고 일상적인 의사소통조차 제대로 이루어질 수 없게 된다.

A는 입사한 지 얼마 안 된 신입사원이다. 명문대를 졸업하고 업무 능력도 출중하다. 하지만 A는 직속상관과의 관계가 좋지 못했다. 그래서 같은 업무를 수행해도 다른 동료들보다 성과가 나빴다. A는 답답하고 억울했지만 어찌할 도리가 없다.

언제부턴가 회사에서 A가 임원의 업무 지시에 불만을 품고 이직하려 한다는 소문이 퍼졌다. 소문은 점점 더 부풀려져 모두가 알게 되었다. 결국 A는 정말 회사를 떠났다.

A가 회사를 떠난 뒤 한참 후 지인들에게 사실을 토로했다. 원래는 정말 회사를 떠날 생각이 없었는데 영문을 알 수 없는 이직에 관한 유언비어 때문에 이직을 '당했다'는 것이다.

직장에서 유언비어로부터 자유로워지는 방법

1. 입단속을 잘하고 소문을 만들지 않는다

유언비어는 농담에서 시작되기도 한다. 한번 내뱉은 농담이 타인에 의해 나를 공격하는 무기로 되돌아올 수 있다. 일상적인 대화에서도 근거 없는 사실은 말하지 말고 나와 상관없는 한담도 줄이는 것이 좋다.

2. 유언비어를 냉철하게 판단한다

만약 자신이 유언비어에 피해를 입었다면 냉정함을 유지하자. 유언비어를 만든 사람의 주된 목적은 당신을 당황하게 만들고 꼬투리를 잡아 공격할 거리를 만드는 것이다. 중국의 사상가 루쉰은 이런 말을 했다. "진정으로 용감한 사람은 암담한 삶을 직시하고 뚝뚝 흐르는 붉은 피를 바라볼 줄 안다." 루쉰이 말한 것처럼 담담하고 강인한 마음을 가진다면 어떤 유언비어도 두렵지 않을 것이다.

3. 소문이 들어와도 내보내지 않는다

사무실에서 떠돌고 있는 유언비어를 당신도 똑같이 수군거린다면 유언비어를 만든 사람과 공범이 된다. 우리가 해야 할 일은 구경거리를 즐기는 것이 아니라 자기 선에서 소문을 잘라버리는 것이다. 유언비어를 전파하는 통로가 되지 않도록 늘 스스로에게 경고하자.

4. 겸손하고 신중한 자세를 취한다

나무가 크면 바람을 더 세게 맞는다. 돼지가 살이 찌면 도살장에 끌려간다. 마찬가지로 사람은 유명해지면 화를 입기 쉽다. 사무실에서도 허풍을 떨고 잘난 척하는 사람들이 중상모략을 당하기 쉽다. 혼자서 고자세를 취하면 사무실의 조화로운 분위기가 깨지고 다른 사람들의 미움을 받기 좋다.

5. 넓은 아량을 품는다

넓은 아량을 품고 사소한 일에 연연하지 말자. 더 높이 더 멀리 바라보면서 앞으로 나아가면 소인배의 잡담에 쉽게 흔들리지 않을 수 있다.

6. 잘못이 있으면 고치면 된다

유언비어가 전혀 근거가 없는 것이 아니고 일부 자신의 책임과 과오가 있다면 솔직하게 인정하면 된다. 물론 유언비어가 주는 충격이 작지 않지만 흔들리지 말고 필요하면 팀에 도움을 구하자. 만약 책임이 자신에게 있지 않고 타인에게 있다면 최대한 도움을 주고 존중하는 태도를 보이자. 결코 위험에 빠진 사람에게 돌을 던져서는 안 된다.

맺음말

사람이 모이는 곳은 크든 작든 하나의 사회다. 사무실도 하나의 사회이니 이 안에서 소문이 전혀 없을 수 없다. 하지만 사무실이 혼탁한 공기로 오염되지 않도록 늘 주의해야 한다. '사필귀정(事必歸正)'이라는 말이 있듯이 모든 일은 올바로 밝혀질 것을 믿으며 유언비어에 냉철히 대응해야 한다.

지위 효과
상황을 파악할 줄 아는 사람은 지위에 걸맞은 화법을 안다

지나치게 말이 많은 것은
자신에 대한 지각이 부족하기 때문이다

알리바바의 창립자 마윈은 "입사한 지 3년 된 직원은 전략을 논해서는 안 되고 먼저 전술부터 잘 파악해야 한다"라고 말한 적이 있다. 심지어 3년 된 직원에게 전략을 묻는 사람은 멀리하라고까지 경고했다.

화웨이의 창립자 런정페이도 비슷한 말을 한 적이 있다. 화웨이에 입사한 지 얼마 되지 않은 신입 사원이 회사의 경영 전략에 관한 장문의 글을 써서 보낸 적이 있다. 그러자 런정페이는 다음과 같이 답변을 보냈다. "당신이 정신 질환을 앓고 있다면 병원에 가고, 그게 아니라면 사직을 권고한다."

사실 회사에는 대표에게 기업 전략을 제안하고 싶어 하는 직원이 얼마든지 있다. 흔히들 회사 대표라면 자고로 넓은 마음으로 용기 있는 직원을 중용해야 한다고 생각한다. 실제로 뛰어난 전략을 제시하는 직원을 대표가 재평가하고 때로는 중용하는 경우도 있다. 제안 자체가 훌륭하지 않더라도 선의에서 비롯된 것이라면 대표에게는 좋은 이미지로 남을 수도 있다.

하지만 일반적인 경우에는 대단히 위험한 발상이다. 일반 직원이 경솔하게 대표에게 전략을 제시해서는 안 된다. 환영을 받지 못할 뿐더러 직장을 잃을지도 모른다.

왜 그럴까? 다름 아니라 직장에서의 언행은 자신의 지위와 걸맞아야 하기 때문이다.

지위 효과란 무엇인가?

미국 심리학자 토리는 실험을 하나 진행했다. 비행 조종사, 엔지니어, 승무원 등 공항에서 일하는 사람들에게 어떤 문제를 토론 방식으로 해결하라고 요구했다. 모든 참여자는 반드시 먼저 자신의 해결 방법을 제시하고 마지막에 참가자 모두가 동의한 방법을 기록하게 했다.

절대다수의 참가자들은 비행 조종사의 방법에 동의한 반면 엔지니어의 의견에 동의한 사람은 별로 없었다. 비행 조종사가 올바른 방법을 제시했을 때 참여자는 100% 동의했지만 엔지니어가 올바른 방법을 제시했을 때는 40%만 동의했다.

두 사람에게는 지위의 차이만 존재할 뿐인데 공감을 받는 비율은 완전히 달랐다. 이와 같은 사례는 직장에서도 자주 볼 수 있다. 지위가 높은 사람이 내놓은 의견이나 방법은 많은 사람이 동조하고 찬성하지만, 지위가 낮은 사람이 내놓은 의견이나 방법은 아무리 옳아도 공감하고 찬성하는 사람이 많지 않다.

사람들은 저마다 다른 지위를 가지고 있기 때문에 각자가 내놓은 말도 자신이 속한 사회 속에서 다른 효과를 가져온다. 바로 이러한 사회 현상을 '지위 효과'라고 부른다.

지위 효과가 나타나는 이유

왜 지위에 따라 말이 주는 느낌이 이렇게나 다를까? 지위가 낮으면 말도 권위를 갖지 못하는 배경에는 무엇이 있을까?

1. 지위가 높은 사람은 성공의 후광을 가지고 있다

지위가 높은 사람은 곧 성공한 사람이다. 성공한 사람은 타인이 부러워할 만한 권력과 부를 모두 가지고 있다. 사람들은 성공한 사람은 그럴 만한 이유가 있다고 생각한다. 사람들이 열망하는 대상이 되면 그가 입 밖으로 내뱉는 말은 진리로 들린다. 성공한 사람의 후광을 입는 것이다.

반면 지위가 낮은 사람은 아무리 옳은 말을 해도 주목받지 못하거나 심하면 조롱거리가 될 수 있다. 사람들은 그를 그저 평범하고 때로는 자기보다 못한 사람이라고 여긴다. 그래서 반신반의하거나 무시하는 태도를 취하는 것이다.

2. 지위가 높은 사람이 가진 정보량은 일반인의 정보량을 초월한다

지위가 높은 사람은 대부분 피라미드의 최상층에 있는 조직의 리더인 경우가 많다. 따라서 팀의 자원과 조직 전체의 정보를 가지고 있다. 이런 정보는 특별히 엄선되고 가공되면서 매우 높은 가치를 지닌다. 이것이 지위가 높은 사람의 말이 가지는 파급력이 큰 이유 중 하다.

반면 지위가 낮은 사람은 아무리 똑똑해도 개인적 능력과 경험의 한계 때문에 제시하는 의견이 피상적일 수밖에 없다. 모든 것이 맞다 할지라도 타인의 눈에는 그저 탁상공론으로 비쳐질 수 있다. 지위가 낮은 사람은 피라미드의 최하층에 자리해 얻을 수 있는 정보가 매우 제한적이다. 대부분 뜬소문인 경우가 많고 자료를 엄선하고 분별할 시간이 부족해 고부가 가치가 없다. 그러므로 그의 말은 크게 존중받지 못하고 타인에게 미치는 영향력도 제한적이다.

3. 지위가 높은 사람을 따르는 것은 자연스러운 심리다

사람들은 지위가 높은 사람의 부와 명예를 부러워하고 우러러본다. 그래서 최대한 그를 모방하고 배우려 한다. 피라미드의 최상층이 가진 '카리스마'를 따르는 것은 자연스러운 심리다.

지위가 높은 사람은 권력도 가지고 있어 어느 정도 타인의 운명에도 영향을 준다. 사람들은 편안한 생활, 업무 성과, 순조로운 승진을 위해 지위가 높은 사람을 믿고 따를 수밖에 없다. 그러지 않았다가 초래될 불편한 상황을 피하는 것은 지극히 정상적인 행위다.

직급을 뛰어넘어 말하지 말자

직장에서는 동료나 상사의 단점이나 사생활을 폭로하면 안 되고 장소에 맞지 않는 말을 하지 말아야 한다. 이러한 금기 사항은 대부분 잘 알고 지키지만, 자신의 직급에 맞는 말을 해야 한다는 사항은 쉽게 간과한다. 심지어 직급을 뛰어넘어 말하는 것을 용기라고 잘못 인식하기도 한다. 하지만 직장에서는 매우 위험한 상황이 초래될 수 있다.

직급을 뛰어넘어 말하는 것은 정상적인 상황에서 이루어지지 않는다. 예를 들면 평사원이 상사의 입장에 서서 다른 동료에게 지시를 한다거나 자신이 어떤 지위를 가졌다고 생각하고 고위층에게 직접 전략적 의견을 개진하는 경우가 있다. 이 직원은 자신이 그저 지시받은 업무를 수행하는 실무자라는 사실을 간과한 것이다.

일반적인 경우 상사나 동료는 이런 선을 넘는 행동에 반감을 품을 수밖에 없다. 직원은 맡겨진 업무를 잘 수행하고, 중간 관리자는 고위층의 지시를 직원들에게 잘 전달하고 합력해서 최선을 다할 수 있도록 독려하면 된다. 고위층은 비전과 전략을 세워 회사가 발전해나가도록 이끌어야 한다. 모든 지위는 각자에게 맞는 책임과 권위가 따른다. 자신이 맡지 않은 직무까지 상관할 필요는 없다.

지위에 걸맞게 말하는 가장 좋은 방법

지위에 걸맞은 말을 하는 적절한 방법을 파악하는 것은 쉽지 않다. 그래도 가장 이상적인 방법을 꼽으라면 자신의 직급보다는 약간 높게, 하지만 직속 상사의 권력 범위보다는 낮게 잡아야 한다는 원칙이 있다. 여기서 '약간 높게'는 전문적 업무 영역에서 혁신적인 사유를 하거나 조직에 대한 건설적인 건의를 할 때 적용될 수 있다. 핵심은 직속 상사의 권력 범위를 침해하지 않는 수준에서 최대한 자신의 능력을 펼쳐 보여야 한다는 것이다.

직급을 뛰어넘어 의견을 개진하는 것은 절대적인 금기 사항이다. 직속 상사나 회사 고위층에게 직접적으로 전략이나 의견을 제시하다가는 자신의 직장생활이 무너질 수 있다. 그렇다면 자신의 말에 힘을 실을 수 있는 방법은 전혀 없을까? 그렇지 않다. 성실한 태도로 자신의 업무에서 탁월한 성과를 보여주는 것만큼 사람들에게 신뢰와 인정을 받는 좋은 방법도 없다.

맺음말

'지위 효과'는 지위가 높은 사람의 말은 대다수의 사람이 인정하는 반면, 지위가 낮은 사람의 말은 아무리 옳아도 인정받기 어려운 현상을 설명하는 심리 원칙이다.

직장에서는 무엇보다 자신이 서 있는 위치를 분명히 확인하고 지위에 맞는 말을 해야 한다. 가장 현명한 방법은 말의 수준을 자신의 직급보다는 살짝 높게 설정하되 상사의 권력 범위보다는 낮게 유지하는 것이다. 물론 성실한 태도로 업무의 성과를 보여주는 것이 기본이 되어야 한다는 점을 잊어서는 안 된다.

16장

직장은 연극과 같다!
연기가 필요하다면 확실하게 연기하자

주인공이 되고 싶지 않은 단역 배우는 좋은 단역 배우가 아니라는 말이 있다. 마찬가지로 직장에서 엘리트가 되고 싶지 않은 직원은 좋은 직원이 아니다. 비즈니스 세계는 정글과 같고 직장은 연극과 같다. 당신은 맡은 역할을 잘해내야 하고 스스로를 잘 포장해야 한다. 기왕 포장할 거면 제대로 하자.

애런슨 효과
업적을 세우기 위해 포장하려면 제대로 하자

신입 사원에게 나타나는 열정 상실

신입 사원이 직장에 처음 입사할 때는 대부분 열정을 품고 있다. 이제 막 사회생활을 시작해 월급의 많고 적음은 그다지 중요하지 않다. 그보다는 처음 배우는 업무에 적극적인 태도를 보인다. 맡겨진 업무를 잘해내겠다는 열정과 함께 청소나 인쇄 같은 잡무도 마다하지 않는다. 상사나 동료에게도 좋은 인상을 남기려 애쓴다.

하지만 시간이 흐르면서 업무는 복잡해지고 어려워진다. 더 이상 잡무에 너무 많은 열정을 쏟고 싶지 않다. 자신이 처음에 기대했던 업무와 다르다는 것이 느껴지면 적극적인 마음이 사라지고 어느새 매너리즘에 빠진다. 이런 상황에서 상사나 동료는 막 입사한 직원의 열정은 칭찬하지 않고, 오히려 나중에 열정이 식은 태도에 불만을 보일 뿐이다.

신입 사원의 마음은 실망으로 가득하다. 처음에 쏟은 노력은 인정해주지도 않으면서 왜 태도가 점점 나빠진다고만 생각하는 걸까? 이런 생각이 들면서 스스로를 의심하기 시작하면 감정은 더 악화되고 이것이 또 업무에 영향을 미쳐 악순환에 빠진다. 이는 직장에서 흔히 볼 수 있는 사례. 여기에도 보편적인 심리 현상인 '애런슨 효과'가 숨어 있다.

애런슨 효과란 무엇인가?

저명한 심리학자 애런슨은 사람들은 대부분 자신에게 칭찬하는 사람은 좋아하고 그렇지 않은 사람에게는 반감을 보인다고 지적했다. 성과급이 줄어들면 태도가 점차 소극적으로 변하고, 성과급이 늘어나면 태도가 점차 적극적으로 변하는 이런 심리 현상을 '애런슨 효과'라고 부른다.

'애런슨 효과'에 따르면, 지금 결과가 좋으면 그 전에 좋지 않아도 상관없지만, 반대로 지금 결과가 좋지 않으면 이전에 아무리 잘했어도 소용없다. 이와 관련된 유명한 실험이 있다. 실험에서 피실험자들을 네 개의 조로 나누고, 각 조에 다른 유형의 평가를 내린 후 사람들이 어떤 조에서 가장 호감을 느끼는지 관찰했다. 첫 번째 조에서는 시종일관 비난하고 부정했다. 두 번째 조에서는 시종일관 칭찬하고 치켜세웠다. 세 번째 조에서는 처음에는 비난하다가 나중에는 칭찬했고, 네 번째 조는 처음에는 칭찬하다가 나중에 비난했다. 수십 명의 피실험자를 대상으로 실험한 결과 대부분 세 번째 조에서 가장 호감을 느꼈고 네 번째 조에서 가장 반감을 품었다.

왜 그럴까? 그것은 '좌절감'에서 답을 찾을 수 있다. 처음에는 칭찬을 많이 하다가 칭찬 횟수가 줄고 나중에는 아예 칭찬을 하지 않으면 일종의 좌절감을 안겨준다. 칭찬을 받다가 나중에 비난을 받으면 상대적으로 좌절감을 더욱 크게 느끼고 불쾌감과 반감을 불러일으키기 쉽다.

용두사미는 최대한 피하자

직장에서 업무를 맡아 수행할 때 처음에는 잘 하다가 나중에 기대에 미치지 못하면 이미지가 쉽게 나빠진다. 직장에서는 이처럼 '용두사미'식의 업무 스타일은 최대한 피하자. 그런데 의외로 이런 사례를 주변에서 흔히 보게 된다. 신입 사원은 입사 초기에 열정이 가득하지만 시간이 지나면서 시들어 버리는 경우가 많다. 인사이동으로 새로운 직책을 맡게 되거나 새로운 직장으로 이직하면 자신의 능력을 증명하기 위해 처음에는 최선을 다해 일하지만 나중에는 초심을 잃어버린다.

처음에는 빨리 끓어올랐다가 다시 금방 식어버리는 냄비와도 같아서 '냄비 근성'이라는 조롱 섞인 말도 한다. 초반에 너무 힘을 쏟아부은 탓에 뒷심이 부족해져 '냄비 근성', '용두사미'의 이미지로 기억된다. 안타깝게도 사람들은 처음에 보였던 피와 땀은 기억하지도 못한다. 그야말로 타산에 맞지 않은 장사를 한 셈이다.

칭찬을 계속 받으려면 어떻게 해야 할까?

1. 처음에는 냉철하게 분석하고 너무 힘을 쏟지 않는다

새로운 업무를 접할 때 처음에는 냉철함을 유지하고 흘러가는 분위기를 정확하게 분석하자. 업무의 목표를 명확히 이해한 다음 업무 계획을 세워야 한다. 상황을 제대로 파악하지 못하고 더 이상 퇴로가 없는 상황을 만들어서는 안 된다.

2. 지속 가능한 발전 방법을 정확히 파악한다

업무는 바라는 대로 이루어지지 않을 때가 많지만, 업무 방식은 얼마든지 선택할 수 있다. 다시 말해, 어떤 일을 준비할 때 나중을 위한 여지를 최대한 확보해두어야 한다. 업무 상황에 따라 나아갈 수도 있고 후퇴할 수도 있어야 한다. 업무를 지속적으로 발전시킬 수 있는 여지를 확보하고, 발전의 폭을 너무 크게 설정하지 않는 것이 좋다.

3. 자신의 정체성을 확립한다

자신을 최대한 객관적으로 인식하고 과대평가하거나 과소평가하지 말자. 그래야 흔들림 없이 계획대로 업무를 추진해나갈 수 있다.

4. 처음에는 조심스럽게 접근하고 나중에는 능력을 펼친다

'애런슨 효과'를 역으로 이용하자. 업무를 처음 진행할 때는 조심스럽게 접근하고 나중에 능력을 펼쳐야 한다. 쉽게 말해 처음부터 뛰어나게 잘할 필요는 없다는 것이다. 업무의 속도와 리듬을 잘 통제하면서 전반적으로 긍정적인 발전 추세를 보이게 만들고, 마지막 결정적 순간에 자신의 실력을 모두 선보이면 된다.

5. 연기가 필요하면 확실하게 연기한다

여기서 말하는 '연기'는 가짜로 꾸며내거나 가식적인 행동을 하라는 말이 아니다. 오히려 급하게 성과를 내려는 태도를 멀리하고 인내심을 가지는 법을 터득하라는 말이다. 이것이 무슨 말인지 좀 더 자세히 알아보자.

앞서 말했듯이 자신의 능력치가 얼마인지, 업무 목표는 무엇인지 객관적으로 인식하고 있다는 전제하에 초반부터 업무를 너무 잘할 필요가 없다. 다만 모든 일에 신중을 기하고 모든 단계에서 업무 속도를 통제하며 자신의 행위와 감정을 관리해야 한다. 튀고 싶은 욕구를 억누르고 미래의 큰 승리를 위해 잠시 연기를 해야 할 때는 확실히 연기하고 조심해야 할 때는 조심스러운 태도를 취하자는 것이다.

맺음말

'애런슨 효과'를 통해 우리는 직장에서 첫 시작은 좋은데 끝이 안 좋아 이미지가 나빠지는 경우를 최대한 피해야 한다는 사실을 배웠다.

여기서 핵심은 '인내'하는 것이다. 성취하는 것에 너무 급급해서는 안 된다. 객관적으로 자신을 파악하고 상황에 맞게 계획을 세우자. 초창기에 성급하게 잘 보이려고 어떤 여지도 남기지 않는 어리석은 실수를 삼가자. 반대로 어느 정도 여지를 남긴 다음 큰 성과를 거두는 지혜를 발휘해야 한다.

명함 효과
처음 만난 사이라면 '심리적 명함'을 내밀자

명함의 역할

명함은 직장생활에서 자주 사용하는 도구다. 모든 사람과 깊은 대화를 나눌 수 없기에 악수하고 간단히 자기 소개하는 것만으로도 충분하다고 생각한다. 이때 명함은 소통을 위한 다리 역할을 하고 상대방이 오랫동안 소지하면서 기억할 수 있게 한다.

첫 만남에서 명함은 자신을 소개하는 중요한 보조 수단이 된다. 자신의 신분을 표현할 수 있고 효율적으로 교류할 수 있는 소통의 도구가 된다. 더 중요한 점은 명함을 교환하는 것 자체가 하나의 '의식'이 되어 상대가 나를 쉽게 잊지 못하도록 할 수도 있다.

하지만 명함에도 일종의 허구적 요소 또는 기만적 요소가 존재한다. 짧은 시간 안에 타인에게 좋은 인상을 심어주기 위해 명함에 가짜로 직위나 직함을 넣는 일도 있다. 당연히 이런 행위는 절대 금물이다. 거짓을 들키는 순간 영원히 신뢰를 잃게 될 테니까.

명함은 사용 범위에서도 한계가 있다. 회사나 조직 외부 사람을 처음 만날 때는 효율적이지만 회사 내에서는 모든 사람에게 내미는 방식으로 다가갈 수는 없다. 그래서 다양한 상황, 다양한 종류의 사람과 마주할 때 유연하게 대응할 수 있도록 명함에 대한 심리적 효과를 명확히 알아야 한다.

명함 효과란 무엇인가?

'명함 효과'는 대인관계에서 한 사람이 상대방과 같은 가치관이나 생각을 밝히면 상대방이 나와 많이 유사하다고 느끼게 하는 것을 말한다. 이런 '심리적 명함'을 적절히 활용하면 짧은 시간 안에 좋은 관계를 맺을 수 있다. 이 기술은 대인관계와 처세술에서도 큰 실용적 가치를 지닌다.

구직 활동 중인 한 청년이 지원한 여러 회사에서 모두 탈락하고 좌절감에 빠져 있었다. 마지막으로 일말의 희망을 안고 어느 회사에 지원했다. 지원하기 전에 먼저 회사 대표의 이력을 알아봤다. 회사 대표가 과거 자신과 비슷한 이력을 갖고 있었다. 그는 마치 보물을 얻은 듯 기뻤다. 면접 시 청년은 대표에게 비슷한 이력을 가진 점을 이야기하면서 이 회사에서 재능을 펼치고 싶다고 말했다. 대표는 이 청년을 자기 회사의 매니저로 고용했다.

자기 사람 효과와는 다르다

앞서 '자기 사람 효과'라는 심리 효과를 살펴보았다. '자기 사람 효과'는 관계가 좋으면 한쪽이 상대의 관점이나 입장을 쉽게 받아들이고 심지어 고난도의 요구도 쉽게 거절하지 못하는 것이라고 설명했다. 동일한 말이라도 좋아하는 사람이 한 말은 쉽게 받아들이고 싫어하는 사람의 말은 본능적으로 저항하려고 한다.

그런데 '자기 사람 효과'는 이미 친하고 익숙한 사람들 사이에서 서로를 쉽게 신뢰하거나, 아니면 거절하기 어려운 상황을 말한다. 반면 '명함 효과'는 전혀 모르는 사람들 사이에서 일어나는 소통을 가리킨다는 점에서

'자기 사람 효과'와 다르다.

처음 만난 사람과 친해지는 법

1단계: 상대의 정보를 파악한다

대인 관계에서 가장 피해야 하는 것은 자기중심적 태도다. 더 심각한 경우는 스스로 그런 태도를 인지하지 못하는 것이다. 상대의 존재를 망각하면 대인관계는 늘 실패한다. 따라서 상대에 관한 정보를 파악하는 것이 모든 일의 시작이다. 나아가 상대의 호불호와 가치관까지 파악할 줄 알아야 한다.

2단계: 자신과의 공통점을 찾는다

상대의 정보를 파악했다면 상대의 가치관 중 내가 진짜 받아들일 수 있는 점이나 유사한 부분을 선별해본다. 이런 공통분모를 찾는 과정에서 핵심은 '진실'이어야 한다. 상대에게 맞추기 위해 거짓말을 한다면 나중에 모든 것이 물거품된다.

3단계: 기회를 포착하고 정확히 조준한다

상대와 처음 만날 때 상대가 좋아할 만한 이야기나 생각을 먼저 꺼내야 한다. 자기 생각이나 의견을 말할 때 상대가 무엇을 좋아하는지 고려해 친숙한 느낌을 심어주어야 한다. 나아가 기회가 되면 자신이 상대방과 생각이나 가치관이 같다는 점을 어필하자. 서로 유사한 점이 많다는 것을 느끼게 해 심리적 거리감을 줄이면 친밀한 관계를 맺을 수 있다.

맺음말

'명함 효과'를 적절히 이용하면 인간관계를 수월하게 맺을 수 있다. '심리적 명함'을 만들었다면 시기를 엿보다가 적절한 때에 상대방에게 내밀자. '심리적 명함'은 인간관계를 맺을 때 큰 가치를 발휘한다. 하지만 주의할 점이 있다. '심리적 명함'은 진정성이 있어야 한다. 그렇지 않으면 신뢰를 잃는 건 한 순간이다.

칼리굴라 효과
신비감도 때로는 도움이 된다

선악과를 따 먹은 이브

『성경』「창세기」에 기록된 최초의 인류 아담과 이브는 하나님의 창조물이었다. 아담과 이브는 에덴동산에서 자유롭게 살아갔다. 하지만 모든 놀이에 규칙이 있듯이 이곳도 예외는 아니었다. 하나님은 무슨 일이 있어도 선악과를 따 먹지 말고, 이를 어기면 큰 벌을 받을 것이라 경고했다.

에덴동산에는 사탄의 화신인 독사도 살고 있었다. 사악한 뱀은 이브에게 선악과를 먹으면 하나님처럼 지혜로워질 수 있다고 유혹했다. 또 다른 나무인 생명나무의 열매를 먹으면 하나님처럼 영원히 살 수 있다고 꼬드겼다.

뱀의 말을 들으니 이브는 선악과가 더 탐스러워 보였다. 하나님의 경고가 생각났지만 유혹을 떨쳐버리기 힘들었고 어느새 자신도 모르게 선악과를 따서 한입 물었다. 뱀의 말은 거짓말이 아니었다. 선악과는 정말 매혹적이고 달콤했다. 이브는 기쁜 나머지 아담에게 달려가 다짜고짜 선악과를 내밀었다.

아담과 이브는 지혜를 갖고 선악을 분별할 수 있게 되었다. 원래는 분별하지 못하던 일도 분별할 수 있었다. 자신들은 매일 먹고 잠만 자는 짐승과는 다르다고 생각했다. 특히 벌거벗은 알몸에 수치심을 느껴 서둘러 무화과 나뭇잎으로 치마를 엮어 몸을 가렸다. 이로써 자신들과 동물을 분별했다.

아담과 이브가 치마를 다 만들었을 때 하나님의 음성이 들려왔다. 하나님이 금지한 일을 어긴 자신들에게 벌을 줄까 두려워 얼른 숲으로 도망쳤다. 하나님은 아담과 이브를 큰 소리로 불렀다. 그제야 아담과 이브는 벌벌 떨며 숲에서 나왔다. 감히 하나님의 눈을 바라볼 수 없어 고개를 숙였다. 하나님은 허리춤을 둘러싼 치마를 보고 그들이 선악과를 먹었다는 사실을 알게 되었다. 하나님은 아담과 이브 그리고 뱀에게 각각 벌을 내렸다.

뱀은 죄악의 근원이므로 마땅히 저주와 벌을 받아야 했다. 하나님은 뱀의 네 다리를 잘라버려 평생 배를 끌며 기어 다니고 진흙을 먹으며 살라고 했다. 이브는 유혹에 넘어간 죄와 남편까지 연루시킨 죄로 아이를 낳는 고통을 벌로 내렸고 한평생 남편을 섬기며 따르라고 명령했다. 남의 거짓말에 속은 아담에게는 평생 봄에는 씨를 뿌리고 가을에는 수확하며 농사를 지으라고 했다. 매일 수고해야지만 배고픔의 고통에서 벗어날 수 있을 것이라고 말했다.

그런데 아담과 이브의 선악과처럼 죄악을 가진 열매는 왜 이렇게 강력한 흡입력을 가지고 있을까? 많은 사람이 자기도 모르게 손을 대고 고통의 심연에 빠질 것을 알면서도 왜 벗어나지 못하는 걸까?

칼리굴라 효과란 무엇인가?

'칼리굴라 효과'는 '아담과 이브 효과'라고도 부른다. 금기하는 물건일수록 사람들은 더 열광적으로 소유하고 싶어 한다. 어떤 정보를 타인이 알지 못하게 숨기려 할수록 호기심을 더 불러일으킨다. 타인은 온갖 수단을 동원해 숨겨진 정보를 파악한다. 이처럼 일방적으로 금기하거나 은폐하는 것에 대한 반작용을 심리학에서는 '칼리굴라 효과'라고 부른다.

'칼리굴라 효과'가 발생하는 심리학적 근거는 무엇일까? 우리는 흔하게 접할 수 있는 사물보다는 미지의 신비한 사물에 더 강한 유혹을 느껴 이것을 알고 싶고 소유하고 싶어 한다. 다시 말해 사람들의 '식욕'을 돋우거나 '조바심'이 나게 만든다.

직장에서 칼리굴라 효과를 어떻게 활용할까?

하지 말라면 더 하고 싶어 하는 '칼리굴라 효과'는 골치 아픈 심리 현상처럼 보인다. 하지만 이 효과도 충분히 활용 가치가 있다. 이 심리 성향을 이용하면 타인이 좋아하지 않지만 가치를 두는 사건을 '선악과'로 '위장'시켜 끌어들일 수 있다. 이와 같은 방식으로 타인의 생각을 내가 원하는 쪽으로 유도할 수 있다.

1. 고객에게 희소성을 적용한다

고객을 상대할 때 가장 기본적인 태도는 '고객을 왕'으로 모시는 것이다. 무조건 고객의 요구를 만족시키라는 뜻으로 이는 틀린 말이 아니다. 하지만 고객들은 손쉽게 얻을 수 있는 제품에 대해서는 그렇게 소중함을 느끼지 못한다. 그래서 최근에는 '헝그리 마케팅'이 유행하고 있는데, 대표적으로 애플이나 샤오미가 이 마케팅을 활용한다.

희귀성은 '헝그리 마케팅'의 핵심이다. 이를 위해 제품을 출시한 뒤에 일부러 물품 부족 현상을 만들어낸다. 공급 초기 '한정 수량' 전략을 쓰는 애플이나 샤오미, 물건은 없이 광고만 보여주는 말로, 희소성의 전략을 채택한 중국의 유명한 술 마오타이주(茅臺酒) 등이 대표적인 성공 사례다.

하지만 간과하지 말아야 할 점이 있다. 모든 제품을 이런 방식으로 판매할 수는 없다. 제품은 반드시 독보적인 장점이 있어야 하고, 이에 맞는 마케팅 전략이 뒷받침되어야 한다.

2. 동료에게 신비감을 심어준다

직장에서 상사와 동료들에게 자신의 모든 수를 내보이지 말아야 한다. 인품이든 능력이든 다른 사람에게 모든 수를 드러내면 더 발전할 수 있는 여지가 완전히 사라진다. 잠재력이 풍부해야 계속 발전하고 발탁될 수 있는 여지가 있다. 잠재력이라는 말은 미지나 신비라는 단어로 바꿀 수 있다. 타인이 발견할 수 있는 역량을 충분히 품고 있다는 것이다.

직장에서 타인보다 업무를 잘하는 것은 능력이다. 하지만 자신에게 여지를 남겨놓아야 한다. 발전할 수 있는 여지든, 타인이 짐작할 수 있는 여지든 이런 신비감은 강한 매력이 되어 타인의 지속적인 관심을 불러일으킨다.

3. 금기를 넘어 세력을 만든다

베이징 유니클로 탈의실 음란 동영상 사건을 기억하는가? 그 영상은 빠르게 뉴스의 헤드라인에 올랐고 두 시간 만에 조회 수가 1억을 넘었다. 매출의 관점에서 보면, 이 '무료 광고'로 유니클로는 하루에 37억 원을 투자한 효과를 냈고, 이것은 유니클로에 손실을 안기기는커녕 큰 수익을 가져다줬다.

'좋은 소식은 문밖으로 나가지 않지만 나쁜 소식은 천 리를 간다'는 말이 있듯이, 많은 유명인이 일부러 스캔들을 만든다. 소문을 만들어 인기나 세력을 얻으려는 속셈이다. 좋든 싫든 이슈 몰이가 되면 영향력은 자연히 확산된다.

직장에서 당신이 열심히 일하지만 타인의 주목을 받지 못한다면 이런 수법을 활용해보자. 사람들이 건드리지 않는 금기를 찾아 이를 뛰어넘는 것이다. 물론 부정적 결과를 최대한 안전하게 관리하는 선에서 말이다.

맺음말

러시아에 '선악과는 유난히 달다'라는 속담이 있다. 어떤 욕망은 금기시하면 더욱 강렬해지고 저항 심리는 커진다. 사람들에게는 보편적으로 이런 심리가 있으므로 이를 지혜롭게 활용할 수 있다. 가령 자신이 어떤 일을 진정으로 이루고 싶다면 '연기'를 하는 전략을 써보자. 희소성과 신비감을 만들면 생각지도 못한 효과를 거둘 수도 있다.

17장

중도 포기는 금물!
완벽주의자는 반드시
멋진 풍경을 보게 되리라

직장생활을 하면서 중압감에 짓눌려 도망가고 싶은 적은 없는가? 정상에 오르지 못할까 봐 걱정한 적은 없는가? 다른 곳에서 다시 시작해야 하나 고민해본 적은 없는가? 사실, 정상이 없는 산은 없다. 중도에 포기하는 것은 처음부터 다시 시작하는 것을 의미한다. 끝까지 버텨보자. 중국 송나라 시인 육유는 이렇게 말했다. "산이 높고 물이 깊어 길이 없겠구나 생각했는데 버드나무 그늘 아래 꽃이 활짝 핀 마을이 보이네."

중도 효과
중도 포기 욕구를 어떻게 극복할까?

직장을 중도 포기하는 경우

사람들과 커리어에 관해 이야기할 때 이런 말을 자주 듣는다. 일한 지 이미 여러 해가 지났지만 여전히 불안하고 위기의식을 느낀다. 직장에서 안정적으로 성장하고 있지만, 이 회사의 비전과 자신의 미래에 대해 의구심이 든다. 그만둘 때를 계속 가늠하고 있다. 이런 이야기를 들으면 가슴속이 답답하다.

동창회에서도 친구들과 이직이나 퇴사를 주제로 많은 이야기를 나눈다. 대부분이 졸업 후 직장을 자주 옮겨 다녔다고 한다. 심지어 어떤 친구는 1년에 직장을 세 번이나 옮기고 옮길 때마다 연봉을 인상하거나 직위가 올라갔다고 한다. 이런 이야기를 들으면 다들 부러움에 젖는다. 이직하지 않고 묵묵히 한 회사만 다니는 사람들은 이 자리에서 입도 뻥긋하지 못한다.

입사해서 상사의 신임을 얻고 실력도 계속 늘고 있지만 무슨 이유인지 상사는 진급을 미루고 연봉도 계속 제자리를 맴돈다고 한 친구가 불만을 토로했다. 2년 안에는 반드시 변화가 있을 거라는 상사의 권유에도 불구하고 일상적인 업무가 너무 힘들어 그는 결연히 포기하고 회사를 떠났다.

직장에서든 일상에서든 우리는 쉽게 중도에 포기할 수 있다. 때로는 습관적으로 이런 행위를 한다.

중도 효과란 무엇인가?

심리학자들은 사람들이 하나의 목표를 추구하다가 중도에 자신이 이 목표를 달성할 수 있을지 의문을 품고 때로는 목표 자체에도 의구심을 갖게 된다고 연구를 통해 밝혔다. 이때 사람의 심리는 예민하고 취약해져 중도에 포기할 가능성이 높다고 한다. 심리학에서는 이를 '중도 효과'라고 한다.

이런 현상은 목표 선택이 적절하지 않거나 의지력이 부족해 발생한다. 심리적 요인과 환경적 요인이 작용해 생기는 부정적 생각이다. 여러 실증적 연구를 통해 사람이 목표한 행동을 중단하는 시기는 주로 '중간' 즈음이고 이 시기가 가장 예민하고 취약성이 극대화되는 구간임을 밝혔다.

인간이 중도에 쉽게 포기하는 이유는 심리적·신체적으로 기존 상태를 유지하려는 관성 때문이다. 기존 상태는 편하지만 중간에 변화가 발생하면 '위협'이라고 인식한다.

심리학적 영향 외에도 목표가 불합리하면 중도에 포기하기 쉬워진다. 따라서 너무 낮거나 너무 높게 목표를 설정하면 안 된다. 자신에게 적절한 수준의 목표를 세우는 것이 가장 좋다. 중도 포기의 또 다른 원인은 의지력 부족이다. 의지력이 약한 사람일수록 '중도 효과'가 나타나기 쉽다. 이를 극복하려면 강인한 정신력을 함양해야 한다.

어떻게 해야 중도에 포기하지 않을까?

1. 아름다운 비전을 세운다

스탈린은 "원대한 목표가 위대한 의지력을 만든다"고 했다. 우리는 숭

고한 인생의 비전을 통해 강인한 의지력을 불러일으킬 수 있다는 점을 명심해야 한다.

2. 작은 목표를 계속 만들고 실행한다

매우 중요한 점이다. 사람은 스스로에게 '즉각적인 피드백'을 주는 법을 배워야 한다. 큰 비전을 이루기 위해 여러 개의 작은 목표를 세우면 비교적 쉽게 실행할 수 있다. 또 작은 목표를 실행하는 데 시간이 짧게 소요돼 지속적으로 힘을 내고 자신감을 불러일으킬 수 있다. 작은 목표들을 이루다 보면 어느새 큰 비전에 가까워진다.

3. 멘토가 있어야 한다

멘토는 좌절을 이겨내고 성공을 거둔 사람이다. 어떤 멘토도 중도에 포기했지만 운이 좋아 성공한 사람은 없다. 자신의 멘토를 찾아 포기하고 싶을 때마다 멘토가 지나온 길을 생각하자. 계속 전진할 수 있도록 용기를 북돋아줄 것이다.

4. 세상을 살다 보면 누구나 좌절한다

"하늘과 땅이 이렇게 넓은데 어찌 바람과 구름이 없는 곳이 있으리오. 산과 물이 저 멀리 있으니 평탄하지 않은 곳이 많구나." 중국의 옛 정치가 진이(陳毅)의 명언으로, 세상에 좌절을 겪지 않는 사람은 없다는 뜻이다. 그러므로 누구나 세상의 흐름을 자주 살피되 밝은 면을 자주 바라보고 어두운 면에 맞서 용감하게 싸워야 한다. "거친 바람이 불고 거센 파도를 헤쳐 나갈 때가 올 테니, 그때 돛을 높이 달고 망망대해를 건너리라." 이백의 시 구절도 마음에 새겨보자.

5. 의식적으로 의지력을 키운다

사람의 능력이나 의지, 품성은 단련이 필요하다. 직장생활은 끊임없는 업무의 연속이다. 일할 때는 인내심을 가져야 하고 좌절을 겪더라도 다시 마음을 가다듬을 줄 알아야 한다. 좌절이 두렵지 않으면 그렇게 쉽게 포기하지 않게 된다.

습관의 힘

많은 사람이 새해에 다이어트, 어학 공부, 독서 등 계획을 세우지만 결국 여러 이유로 중도 포기한다. 한 가지 일을 지속하는 좋은 방법이 있는데, 바로 '습관'으로 만드는 것이다. 습관의 힘은 대단하다. 매일 아침 일어나 양치질을 하다가 어느 날 양치질을 한 번 빼먹으면 뭔가 꺼림칙한 느낌을 지울 수 없는 것처럼 말이다.

물론 습관을 만드는 일은 쉽지 않다. 어떤 일이냐에 따라 습관을 만드는 데 필요한 시간과 방법이 다르다. 예를 들어 일기를 쓰거나 집안일을 하는 단순한 행동 습관은 한 달 정도면 충분하다. 달리기나 '아침형 인간'이 되는 신체 습관은 3개월 정도 걸린다. 가장 어려운 것은 사유 습관인데, 예컨대 창조적 생각이나 비판적 생각을 하는 습관을 키우려면 1년 이상의 시간이 필요하다.

개인마다 습관을 만드는 데 걸리는 시간도 조금씩 다르다. 하지만 습관을 만드는 과정은 저항기, 적응기, 권태기를 거치는 것으로 대체로 비슷하다. 다음은 습관을 만드는 방법을 정리한 것이다.

솔루션 1

0부터 시작한다. 몸의 저항을 인정하며 아주 수월한 임무부터 시작한다. 달리기 습관을 들이고 싶다면, 매일 200미터씩만 뛰다가 조금씩 거리를 늘려보자. 처음부터 5,000미터를 뛰면 금방 포기하게 된다.

솔루션 2

간단하게 기록한다. 습관을 만드는 과정을 글로 기록하면 이성(理性)의 힘을 통해 자신을 더욱 독려하게 된다.

솔루션 3

패턴화된 행위를 만든다. 일정한 시간에 일정한 행위를 하도록 패턴을 만들자. 가령, 매일 아침 8시에는 한 시간씩 책을 보는 것이다. 이렇게 하면 우리 몸은 일정 시간 동안 해야 하는 행동에 익숙해진다.

솔루션 4

실수를 용납할 수 있어야 한다. 어떤 사람은 너무 빡빡하게 계획을 짜고 자신의 실수를 용납하지 않는다. 그러다가 계획에 차질이 생기면 마음이 괴롭고 다음 계획을 수행하는 데도 영향을 미친다. 오히려 습관이 자리 잡기 힘들어질 수 있다.

솔루션 5

상벌 매커니즘을 만들자. 습관을 만드는 일은 만만치 않다. 그러니 자신이 설정한 목표를 달성하면 상을 주는 것을 잊지 말자. 반대로 계획대로 진행하지 못했을 때는 스스로에게 벌을 부과하자. 물론 이 모든 것은 습관을 만들기 위한 장치다.

솔루션 6

새로운 아이디어를 추가하자. 습관을 만드는 과정은 지루할 수 있다. 특히 권태기에 진입하면 더욱 그렇다. 중간에 새로운 방식을 도입하지 않으면 마지막 단계까지 가는 것이 어렵다. 예를 들어, 독서 계획을 수행할 때 후반기에는 책의 종류를 바꾸거나 책을 읽는 장소를 바꿔보는 것이다. 이처럼 방식의 변화를 줄 때 습관 만드는 일을 지속할 수 있다.

습관을 만드는 방법은 일상생활에도 적용할 수 있고 직장 업무에도 적용할 수 있다. 직장생활은 장거리 달리기를 하는 것과 같아서 좋은 습관은 업무를 추진하는 데 큰 도움이 될 것이다.

맺음말

인생은 기나긴 여행과도 같다. 사람은 매일 편안하고 즐거운 상태를 유지하려 하고 자신을 조금씩 발전시켜나간다. 인생의 과정에서 나름대로 성공의 희열을 느끼기도 하고 좌절의 실망감을 맛보기도 한다. 자신을 강인하고 성숙하게 만들면 더 많은 에너지를 가질 수 있고 목표에 더 가까이 다가갈 수 있다. 인생의 질이 지속적으로 향상되는 과정에서 당신이 기대했던 우연과 행운이 자연스럽게 다가올 것이다.

50 자이가르닉 효과
완벽주의에서 벗어나자

끝마치지 못한 일

일이나 공부에 몰입할 때를 생각해보자. 조금만 더 하면 끝이 보인다. 이때 갑자기 다른 일이 껴들어서 그 일을 해야 한다면 짜증이 날 것이다. 당신이 끝마치지 못한 일은 뇌리에 계속 남아 있다. 다른 일을 마친 다음 당신은 즉시 하던 일을 다시 착수할 것이다. 하던 일을 마저 끝마치면 그제야 마음 편히 그 일을 잊을 수 있다. 이런 심리도 근거를 갖는다.

자이가르닉 효과란 무엇인가?

'자이가르닉 효과'는 블루마 자이가르닉이라는 심리학자가 제시한 개념이다. 미완성한 작업을 끝마쳐 만족을 얻으려는 사람의 보편적 심리에서 착안한 것이다. 사람들은 이미 완성한 업무는 잊어버린다. '완성의 욕구'를 만족시켰기 때문이다. 하지만 미완성한 작업은 계속 뇌리에 떠올린다.

'자이가르닉 효과'의 심리적 기제는 무엇일까? 현대 사회심리학의 아버지라 불리는 독일 심리학자 쿠르트 레빈은 인간에게 수수께끼를 풀거나 책한 권을 다 읽는 것처럼 어떤 행위 단위를 완성하려는 경향이 있는데, 이것이 심리적 장력(張力)이라고 밝혔다. 어떤 사람이든 자신의 욕구, 즉 행동을 완성하려는 욕구를 만족시키고자 한다.

레빈은 미결 과제는 심리적 긴장 시스템에 영원히 존재하고 임무가 완성된 후에는 그 긴장 시스템도 함께 사라진다고 말했다. 이를 통해 사람의 심리적 긴장 시스템이 '자이가르닉 효과'를 만드는 심리적 매커니즘이라는 사실을 알 수 있다. 그런데 모든 것에는 장단이 있는 법. '자이가르닉 효과'도 양날의 검과 같다.

자이가르닉 효과의 긍정적 기능

'자이가르닉 효과'는 개인마다 차이가 난다. '자이가르닉 효과'가 강한 사람일수록 일을 끝마치려는 욕구뿐 아니라 성공하고 발전하려는 욕구도 강하다. 이는 직장생활에서 분명 이로운 역할을 한다. 반대로 '자이가르닉 효과'가 약한 사람은 업무를 완성하려는 욕구가 낮고 일 처리도 용두사미인 경우가 많다. 이는 주변 사람들에게 책임감이 부족하고 일을 잘 끝맺지 못한다는 이미지를 심어줄 수 있다.

따라서 업무 완성 욕구가 강한 사람의 이미지가 상대적으로 좋다. 직장에서는 대부분의 업무가 타인과의 협력으로 이루어지므로 책임감 있고 일을 끝까지 완성하려는 사람의 이미지는 사회생활에 긍정적 영향을 미친다.

자이가르닉 효과의 부정적 기능

그렇다고 '자이가르닉 효과'가 긍정적 기능만 있는 것은 아니다. 완성의 욕구가 지나치게 강하거나 그로 인해 심리적 긴장감이 높으면 몸과 마음의 건강 상태가 균형과 조화를 이루지 못할 수도 있다. 직장에서는 주로 다음과 같은 부정적인 면이 나타난다.

1. 모든 일을 완성해야 하므로 우선순위가 뒤바뀔 수 있다

업무가 여유롭고 하루 8시간 내에 완수할 수 있다면 전혀 문제가 없다. 하지만 대부분의 업무는 많고 바쁘기 때문에 일부 업무는 하루에 다 끝내지 못하는 경우가 있다.

이런 상황에서는 더 중요하거나 긴급한 일에 더 많은 시간을 투자해야 하고, 상대적으로 덜 중요한 일은 일단 미뤄야 한다. 하지만 완성의 욕구가 지나치게 강한 사람은 무슨 일이든 끝장을 봐야 하므로 우선순위를 놓칠 수도 있다.

2. 다른 사람의 결점을 찾아내 반감을 살 수 있다

완성 욕구가 과도한 사람은 타인에게도 그 기준을 부여하게 된다. 그러나 사람마다 일하는 스타일도 다르고 업무가 미치는 중요도도 다르다. 만약 자신의 업무를 끝내기에 급급해 동료를 독촉하면 반감을 사거나 동료 관계에도 악영향을 줄 수 있다.

3. 인내심이 부족하고 성급하다

많은 업무가 중요하지만 그렇다고 곧바로 해결해야 하는 것은 아니다.

어떤 일은 해답을 찾는 데 시간이 필요하다. 만약 완성의 욕구가 지나치게 강하면 인내심이 부족해 중대한 문제도 너무 성급하게 처리할 수 있다. 적절한 시기를 놓치는 어리석음을 범할지도 모른다.

승진을 기다리는 상황도 마찬가지다. 큰 성과를 거두면 당연히 빠른 승진을 기대하기 마련이다. 하지만 모든 일은 기대대로 돌아가지 않는다. 완성의 욕구가 지나친 사람은 예상 시간을 넘어서면 실망하게 되고 더 이상 참지 못하면 이를 어떤 식으로든 표출한다. 그러나 이런 행동이 자신에게 좋은 영향을 줄 리 없다.

조직에서 한 사람을 평가할 때는 업무 능력뿐 아니라 인내심과 인품 등도 종합적으로 살펴본다. 그러므로 큰일을 할 사람이라면 차분히 기다리고 견뎌낼 줄도 알아야 한다.

맺음말

완성의 욕구는 많은 사람이 가지고 있는 심리적 반응이다. 살아가는 데 적절한 수준의 욕구는 도움이 되지만 지나치게 강하면 과도하게 완벽함을 추구하게 된다. 그러다 보면 초조해지고 판단력이 떨어져 오히려 임무를 제대로 완수하지 못할 수도 있다. 그러므로 직장에서 과도한 완성의 욕구는 피하는 게 좋다. 완벽주의를 멀리하자.

'자이가르닉 효과'를 이해했다면 본인이 아직 완성하지 못한 업무를 다시 살펴보자. 어떤 업무가 정체기에 빠져 있고 적절한 해결책이 없을 때는 차라리 한쪽에 제쳐두고 메모해놓는다. 잠시 휴식을 취하고 신선한 공기를 들이마시자. 아마 얼마 지나지 않아 아이디어가 '번쩍' 떠오르며 생각보다 빨리 해결할 수 있을 것이다.

세상에 완전무결이라는 것은 존재하지 않는다. 인생은 원래 부족하고 아쉬운 것투성이다. 그러니 모든 일을 완벽하게 해낼 필요는 없다. 인생이란 긴 여정에서 즐거움과 여유를 찾아보자.

51 브루잉 효과
긴장을 풀면 답이 보인다

유레카!

독일 화학자 케쿨레는 오랫동안 벤젠의 분자구조를 연구했는데, 원자의 결합 방식을 아무리 찾으려 해도 알 수 없었다. 1864년 겨울 어느 저녁, 화롯 가에 앉아 책을 읽던 케쿨레는 스르르 잠이 들었다. 신기하게도 그는 꿈에서 벤젠 분자구조의 비밀을 찾아냈다. 화학 역사상 가장 유명한 꿈이 되었다.

케쿨레는 다음과 같이 말했다. "일이 순조롭게 풀리지 않아 나는 다른 일을 생각했다. 화로 곁에 앉아 있다가 잠깐 잠이 들었다. 꿈에서 원자들이 내 눈앞에 날아다녔다. 긴 대열을 이루며 여러 모습으로 변하더니 서로 가까워지며 연결되었다. 마치 팽이처럼 흔들거리며 회전했다. 이게 무엇인가! 마치 뱀이 자신의 꼬리를 물고 자유롭게 회전하는 듯했다. 감전된 것처럼 퍼뜩 아이디어가 떠올랐다. 그날 나는 밤을 꼬박 새우며 이 뱀 모양으로 벤젠의 분자구조를 증명했다."

많은 과학자가 문제 해결 과정에서 설명하기 힘든 현상에 부딪힌다. 해결하기 어려운 문제를 만났을 때 일단 한쪽에 치워두고 시간이 지나면 뜻밖에도 만족할 만한 해답을 얻을 수 있다는 것이다.

고대 그리스에서 왕이 순금으로 왕관을 만들라고 명령했다. 왕은 대장장이가 왕관에 은을 섞지 않았나 의심이 들었다. 하지만 이 왕관은 대장장이에게 준 금의 무게와 같았기에 대장장이가 장난을 쳤는지 알 수 없었다. 왕은 이 난제를 그리스 최고의 수학자인 아르키메데스에게 넘겼다. 아르키메데스는 이 문제를 해결하기 위해 숱한 방법을 시도했지만 모두 실패했다.

하지만 뜻밖의 일이 일어났다. 목욕하러 물속에 들어간 아르키메데스는 수위가 올라가 물이 욕조 밖으로 흐르는 것을 보았다. 이때 자신의 몸도 살짝 떠오르는 게 느껴졌다. 문득 큰 깨달음을 얻은 그는 부력의 원리를 통해 문제를 해결했다. 유레카!

브루잉 효과란 무엇인가?

직관적 사고라고도 부르는 '브루잉 효과(Brewing effect)'는 문제 하나를 해결하기 위해 계속 고민해도 해답을 찾지 못할 때 몇 시간 또는 며칠 동안 문제를 제쳐두는 방식을 말한다. 그러면 어떤 우연한 기회에 갑자기 아이디어가 떠올라 단번에 문제를 해결할 수 있다는 것이다.

일상생활에서 우리는 속수무책인 일을 마주할 때가 있다. 어디서부터 시작해야 할지 도통 감을 잡지 못할 때 생각은 '숙성 단계'로 접어든다. 하지만 아르키메데스처럼 퍼뜩 깨달음을 얻는 놀라운 경험을 할 수 있다. 이때 '브루잉 효과'는 '생각의 꽃'을 피우고 '해답의 열매'를 맺게 된다.

문제의 해결책을 찾지 못하면 마치 막다른 골목에 다다른 것처럼 답답하다. 이런 상황에서 잠시 벗어나 다른 방식으로 생각해보면 문제를 해결할 단초를 얻을 수 있다. '브루잉 효과'는 과거의 적절하지 못했던 사고의 틀을 깨고 새로운 각도로 문제를 바라보고 해결책을 찾을 수 있도록 돕는다.

설명하기 힘든 현상

누구나 문득 깨달음을 얻은 경험이 있을 것이다. 학창 시절 공부하다가 이해할 수 없던 내용이 갑자기 이해되기도 한다. 무협 소설 주인공이 어떤 무술에 대해 문득 깨달음을 얻기도 한다. 석가모니도 갑작스러운 깨달음을 통해 부처가 되었다. 따지고 보면 이것도 일종의 '브루잉 효과'다.

그렇다면 난제를 만날 때마다 잠시 쉬면서 아이디어가 번뜩할 때까지 기다리면 모든 문제가 해결될까? 그렇지는 않다. 번뜩하며 깨닫는 현상은 우연히 일어난다. 다시 말해 '브루잉 효과'는 논리적인 세부 과정을 무시하고 중간 단계를 뛰어넘는다.

따라서 '브루잉 효과'가 일어나는 원리나 이론적 근거는 밝히기 어렵다. 어떤 문제의 해답을 찾지 못하다가 갑자기 깨닫게 되는 이 구체적 과정은 의식할 수도 없고 설명하기도 힘들다. 이런 깨달음은 마치 감전된 것처럼 모든 사유의 길을 관통한다.

하지만 한 가지 주목할 점은 장시간 고도의 긴장감을 유지하고 있으면 창조적인 아이디어가 생성되기 어렵다는 것이다. 잠시 내려놓고 긴장을 풀면 몸과 마음의 건강에도 도움이 된다.

브루잉 효과가 발생하는 첫 번째 요인은 축적이다

1. 지식의 축적이 기반이 된다

어떤 문제를 연구할 때 자료를 충분히 수집하고 깊은 탐구 과정을 거쳐야 '브루잉 효과'가 일어난다는 사실을 기억하자. 충분히 축적된 지식이 '브루잉 효과'의 전제라 할 수 있다. 지식의 축적 없는 창조는 사상누각에 지나지 않는다.

2. 충분한 실전 경험은 필수다

독일의 수학자 가우스는 산술의 정리를 증명할 때 2년을 고민했다고 한다. 나중에 문득 떠오른 생각이 그를 성공으로 이끌었다. 에디슨이 1,000번의 실패를 경험하지 않았다면 1001번째의 영감과 성공은 없었을 것이다. 우물을 팔 때 많이 고민하는 것보다는 직접 자기 손으로 우물은 파는 편이 낫다. 두 손으로 해보지 않으면 영원히 문외한으로 남고 창조적 아이디어는 다른 사람의 이야기가 될 것이다.

3. 강인한 정신이 창조의 원천이다

실패에 굴복하지 않는 강인한 탐구 정신이 없다면 앞으로 힘차게 매진할 수 없다. 강인한 의지와 체력만이 창조를 지속할 수 있는 원천이다.

맺음말

직장에는 완벽주의자가 많다. 성공을 갈망하는 이들은 한 가지 일을 끝마치지 못하면 좌불안석한다. 하지만 도통 해결할 수 없는 문제를 만났을 때는 잠시 제쳐두고 몸과 마음의 휴식을 취하는 편이 낫다. 잠시 문제에서 벗어나야 오랜 정신적 긴장에서 벗어날 수 있다. 어느 날 문득 '브루잉 효과'를 통해 기존에 갖고 있던 생각의 틀에서 벗어나 놀랄 만한 성장을 가져올지 누가 알겠는가.

18장

승자 독식 사회에서 강해지는 법

직장생활을 오래 할수록 지위에 따라 힘도 다르다는 것을 알게 된다. 하지만 직장에서 계속 살아가야 하니 지위가 낮고 힘이 없는 것이 아쉽다. 비빌 언덕을 찾아보고 새로운 방식을 시도해보지만 여의치 않다. 현대사회는 승자가 독식한다. 강자는 더 강해지고 약자는 더 약해지는 현실에서 많은 사람이 자신감을 잃는다. 하지만 마음을 다잡고 자신만의 가치를 만들어내면 힘을 모을 수 있다.

저지대 효과
어떻게 넓은 아량을 베풀 수 있을까?

고개 숙이는 법을 배우자

사회생활을 처음 시작했을 때였다. 한번은 업무 실수로 문제가 발생했다. 나와 동료의 소통이 원활하지 않아 벌어진 일이었다. 처음에 동료는 내가 일을 확실히 전달하지 않아 실수를 범한 것이라고 나를 비난했다.

가만히 생각해보면 관례적으로 이루어지는 업무라서 굳이 자세히 말하지 않아도 될 것이라 생각했는데 이것이 착오였다. 소통이 제대로 이루어지지 않은 부분에서 나도 어느 정도 책임이 있었다.

나는 서로 헐뜯고 책임을 전가하며 관계를 악화시키기보다는 어떤 갈등도 초래하지 않는 방법을 선택했다. 내 문제를 분명히 밝히고 바로 사과한 것이다. 나는 잘못을 인정하고 시말서를 꼼꼼히 작성했다.

결국 더 나쁜 상황이 초래되지 않고 금세 마무리되었다. 이런 나의 태도를 본 동료도 연신 괜찮다고 했다. 동료는 이후로 나에게 꽤 공손하게 굴었다. 나는 이 사건을 통해 때에 맞게 고개를 숙이면 더 넓은 하늘을 얻을 수 있다는 이치를 배울 수 있었다.

저지대 효과란 무엇인가?

미국 링컨 대통령은 정치적 경쟁자에게 포용적인 사람으로 정평이 나 있었다. 하지만 동료 정치인들은 불만이 많았다. 경쟁자를 제거해야지 그들과 친구가 되어서는 안 된다고 주장했다. 그러자 링컨은 미소를 지으며 이렇게 말했다.

"그들과 친구가 된다면 그것이 경쟁자를 제거한 것 아닌가요?"

이 말을 들은 동료들은 링컨의 넓은 아량에 탄복할 수밖에 없었다.

같은 일이라도 어떻게 처리하느냐에 따라 완전히 다른 결과를 가져온다. 직장에서 좋은 인간관계를 만들고 싶다면 고자세를 취해서는 안 된다. 낮은 지대에 있는 큰 바다가 모든 물을 품을 수 있다는 원리를 이해해야 한다. 이것이 바로 '저지대 효과'다.

'저지대 효과'는 '저지대 결집 효과'라고도 부른다. '저지대 효과'의 특징은 세력을 결집시킨다는 것이다. 세력을 결집시킨다는 것은 처세에 능하다는 것이다. 좋은 인맥을 쌓고 싶고 인기가 많은 사람이 되고 싶다면 자신을 '저지대'로 만들면 된다.

직장에서 '고지대'를 차지하는 행동 리스트

직장에서 스스로를 낮추는 일은 사실 쉽지 않다. 직장에서는 '빈 수레가 요란한' 상황을 흔히 볼 수 있다. '고지대'를 차지하고 싶은 욕구는 인간의 본성과도 같다. 아래의 리스트를 보면서 자신이나 주변 동료 가운데 이런 경우는 없는지 체크해보길 바란다. 리스트에 속한 사람은 개인 이미지에 큰 타격을 가져올 수 있으므로 조심해야 하고 개선할 필요가 있다.

- 자신이 옳다고 계속 몰아붙이는 스타일. 이런 유형의 사람은 자신감
  이 넘쳐 어떤 대가를 치르더라도 자신이 옳다는 것을 증명하려 한다.
  설사 충돌을 일으키거나 심지어 상사에게 미움을 사더라도 개의치
  않는다.
- 직위와 권력에 기대어 스스로를 '인생 멘토'라고 자처하는 스타일. 직
  위가 높으면 직원들이 잘 따르거나 지도를 바랄 수도 있다. 하지만 역
  지사지의 정신이 부족하고 자기중심적인 사람은 오히려 주변 사람들
  로부터 미움을 받을 수 있다.
- 월권하며 타인의 업무에 간섭하는 스타일. 이런 사람은 주제 넘는 짓
  을 하는 사람이나 할 일 없는 한량으로 보일 수 있다. 아니면 자신의
  업무 경계조차 제대로 파악하지 못하는 무능한 사람으로 여겨질 수
  도 있다.
- 시도 때도 없이 자신의 개성을 표출하는 스타일. 자신의 특징이나 장
  점을 드러내는 것 자체가 나쁜 일은 아니지만 모든 일에는 정도가 있
  는 법이다. 언제 어디서나 주목받는 스타가 되려고 한다면 금세 '밉
  상'의 반열에 올라설 것이다.
- 지나친 자신감을 가지고 상대를 깔보는 스타일. 과도한 자신감은 사
  실 이른바 '근자감(근거 없는 자신감)'과 같다. 상대를 무시하면 언젠가
  는 자신이 똑같이 무시를 받을 것이다.
- 동네방네 소문을 퍼뜨리는 인간 확성기 스타일. 소문을 퍼뜨리는 것
  을 좋아하는 사람은 신용을 잃기 마련이다. 직장에서는 파파라치 같
  은 사람을 좋아하지 않는다.

어떻게 자신을 '저지대'로 만들 수 있을까?

1. 겸손함을 배운다

교만하면 손해를 보고 겸손하면 이익을 본다는 말이 있다. 자신보다 지위가 낮은 사람에게 질문하는 일을 부끄러워하지 말고, 교만한 태도를 취하거나 지식과 재능을 뽐내지 말아야 한다. 남의 말을 경청하고 넓은 마음을 가지고 훌륭한 멘토를 찾아 본받아야 한다. 남보다 자세를 더 낮추면 더 많은 친구를 얻게 될 것이다.

2. 포용한다

포용은 인품을 드러내는 처세의 기술이다. 일을 할 때는 누구나 실수한다. 실수를 받아주고 도움을 베푼다면 적은 노력으로도 사람들을 곁에 불러 모을 수 있다. 실수했을 때 보여준 포용은 성공했을 때 주는 칭찬보다 뇌리에 더 강하게 남는다.

3. 경청한다

경청은 타인에 대한 충분한 존중을 의미할 뿐만 아니라 상대방이 가진 정보와 지식에 집중하고 사람을 신중히 관찰하는 일을 포함한다. 최대한 경청의 자세를 가지고 자신의 말실수를 피하도록 하자. 이렇게 하다 보면 분명 뜻밖의 소득을 얻게 될 것이다.

4. 능력을 향상시킨다

낮은 자세를 취하는 것만으로는 부족하다. 사실 이는 기본자세일 뿐이다. 능력을 갖추어야 타인이 당신을 기댈 수 있는 큰 나무로 인식할 것이다.

맺음말

사람은 위로 향하려 하고 물은 아래로 향하려 한다. 직장에서 높은 자리를 차지하려고 아등바등 사는 모습을 흔히 볼 수 있다. 하지만 높은 곳일수록 고독하다.

바다는 가장 낮은 곳에 있기 때문에 모든 강을 품을 수 있다. 뛰어난 업무 능력도 중요하지만 최대한 겸손한 자세로 자신을 낮춰 더 많은 사람을 끌어모을 줄을 알아야 한다. 직장은 고도의 협력이 필요한 곳이다. 각자도생은 결국 실패를 가져온다. 겸손한 사람이 뛰어난 업무 실력까지 갖춘다면 동료들은 자연스럽게 그를 명예의 전당에 올려놓을 것이다.

마태 효과
스스로 강해지는 것이 자원을 모으는 최상의 방법이다

이룰 수 없는 평등한 대화

대학 졸업 후 수많은 선배가 나에게 충고 아닌 충고를 했다. 회사에 들어가면 라인을 잘 타고 상사에게 얼굴을 자주 내비치고 비위를 잘 맞추고 아첨도 아끼지 말아야 한다는 조언이었다.

나는 줄곧 이런 생각에 동의하지 않았다. '상사와 많이 교류하고 소통을 원활하게 하는 것은 물론 필요한 일이지만 굳이 인맥을 위한 인간관계까지 필요할까? 실력에 바탕을 둔 관계야말로 정말 튼튼한 관계 아닐까?'라는 회의적인 생각이 들었다.

사실 직장에서 개개인은 자원의 집결체다. 성장 초기 단계에 있는 개인은 보통 다른 사람의 자원으로 활용될 뿐이다. 하지만 이런 시간이 너무 길어지면 진정한 성장을 이루기 힘들다. 자신을 계속 강하게 만들어 점점 다른 자원을 흡수할 수 있는 강한 개인으로 성장해야 한다.

기업 발전과 개인 발전은 원리가 서로 통한다. 기업도 이제 막 창립되었을 때는 투자자를 구하기 쉽지 않다. 어렵사리 유니콘 기업으로 성장하면 그때부터는 투자금이 여기저기서 몰려온다. 비록 잔잔한 바다는 아무 말이 없지만 강물이 여기저기서 몰려들지 않는가.

마태 효과란 무엇인가?

『성경』「마태복음」에 다음과 같은 이야기가 나온다. 옛날에 어느 주인이 먼 길을 떠나야 했다. 길을 떠나기 전에 세 명의 하인에게 각각 금 다섯 달란트, 두 달란트, 한 달란트를 주며 당부했다.

"나가서 장사를 하라. 내가 돌아오거든 그때 다시 날 찾아오라."

주인이 돌아오자, 첫 번째 하인이 말했다.

"주인님, 저는 다섯 달란트로 장사해 또 다섯 달란트를 남겼습니다."

두 번째 하인도 와서 말했다.

"주인님, 저는 두 달란트로 두 달란트를 더 남겼습니다."

이번에는 세 번째 하인이 말했다.

"주인님, 저는 한 달란트를 땅속에 잘 감춰두었습니다."

주인은 악하고 게으른 종이라고 꾸짖으며 세 번째 하인이 가지고 있던 한 달란트를 빼앗아 열 달란트 가진 하인에게 주라고 명령했다.

이 이야기처럼 많이 가진 사람은 더 많이 가지고 적게 가진 사람은 있는 것도 빼앗기는데, 이것을 '마태 효과'라고 부른다. 인간 사회에서 보편적으로 존재하는 '승자 독식'을 가리킨다.

여러 분야에 보편적으로 존재하는 마태 효과

일정한 성공을 거둔 뒤로는 더 큰 성공을 얻기가 쉬워진다. 강자는 더 강해지고 약자는 더 약해진다.

1. 경제 분야

'마태 효과'가 가장 많이 언급되는 분야다. 부익부 빈익빈, 승자 독식이 빈번히 나타난다. 정부의 정책 결정자가 신경을 써야 하는 부분이다. 빈부 격차가 커지는 것을 막고 필요한 경우에는 정부가 개입해야 한다.

2. 과학 분야

명성이 높은 과학자일수록 사회에서 특별히 관심을 받고 쉽게 자금을 지원받을 수 있다. 반면, 재능은 있지만 아직 유명하지 않은 과학자들은 거의 주목받지 못하고 지원받는 일도 쉽지 않다.

3. 교육 분야

명문 대학은 유명하지 않은 대학 몇 군데의 자원과 자금을 합친 것보다 규모가 훨씬 크다. 유명한 대학의 유명한 교수일수록 연구 지원비를 얻기 쉽고 상대적으로 성공을 거두기도 쉽다.

4. 경영 분야

세상에는 수많은 크고 작은 기업들이 존재하지만, 결국 강한 기업은 더욱 강해지고 '슈퍼 유니콘'이 되거나 독점 기업이 된다. 반면, 약한 기업은 시장에서 쥐도 새도 모르게 사라지는 경우가 허다하다.

5. 스포츠 분야

스포츠나 연예계 스타는 말 그대로 슈퍼스타다. 이들은 한번 유명해지면 인지도를 통해 더 많은 자원을 획득하고 그것으로 스스로를 더욱 홍보하고 더 큰 영향력을 미칠 수 있다.

직장에서는 어떻게 강해지는가?

'마태 효과'를 이해했다면 먼저 자신이 큰 바다와 같은 '저지대'가 되어야 한다. 즉, 자원을 결집하는 여러 유형의 방법을 익히는 것이다. 직장에서 영향력을 확대하는 것은 한 측면에서만 이루어지지는 않는다. 인간관계, 개인의 능력, 개인의 마음가짐 등을 갖추어야 하고 때로는 운도 필요하다.

1. 인간관계 만들기

인간관계를 구축하는 단순하고 효과적인 비결은 역지사지 정신이다. 자신이 원하지 않는 것을 남에게 시켜서는 안 된다. 또한 '이웃 효과'를 적절히 활용해 인간관계 네트워크를 계속 확대하는 법을 배워야 한다.

2. 개인 능력 향상

자신의 능력을 향상시키는 모든 투자가 가장 가치 있는 투자다. 이 부분에 돈이나 시간을 쓰는 데 인색해지지 말자. 능력을 꾸준히 연마해 슬럼프에서 벗어나 다음 단계로 뛰어오르면 당신이 볼 수 있는 경치는 상상을 뛰어넘을 것이다. 능력이 향상될수록 지식의 흡수 속도도 빨라진다.

3. 개인 이미지 구축

인간관계와 개인의 능력을 바탕으로 자신을 계속 홍보하고 자신의 이미지를 만들어가자. 이를 통해 개성을 유지할 수 있고 타인에게 긍정적인 평가를 받을 수도 있다.

4. 좋은 마음가짐 유지

좋은 마음가짐은 행운을 끌어들이는 마법의 돌과도 같다. 마음가짐도 기술이나 지식과 마찬가지로 일종의 심리적 자원이다. 보통 행운은 낙관적이고 적극적이고 강인한 사람 곁을 맴돈다.

맺음말

현대사회는 승자 독식 사회다. '마태 효과'를 모르는 사람은 늘 강자에 의존하는 인적 자원으로 전락할 뿐이다. '마태 효과'가 보이는 연쇄적 반응은 개인의 발전에 심각한 영향을 미친다. 개인의 커리어가 빈곤할 때는 그 사람이 접근할 수 있는 자원이나 플랫폼, 인맥도 점점 빈곤해진다. 이런 상황에서는 개인의 발전도 한계에 부딪힌다.

따라서 '마태 효과'가 자신의 발전에 미치는 부정적 영향에서 최대한 멀어져야 한다. 인간관계를 형성하고 개인의 능력과 이미지를 구축하며 좋은 마음가짐을 유지할 때 비로소 한계를 뛰어넘을 수 있는 기회를 얻게 될 것이다.

권위 효과
권위를 얻으면 권력은 자연스럽게 따라온다

권위가 영향력을 가진다

미국의 어느 심리학자가 실험을 진행했다. 다른 학교에서 온 독일인 교수를 초청해 심리학과 학생들에게 수업을 진행했다. 학생들에게는 독일인 교수를 독일에서 온 유명한 화학자라고 소개했다. 실험에서 이 '화학자'는 그럴듯하게 증류수가 가득 들어 있는 병을 꺼내 이것이 새로 발견한 화학물질이라면서 특이한 냄새가 난다고 덧붙였다. 냄새를 맡은 학생은 손을 들어보라고 하자 대다수의 학생이 손을 들었다. 원래 아무 냄새도 없던 증류수지만 절대다수의 학생은 이 '화학자'의 권위에 의지해 언어적 암시를 듣고 냄새가 났다고 생각한 것이다.

사람들은 일종의 '안정 심리'를 가지고 있다. 권위 있는 인물의 생각이나 말을 옳게 여기며 이를 따르면서 안정감을 느낀다. 실수를 피하는 '보험 확률'이 증가하는 것이다. 동시에 사람들은 '인정 심리'도 가지고 있다. 즉, 권위 있는 인물의 요구 사항은 사회에서 요구하는 바와 일치한다고 생각하는 것이다. 권위 있는 사람의 요구에 따라 행동하면 여러 면에서 인정을 받을 수 있다고 믿는다.

권위 효과란 무엇인가?

'권위 효과'는 '권위 암시 효과'라고도 부른다. 지위가 높고 위신이 있고 사람들의 존경을 받는 사람의 말이나 행동은 사람들의 주목을 받고 쉽게 옳다고 믿는다. 실제 상황에서 '권위 효과'를 활용한 사례가 많다. 광고에서 유명 스타를 등장시켜 상품을 홍보하거나 권위 있는 인물의 말을 인용해 토론에서 자기주장을 강화하는 것도 이에 해당한다. 인간관계에서도 '권위 효과'를 잘 활용하면 상대방의 태도나 행동을 유도할 수 있다.

상사는 '권위 효과'를 이용해 부하 직원의 업무 태도나 행동을 유도하는데, 이는 명령이나 지시보다 효과가 좋다. 따라서 뛰어난 상사는 기업을 위해 권위를 가져야 하고 '권위 효과'를 활용해 직원들을 이끌어야 한다.

하지만 많은 사람이 기업에서는 지위가 있어야 권력이 있고 그 권력이 권위를 만든다고 생각한다. 대부분의 직장인이 권위를 만드는 일은 결코 쉽지 않다. 하지만 권위를 포괄적이고 심층적으로 이해한다면 권위를 만들고 오랫동안 유지할 수 있다.

권위와 권력의 관계

권위와 권력의 경계는 그렇게 뚜렷하지 않다. 둘은 서로에게 도움을 주고 함께 작용한다. 다시 말해 '권위 효과'가 어떤 작용을 할 때 권력은 주요한 표출 방식이 된다.

누구나 처음부터 권력은 물론이고 권위를 가지고 있지 않다. 먼저 권위와 권력의 관계를 확실히 인식해야 한다. 그래야 적절한 자기 발전의 길을 찾을 수 있다.

일단, 권력이 있다고 해서 권위가 있는 것은 아니다. 어떤 부서에 상사한 명이 임명되었다. 이 상사는 지위와 권력을 가지고 있지만 부임 초기에는 아마도 여러 사람으로부터 의심의 눈초리를 받을 것이다. 하지만 오랜 시간 동안 업무를 함께 진행하면서 조금씩 권위를 세우게 되고, 나중에는 권위가 권력과 비슷한 수준이 될 것이다. 이런 점을 간과하고 권력을 남용하거나 사람들의 의견을 무시하면 반발을 불러오고 업무 진행에 어려움을 겪는다. 심한 경우에는 퇴출될 수도 있다.

권위가 생겼다면 권력을 가지는 것은 시간문제다. 직장에서 개개인의 성장은 독립적인 것이 아닌 조직의 성장과 함께 이루어진다. 이 시기에 팀의 신뢰와 협업 수준이 개인 성장의 기반이 된다. 시간과 경험이 축적되면서 한 사람의 권위가 계속 강화되면 설사 실질적인 지위나 권력이 없어도 성숙한 조직의 협력 관계를 통해 그가 맡았던 업무의 성과는 타인보다 훨씬 높을 것이다. 자원도 자연히 권위를 가진 사람에게 몰린다. 어느 정도 시기가 지나면 자연스럽고 당당하게 권력과 지위를 가지게 된다. 사람들이 이렇게 권력을 얻은 사람을 자발적으로 추종함으로써 권위를 더 확대할 수 있다.

신망을 쌓는 다섯 가지 단계

권력 유무와 상관없이 권위를 세우는 일은 사실 무(無)에서 시작된다. 그저 속도의 차이만 있을 뿐이다. 우선 신입 사원이라고 가정하고 어떻게 효과적으로 '베테랑 직장인'이 되어 권위를 가지고 원하던 직위나 권력을 손에 넣을 수 있는지 살펴보자.

1. 특기를 만들어 권위를 세운다

직장에서 말하는 특기는 춤이나 노래에 능한 것을 뜻하지 않는다. 자신의 업무나 직위와 관련된 스킬을 말한다. 신입 사원이 빠른 시일 내에 '존재감' 있는 인물로 성장하는 가장 좋은 방법은 대부분의 사람을 뛰어넘는 전문 기술을 빠르게 갖추는 것이다. 기술을 갖추는 데 다른 사람이나 조직에 지나치게 의존하지 않아도 되고 시간 비용도 낮은 편이다. PPT 활용 능력이나 글솜씨가 이런 특기에 해당한다. 다만 한 가지 원칙만 기억하자. 어떤 특기든 타인과 조직에 도움을 줄 수 있는 능력이면 된다!

2. 근면하고 성실한 태도로 권위를 세운다

특기를 갖추면 타인에게 도움을 줄 수 있으므로 금세 조직에 융화되고 사람들의 주목을 받게 된다. 이 단계에서 가장 필요한 것은 겸손한 태도를 유지하되 타인에게 당신의 노력을 어필하는 것이다. 성실하고 근면한 태도를 가지면 짧은 시간에 종합적인 업무 지식과 능력을 갖출 수 있을 뿐만 아니라, 동료나 상사에게 성실하다는 좋은 이미지를 남길 수 있다. 성실함은 잠재력을 상징하므로 성실한 사람에게는 언제든 기회가 찾아온다.

3. 믿음을 주어 권위를 세운다

조직과 업무 협력이 긴밀해질수록 맡아야 할 업무도 자연히 많아진다. 그러면 자기 시간이 부족해지고 자신을 찾아오는 사람이 너무 많아 귀찮고 성가시다는 느낌이 들 때가 있다. 이때가 매우 중요한 단계. 업무가 너무 많아 누군가의 요청사항을 잊거나 간과하는 바람에 불만을 사게 될지도 모른다. 따라서 늘 신경 써서 믿음을 주고 약속한 것은 반드시 행동으로 옮겨야 한다. 물론 사람들의 부탁에 응할 때도 적절하게 난도와 시간을 고려해

예의를 지키며 답을 줘야 한다. 하지만 일단 응낙했다면 끝까지 약속을 지켜야 한다. 어떤 어려움이 있어도 어떤 대가를 지불하더라도 끝마쳐야 한다.

4. 책임지는 용기로 권위를 세운다

위의 세 단계를 거쳤다면, 당신은 전문성, 근면함, 신뢰라는 세 가지 조건을 갖추었으니 자연스럽게 중대한 업무를 맡게 될 것이다. 이 시기는 모진 풍파를 겪으며 단련되는 때이기도 하다. 중대한 업무를 감당하려면 용기와 책임감이 필요하다. 자신의 한계를 뛰어넘어야 할지도 모른다. 대부분의 사람은 팀을 잘 이끌지 못하거나 리스크에 잘 대응하지 못할까 두려워 대형 프로젝트를 거부한다. 프로젝트가 실패하면 책임을 회피해 타인의 비난을 듣기도 한다. 따라서 이 시기에 기회가 찾아오면 책임감 있게 팀을 이끌어 용감하게 앞으로 나아가야 한다.

5. 너그러운 인품으로 권위를 세운다

당신이 맡은 임무에 성공하면 직장에서 영웅이 되고 명예와 신망이 따를 것이다. 이때 팀원들에게 논공행상을 하라고 한다면 어떻게 할 것인가? 당신의 그릇을 시험하는 시기가 도래한 것이다. 성공의 열매를 잘게 나누는 것은 쉽지 않다. 모든 팀원에게 공로를 돌리는 것은 심적으로 더 어렵다. 여기서 사람의 그릇을 파악할 수 있다. 너그러운 마음은 신망을 쌓을 수 있는 중요한 무기다.

맺음말

신망은 처음부터 주어지는 것이 아니다. 차근차근 쌓아 올려야 한다. 권력을 가졌다고 무조건 권위가 생기는 것이 아니다. 신망을 쌓는 데도 방법이 있다. 전문적이고, 성실하고, 믿을 수 있고, 책임질 줄 알고, 너그러운 인품을 가진 사람이 권위와 신망을 얻을 수 있다. 권위만 얻으면 바라던 지위와 권력을 얻는 것은 시간문제다.

4부

관리

훌륭한 관리자는 아무나 되는 것이 아니다

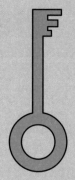

견디는 자만이 폭풍우가 그친 후 무지개를 볼 수 있다. 절대 포기하지 않고 끝까지 이겨
내는 긍정적 태도가 승진의 기회를 가져올 것이다. '팀을 이끌고 전략을 펼치는' 당신의
꿈이 곧 이루어질 것이다.

하지만 팀을 관리하는 것은 생각만큼 단순한 일이 아니다. 팀 구성원이 가진 능력은 천
차만별이라 때로는 내가 직접 하는 편이 나을 것 같다는 회의감도 든다. 구성원들을 최
대한 활용해야 한다는 원칙은 잘 알지만 어딘가는 늘 부족하다. 구성원들의 책임감과
노력은 항상 자신의 예상치보다 낮다. 업무에 대한 걱정 탓에 부하 직원을 질책하지 않
겠다는 원칙은 무너진다. 선택의 갈림길에서 어찌해야 할 바를 모른다.

관리는 쉬운 일이 아니다. 관리자가 갖추어야 할 능력은 관리 능력만이 아니다. 사안에
대한 긍정적 태도, 직원을 대하는 넓은 아량, 어려움에 대응하는 끈기와 과감성도 포함
된다. 회사라는 조직에서 관리자는 키를 잡고 있는 선장이자 저 앞을 비추는 등대다.

19장

어려운 승진의 길,
미리 기반을 닦아놓아야 한다

수년간의 노력을 통해 드디어 초짜 티를 벗고 회사의 핵심 인력이 되었다. 좋은 기회를 잡아 큰 공을 세우고 직장에서 스타가 되어 고위층의 주목을 받았다. 마음 한편에서 새로운 물결이 일렁인다. 승진 대상자 가운데 나도 있지 않을까? 이런 시기야말로 조급함을 버려야 한다. 최후에 웃는 자가 승자다. 승진이 된 뒤에도 새로운 고난의 길이 시작될 수 있다.

시각 효과
어떻게 승진 명단에 오를 수 있을까?

보는 것이 바로 관심이다

몇 년 전, 나는 인생 첫 차를 가지게 되었다. 무광택의 금색 자동차였는데 당시 나는 차의 색깔이 참 독특하다고 생각했다. 대부분은 검은색이나 흰색, 회색 차를 샀기 때문에, 금색은 너무 뻔하지도 않지만 그렇다고 너무 가벼워 보이지도 않았다.

그 후 길에서 같은 디자인의 차를 만나면 나도 모르게 친밀감이 들었다. 나중에 고속도로나 쇼핑몰 주차장, 골목길에서 비슷한 차를 만나는 횟수가 점점 더 많아지는 것 같았다. 실제로는 길거리에 같은 디자인의 차가 많아진 것이 아니라 심리적인 작용 때문에 내가 그렇게 느낀 것이었다. 내 안에서 작용한 심리 효과가 바로 '시각 효과'다.

시각 효과란 무엇인가?

'시각 효과'는 우리가 어떤 특징을 지니고 있을 때 다른 사람이 나와 같은 특징을 지닌 것에 더 주목하게 되는 심리 현상이다. 데일 카네기는 사람들의 특징 중 80%는 장점이고 20%는 단점이라고 주장했다. 자신의 단점은 잘 알지만 장점을 모르는 사람은 '시각 효과'를 통해 주변에 많은 사람이 자신과 비슷한 단점을 가지고 있다는 것을 알게 된다. 하지만 이런 탓에 인간관계가 개선되지 않고 인생도 즐겁지 않다.

항상 누군가를 욕하는 사람이 있다고 해보자. 사실 본인의 성격도 좋지 않다. 자기 성격이 괴팍하니 다른 사람의 그런 점만 보이는 것이다. '시각 효과'에 영향을 받은 것이다. 따라서 좋은 사람들과 어울리고 싶다면, 먼저 자신의 장점을 파악하고 자신을 인정하는 방법부터 배워야 한다.

유유상종

그렇다면 직장에서 자주 볼 수 있는 '시각 효과'로는 어떤 것이 있을까? 규모가 큰 회사는 매년 수백 명의 신입 사원을 모집한다. 하지만 신기하게도 신입 사원끼리 작은 무리를 결성한다. 특히 입사 첫해에는 같은 부서의 신입 사원들은 함께 출퇴근하고, 함께 밥을 먹고, 주말에도 함께 놀면서 말 그대로 친한 친구가 된다. 심지어 입사 후 5년이 지나도 여전히 좋은 관계를 유지한다.

물론 신입 사원도 시간이 지나면서 새로운 동료들을 알아간다. 그런데 서로 친해지고 무리를 이루게 되는 첫 번째 전제 조건은 이야기가 통해야 한다는 것이다. 단순히 말해서 성격이 비슷하거나 취미가 같아야 한다. 이것이 가장 대표적인 '시각 효과'로, 사람들은 자신과 비슷한 사람을 찾아 존재감과 공감을 얻으려 한다. 이는 존중받고 신뢰받고 있다는 안정감을 준다.

상사는 자신과 비슷한 사람을 승진시킨다

특출한 재능을 가진 리더는 어떤 유형의 사람이라도 적절한 자리에 배치하고 인재를 잘 활용할 줄 안다. 그런데 어떤 조직의 상사가 '술고래'일 경우 일반적으로 그의 오른팔도 술이 셀 가능성이 높다. 어떤 팀의 상사가 야근을 좋아하면 그의 오른팔도 '야근광'일 확률이 높다.

기업을 운영하는 경영자는 뛰어난 사람에게 주목하고 효과적으로 잠재력을 발휘하도록 도와 더 큰 성공을 거두게 한다. 하지만 인재를 찾아내는 가장 직접적이고 단순한 방법은 자신과 유사한 사람을 탐색하는 것이다. 자신과 노선이 같고 지시를 잘 이행하는 사람이면 되는 것이다.

상사가 그 자리에 오를 수 있는 것은 능력과 자신감 때문이겠지만, 때로는 '근자감'과 자기애도 또 다른 이유라는 것에 주목해야 한다. 그들은 자신과 닮은 사람만이 기업을 잘 경영할 수 있다고 생각한다. 물론 항상 그렇다고 단정할 수는 없지만, 대부분의 경영자는 자신과 비슷한 사람을 우선적으로 선발해 후계자로 삼는다.

어떻게 시각 효과를 활용할까?

'시각 효과'가 보편적인 심리 현상이라면, 이를 충분히 이해하고 직장생활에 윤활유가 되도록 적절히 활용하자.

1. 자신의 장점과 타인의 장점을 발견한다

자신의 장점을 발견하면 자신감이 커지고 독립적인 업무 처리도 가능하며 자신만의 매력을 갖출 수 있다. '시각 효과'에 따르면 자신의 장점을 발견하는 것은 타인의 장점을 발견하는 전제 조건이다. 이로써 인간관계를 한단계 발전시키고 업무 효율을 높여 조직의 전투력도 강해진다.

2. 뛰어난 사람들에게 배운다

조직에서 뛰어난 사람들은 쉽게 눈에 띈다. 당신도 뛰어난 사람이 되고싶다면 그들을 관찰하고 배우면 된다. 타인의 장점을 겸허하게 받아들이고학습하자. 그러면 타인의 눈에 당신도 뛰어난 사람으로 비쳐질 것이다.

3. 상사를 직접적으로 모방한다

상사가 상사인 이유는 남들보다 하나라도 뛰어난 부분이 있기 때문이다. 승진하고 연봉을 올리고 싶다면 가장 단순하고 직접적인 방법이 상사에게 배우는 것이다. 상사만의 독자적인 업무 처리 과정을 배우면서 상사가 당신의 발전과 변화를 느낄 수 있게 하자. '시각 효과'를 통해 자신과 상사가얼마나 유사한지 파악할 수 있다. 이를 통해 자신이 승진 리스트에 포함되었는지 어느 정도 유추도 할 수 있다.

4. '나'를 잃지 않는다

앞에서 나는 뛰어난 사람에게 배우고 상사를 모방하라고 말했다. 하지만 모든 일에는 정도가 있고, 득이 있으면 실이 있다. 배움의 가장 높은 경지는 습득한 다음 마지막 단계에서 자신에게 체화시키는 것이다. 그러기 위해서는 독립적이고 자신감 있는 자아가 형성되어 있어야 한다. 어떤 상황에서도 대체할 수 없는 '나'를 선보일 수 있어야 한다.

맺음말

직장인들은 누구나 좋은 인맥을 맺고 어디서나 환영받고 인정받길 바란다. 그러려면 먼저 자기 자신을 뛰어난 인재로 만들어야 한다. '시각 효과'를 기반으로 자신과 타인의 장점을 직시하고, 상사와 뛰어난 사람들을 모방하며, 적극적인 태도로 자신감 있는 '자아'를 만들어가자. 그러면 자신의 커리어 발전에 큰 도움이 될 것이다.

러니언 법칙
최후에 웃는 자가 진정한 승자다

토끼와 거북이

너무나도 유명한 우화 「토끼와 거북이」에서 발 빠른 토끼와 느림보 거북이가 경주를 한다. 토끼는 거북이쯤이야 쉽게 이길 수 있다고 생각해 경기 중간에 나무 밑에서 잠시 낮잠을 청한다. 하지만 의지가 강한 거북이는 한시도 걸음을 멈추지 않고 앞으로 기어간다. 잠에서 깬 토끼는 이미 거북이가 결승점에 도착했다는 사실을 알게 된다.

이 우화는 경기에서 상대를 얕보지 말고 끝까지 최선을 다해야 한다는 교훈을 전해준다. 아무리 초반에 실력 차가 난다고 해도, 결국 최후에 웃는 자가 진정한 승자가 된다.

단순한 이야기지만 실제로 이런 일이 우리 주변에서 흔하게 발생한다. 학창 시절 전교를 휩쓸던 친구가 대입에서는 큰 실패를 겪기도 하고 스포츠 경기에서 강팀이 약팀에게 예상외로 패배한다. 역사적으로 약자가 강자를 이긴 전투 사례도 수없이 많다. 이는 사소한 부주의가 실패로 연결된다는 사실을 경고한다.

러니언 법칙이란 무엇인가?

오스트리아 경제학자인 러니언은 달리기에서 빠르다고 항상 이기는 것이 아니고, 싸움에서 약한 쪽이 항상 지는 것도 아니며, 결국 최후에 웃는 사람이 진정한 승자라고 주장했다. 이런 관점을 나중에 '러니언 법칙'이라고 불렀다. '러니언 법칙'에서는 경쟁을 장거리 달리기에 비유한다. 일시적인 '우위'가 최후의 승리를 안겨주는 건 아니고 의외의 상황에서 역전되는 일이 흔하게 일어난다고 지적한다. 마찬가지로 일시적인 '약세'가 영원한 패배를 뜻하지도 않는다. 끝까지 달려가면 최후의 승자가 될 수 있다.

하지만 현실에서는 많은 사람이 한번 성공하면 자만에 빠져 노력을 게을리 하고 심지어 안하무인의 태도를 보인다. 이런 사람에게 기다리는 것은 실패밖에 없다. 우위를 선점했다고 득의양양하거나 낙오되었다고 포기해서는 안 된다. 인생은 마라톤이지 100m 달리기가 아니기 때문이다.

직장에서 신입 사원은 누구나 험난한 시기를 거치고 성장하는 데 오랜 고통이 따른다. 첩첩산중을 넘어 소수의 승진자 리스트에 이름을 올린 순간에도 혹독한 경쟁을 견뎌내야 한다. 이 시기에는 생각지도 못한 일들이 벌어질 수 있어 나중에 결과가 나올 때까지는 아무도 이 수수께끼의 정답을 알 수 없다.

어떻게 해야 최후의 승자가 될 수 있을까?

1. 게임의 법칙을 파악한다

승진이란 문턱에는 분명 엄격한 기준이 존재한다. 이 기준이 바로 게임의 법칙이다. 게임의 룰을 깨겠다는 희망은 애초에 품지 말자. 이룰 수 없는 현실일 뿐이다. 승진의 조건을 하나하나 파악하고 자기 것으로 만들어야 한다. 그래야 필요한 모든 능력을 향상시킬 뿐 아니라 당신을 탐탁지 않게 여기는 사람들의 입까지 막을 수 있다.

이 기준은 학력, 경력, 직무 능력, 성과 등 종류가 아주 많을 것이다. 어떤 직무에서는 자격증도 필요하다. 이를 모두 충족시켜야 성공 가능성이 존재하고 그렇지 않으면 예상외의 걸림돌에 넘어질 수 있다.

2. 목표에도 시간표가 필요하다

확실한 목표를 설정하고 돌진해야 유리 천장을 깨부술 수 있다. 자신의 한계를 설정하지 말고 작은 성취에 도취되지도 말자. 잠깐 쉬면서 자신을 위로하고 싶다면 목표가 아직 저 멀리 있다는 사실을 망각한 것이다.

또 하나 중요한 요소는 '시간'이다. 시간적 제약이 없으면 목표는 아무 의미도 갖지 못한다. 마라톤을 할 때 일주일의 시간이 걸려 결승점에 도착한다면 준비한 꽃다발이 모두 시들어버릴 것이다. 목표를 세울 때는 반드시 소요 시간을 명확히 정하고 엄격하게 준수하자.

3. 남보다 앞선 뒤에도 영향력을 확대한다

사소한 이유로 실패를 맛보는 경우가 있다. 이런 일은 주로 우세한 상황에 있는 사람에게서 벌어진다. 남보다 앞서면 등 뒤의 상황은 보기 어렵고 잠시 나태해진 사이에 추월당해도 전혀 반격하지 못한다.

우세한 상황에서는 더욱 승리의 기세를 몰아가야 한다. 더 넓고 깊게 자신의 영향력을 확대하고 자원을 확보하자. 이 결정적인 단계에서 지혜를 발휘하면 당신의 장점은 다각도로 드러날 것이다. 예컨대, 전문 분야에서 가장 리더십을 갖춘 사람이 되던지 팀 관리자 중에서 전문가적 식견이 가장 높은 사람이 되어야 한다. 이처럼 종합적으로 능력을 갖추려면 꽤 오랜 노력이 필요하다.

4. 낙오될 때는 추월할 타이밍을 노린다

경쟁 과정에서 충분히 낙오될 수도 있다. 이때는 무엇보다 부정적 생각을 버려야 한다. 자포자기의 심정으로 승리의 열매를 경쟁자에게 기꺼이 바치지 말자. 낙오하면 오히려 앞서 있는 자의 상황이나 전체 판세를 살펴볼 수 있다는 장점이 있다. 앞서가는 사람이 조금만 나태해지면 타이밍을 잡아 추월의 기회로 활용할 수도 있다.

하지만 경쟁자가 계속 열심히 뛰어간다면 다른 방법을 강구하는 편이 낫다. 기존 방법으로는 어차피 상대를 추월한 가능성이 희박하기 때문에 다른 방법을 취한다 해도 손해 볼 일은 없다. 예상치 못한 공을 세워야 할 수도 있다. 추월할 때도 시기와 상황을 잘 저울질하자.

5. 사람들의 마음을 잃어서는 안 된다

승진 가능성이 높은 사람이 쉽게 범하는 실수 중 하나는 팀원들은 안중에도 없고 상사만 신경 쓴다는 점이다. 매우 위험한 자세다. 앞에서 강조했듯이 팀은 자신을 성장시킨 토양이다. 팀에서 괴리되면 기반을 잃고 허공으로 떨어질 수 있다.

관리자의 중요한 능력 중 하나는 사람(의 마음)을 관리하는 것이다. 사람의 마음을 잃으면 훌륭한 관리자가 될 수 없다. 그래서 주위의 평판은 경영진이 사람을 등용할 때 고려하는 중요한 요소다. 이 중요한 시기에는 누구에게도 미움을 사지 않도록 조심하고 인기를 다져야 한다.

맺음말

진정으로 성공한 사람은 어떤 상황에서든지 겸손한 태도를 보인다. 경솔함과 거만함을 경계하고 낮은 자세를 유지한다. 성공을 거둘 때 잘난 체하지 않으면 더 큰 성공을 얻게 된다.

마지막에 승패를 좌우하는 것은 재능이나 장점이 아니다. 자신을 정확하게 인식하고 겸손함을 유지하는 '태도'에 달려 있다. 러니언의 말처럼 빨리 달린다고 해서 힘이 강하다고 해서 무조건 이기는 것은 아니다. 아직 결승점에 도달하지 않았다면 승패를 확정할 수 없다. 최후에 웃는 사람이 진정한 승자다.

57 피터의 원리
너무 빨리 샴페인을 터뜨리지 말자

직장에서는 높은 자리일수록 외롭다

위풍당당하던 직원이 승진한 다음 예상외로 적응하지 못하는 경우를 본 적 있는가? 아니면 일선 관리자인데도 더 높은 관리직으로 발탁된 뒤에 직무상 요구에 대응하지 못하는 경우를 본 적 있는가?

이런 사례는 어디서나 흔히 볼 수 있다. 가령, 석학으로 인정받던 교수가 대학 총장이 된 후에 직무를 감당하지 못하거나 탁월한 운동선수가 스포츠를 관장하는 공무직에 임명된 후 아무런 성과를 내지 못하는 경우가 그렇다. 군인이나 공무원을 천직이라 여기던 사람이 관리층으로 승진한 후 적응하지 못하는 사례도 있고, 일급 과학자가 연구소 소장으로 임명된 뒤에 인정받지 못하는 일도 있다.

이런 일이 벌어지는 이유는 무엇일까? 가장 큰 이유는 새로운 직무에는 기존의 업무에서는 갖추지 못한 새로운 능력이 요구되기 때문이다. 새로운 능력은 승진자의 과거에 갖춘 능력과 별 상관이 없을지 모른다. 특정 기술 분야에 종사했던 사람이 관리직으로 승진하면 기술 전문가 한 명은 사라지고 평범한 관리자 한 명이 늘어난 것에 불과할 수도 있다.

곧 승진을 맞이하는 시기는 인생의 '황금기'이며 이제 곧 내리막길로 가는 것일까? 아마도 그럴 수 있다.

피터의 원리란 무엇인가?

미국의 학자 로렌스 피터는 오랫동안 조직에서 직원의 승진을 연구한 뒤 다음과 같은 결론을 내렸다. 계급이 존재하는 조직 내에서 모든 직원은 자신이 감당할 수 없는 직위까지 오르는 경향이 있다.

피터는 기존의 직무에서 좋은 성적을 보여준 직원은 더 높은 직위로 승진할 수 있다고 지적했다. 계속 맡은 바 임무를 열심히 수행하면 다시 승진하고, 이런 식으로 감당할 수 없는 지위까지 도달하게 된다. 이를 통해 피터는 다음과 같은 결론을 내렸다. 모든 직위는 결국 그 업무를 감당할 수 없는 직원이 차지하게 된다. 계급제인 조직에서 업무는 대부분 감당할 수 없는 직원에 의해 수행된다.

정부나 군대와 같은 계급제 조직뿐 아니라 일반 직장에서도 직무 적응 문제를 겪게 된다. '피터의 원리'에서 지적하는 어려움에 빠지는 것이다.

분야를 바꾸면 어려움에 빠진다

'피터의 원리'에서 말하는 어려움은 주로 분야를 바꾼 사람에게서 나타난다. 여기서 분야를 바꾼다는 것은 승진한 다음 자신의 전문 영역에서 벗어난다는 것을 의미한다. 예컨대, 엔지니어가 관리직 업무를 맡거나 운동선수가 정치인이 되는 경우가 있다. 과거 자신의 영역에서 뛰어난 성과를 거둔 사람일수록 '피터의 원리'가 주장하는 곤경에 더 깊이 빠져들 수 있다.

이치는 단순하다. 사람이 발전하는 데는 시간이라는 비용이 든다. 어떤 특정 영역에서 능통하다는 것은, 바꿔 말하면 연관성 없는 분야는 전혀 모른다는 것이다. 과거의 성과에 취해 맹목적인 자신감으로 직업적 노선을 잘못 판단할 수도 있다.

현재 많은 회사에서 승진을 우수한 직원에게 주는 '상'으로 여긴다. 그래서 많은 사람이 스스로 감당할 수 없는 위치까지 올라가곤 한다. 일에 비해 관리자 수가 많아 조직의 효율도 떨어진다. 자신을 정확히 인식하고 나아가야 할 방향을 안다면, 단기간의 이익을 좇기보다 장기적인 안목을 가져야 한다. 잠시 지금 이 순간을 희생해야 할지도 모르지만 미래에 더 큰 성취를 얻을 수 있다.

인도의 한 소프트웨어 회사가 치열한 시장 경쟁 때문에 파산의 위기에 내몰렸다. 그런데 어느 프로그래머가 개발한 새로운 소프트웨어가 시장에서 불티나게 팔려 회사는 기사회생할 수 있었다. 사장은 이 직원에게 상으로 해당 부서의 관리자로 승진시키려 했다. 뜻밖에도 이 직원은 "제가 배운 것은 프로그램 설계이지 인사 관리는 아닙니다. 저를 승진시키면 아마 할 줄 아는 게 없을 것입니다"라며 단칼에 제안을 거절했다. 현명한 이 프로그래머는 나중에 세계적으로 유명한 소프트웨어 회사를 세우게 되었다.

피터의 원리를 이해하고 한계를 극복하자

모든 사람은 능력의 한계치가 있다. 계속 노력하고 나아가더라도 언젠가는 감당할 수 없는 상태에 이른다. 그런데 운 좋게 승진하는 날이 왔다면 '피터의 원리' 때문에 승진을 거부해야 하는가? 당연히 아니다. 흐름을 거스르면 진퇴양난의 늪에 빠질 수 있다. 우리가 '피터의 원리'를 배우는 진짜 이유는 자신을 보호하는 것이 아니라 자신의 한계를 극복하기 위함이다.

1. 새로운 직위에 경외심을 갖자

자신의 발전 노선을 명확히 하고 다른 분야에 경솔하게 뛰어들지 말자. 만약 승진의 기회가 오더라도 기쁨에 취해 있지 말고 냉철히 현실을 파악하자. 과거에 자신이 얼마나 대단했는지는 상관없다. 직위가 높아지면 자질에 대한 요구가 훨씬 까다로워진다. 처음에 새로운 직위를 맡으면 누구나 감당하기 어렵다. 따라서 객관적으로 자신을 명확하게 인식하고 새로운 직위에 경외심을 가져야 한다.

2. 자신을 객관적으로 평가하자

'피터의 원리'를 알아야 객관적으로 자신을 평가할 수 있다. 비판적 사고를 갖추고 새로운 직무에 필요한 사항을 파악하자. 과거와 현재의 직무상 차이를 찾아내야 한다. 또한 어떤 일을 감당할 수 있는지 여부가 평가 항목에 포함된다. 상사와 동료도 나를 평가할 수 있다. 새로운 직무에 적응하는 데 목표 시간을 설정할 필요가 있는데, 보통 6개월 정도를 잡는다.

3. 윗사람을 자주 관찰하고 목표를 높게 잡자

직장에서 지속적으로 발전하려면 우물 안 개구리처럼 지내서는 안 된다. 새로운 직무에 빠르게 적응하려면 상사를 자주 관찰하고 그의 업무 기준을 참고해야 한다. 이렇게 좀 더 넓고 높은 시야를 키우면 업무의 질이 한 단계 상승한다. 당신의 목표가 60이라면 70에 도달하기는 어렵다. 하지만 목표를 100으로 잡는다면 85는 그리 높게 느껴지지 않는다.

맺음말

모든 직무는 대다수가 감당할 수 없는 사람이 차지하고 있다. 승진은 우수한 직원에게 주는 효과적인 장려 수단으로 여겨진다. 그렇다면 승진은 받아들여서는 안 되는 한낱 꿈에 불과할까? 그렇지는 않다.

'피터의 원리'를 통해 객관적으로 자신을 이해하고 새로운 직무를 파악해야 한다. 또한 자신에게 부족한 점은 최대한 빨리 찾고 능력을 보완해야 한다. 그러면 언젠가는 감당하기 힘들었던 업무도 능히 감당하는 날이 다가올 것이다.

20장

쉬지 않은 관리 업무,
잘못된 길로 빠지지 않도록 조심하자

드디어 평사원에서 벗어나 관리직을 처음 맡았다. 이제는 부하 직원을 거
느리고 회사에서 마음껏 자신의 능력을 펼칠 수 있는 날이 도래했다. 조
직의 구성원들을 잘 가르쳐 각자 자신의 역량을 발휘하게 만들고 팀워크
를 키우면 어떤 난관도 이겨낼 수 있을 것이다. 하지만 생각만큼 이 일도
단순하지는 않다.

투영 효과
주관적 기준으로 사람을 재지 말자

사람은 자신이 보고 싶은 것만 본다

송나라 학자인 소동파(蘇軾)가 어느 날 불인선사(佛印禪師)를 만나러 갔다. 선사와 마주 앉은 소동파가 웃으며 말했다.

"선사님이 소똥 한 무더기로 보입니다."

선사가 웃으며 말했다.

"저는 당신이 부처님처럼 보입니다."

소동파는 자신이 이겼다고 생각해 우쭐한 마음으로 집에 돌아왔다. 여동생에게 낮에 있었던 일을 자랑하자 여동생이 말했다.

"오라버님이 틀리셨어요. 불교에서는 '부처는 마음에 있다'고 하잖아요. 오라버님이 본 것은 바로 오라버님 자신이에요."

한 사람의 눈에 비친 세상은 그 사람의 세계관을 반영한다. 선한 사람의 눈에 비친 세상은 아름답고 선하지만, 악한 사람의 눈에 비친 세상은 추악하고 간사할 뿐이다. 이 세상은 하나지만 모든 사람이 바라보는 세상은 제각각 다르다.

투영 효과란 무엇인가?

쇼핑을 좋아하는 엄마는 자주 어린 딸을 데리고 쇼핑하러 갔다. 그런데 언제부턴가 아이는 따라가지 않겠다며 완강하게 거부했다. 엄마는 도무지 이해할 수가 없어 아이를 나무랐다. 하루는 떨어진 물건을 줍기 위해 고개를 숙였다가 아이의 눈높이에서는 사람들의 다리만 보인다는 사실을 깨달았다. 그제야 쇼핑을 거부하던 아이의 심정을 이해할 수 있었다.

사람들은 자신도 모르게 자신의 성격이나 관점, 감정과 의지를 타인도 똑같이 가져야 한다고 생각할 때가 있다. 자신의 눈에 보이는 것을 타인도 볼 수 있다고 으레 판단한다. 타인에게 자신의 관점을 강요하는 것인데, 이것이 심리학에서 말하는 '투영 효과'다. 예를 들면, 선량한 마음씨를 가진 사람은 다른 사람도 선량하다고 생각하고, 계산적인 사람은 다른 사람도 자신을 저울질하며 이해득실을 따진다고 믿는다는 것이다.

'투영 효과'가 발생하면 다른 사람을 인지할 때 착오를 불러일으킨다. 타인의 인상을 형성할 때 그가 자신과 유사한 부분이 있을 것이라 가정하는 강한 경향이 존재한다.

직장에서 흔히 만나는 '함정'

1. 왜 저렇게 열심히 하지?

이런 말을 들어본 적 있는가? 직장에서 성실한 사람과 성실하지 않은 사람은 80:20 법칙(사회현상의 80%는 나머지 20%로 인해 발생한다는 법칙)으로 설명할 수 있다. 마찬가지로 게으른 사람과 게으르지 않은 사람도 80:20 법칙으로 설명할 수 있다.

직장에는 일을 덜 할 수 있으면 기어코 덜 하려는 사람이 있다. 이런 사람들은 누구나 자기와 마음이 같다고 생각한다. 근면 성실한 사람은 오히려 보여주기 식 쇼를 한다고 생각한다. 게으름을 피우다가 시간이 되면 '칼퇴근'하는 것이 직장인의 천성이라고 생각한다.

하지만 결과는 어떤가? 게으른 사람은 결국 직장의 아웃사이더로 전락한다. 물론 모든 사람이 열과 성을 다해 일해야 한다고 강조하는 것은 아니다. 하지만 일과 삶의 균형을 추구하는 직원이라도 성실하고 근면하게 일하는 동료에게 존중하는 마음을 표할 줄 알아야 한다.

2. 젊을 때 열심히 해야지!

이런 말을 들어본 사람이 많을 것이다. 주로 경력이 많은 직원이나 관리자의 입에서 나온다. 나는 이 말을 듣고 '맞는 말이긴 한데… 뭐라 할 말이 없네요'라고 생각했다. 다른 사람은 어떤 생각을 했는지 모르겠지만.

퇴근 시간이 지났는데도 상사가 사무실을 떠나지 않으면 회사 전체의 야근 시간은 대폭 늘어난다. 상사가 야근을 하므로 부하 직원들도 따라서 야근을 하는 것이다. 관리자로서 위에서 아래를 바라보면 이를 당연한 것으로 여기기 쉽다. 자신이 보고 싶지 않은 모습은 쉽게 걸러버린다. 그런 탓에 팀의 상태나 사기를 제대로 파악하지 못한다.

관리자로 팀을 바라보는 가장 좋은 방법은 여러 관점에서 살펴보는 것이다. 개인마다 잘하는 업무도 다르고 일하는 방식도 다르다. 게다가 능력과 소질에 맞게 팀원을 적절한 위치에 배치해야 진정으로 팀의 업무 효율을 높일 수 있다.

맺음말

우리는 습관적으로 자신의 경험만으로 다른 사람의 의도를 추측한다. 물론 사람에게는 어느 정도 공통분모가 존재한다. 비슷한 환경에서 지낸 사람은 비슷한 욕망을 가지기도 한다. '투영 효과'로 우리는 빠르게 타인의 생각을 유추할 수도 있다.

그러나 사람은 외모가 다르듯 생각과 가치관도 모두 다르다. 개개인의 차이를 고려하지 않고 제멋대로 투영하면 착각하기 쉽다. 사람은 본능적으로 자기가 보고 싶은 것만 보려는 경향이 있다. 따라서 의도적으로 시야를 넓혀 다채로운 세상을 살아가는 다양한 사람들을 바라볼 수 있어야 한다.

시계의 법칙
두 상사 중 누구의 말을 들어야 할까?

누구 말을 들어야 할까?

많은 사람이 이런 경험을 해봤을 것이다. 서로 다른 두 상사가 같은 업무에 대해 동시에 지시를 내렸다. 이 두 상사는 직속 상사와 부하의 관계일 수도 있고 직위가 엇비슷할 수도 있다. 매우 난감한 상황이다. 상황을 제대로 처리하지 않으면 업무가 잘못되거나 직속상관과의 관계가 틀어질 수 있다. 심한 경우 두 상사가 자신에게 불만을 품을지도 모른다.

나폴레옹은 이런 말을 남겼다. "재능이 뛰어난 두 장군에게 군대를 함께 통솔하라고 할 바에야 평범한 장군 한 명에게 군대를 맡기는 게 낫다." 이 말의 뜻은 설명하지 않아도 알 것이다. 직장에서 일개 직원인 당신에게 A 상사는 동쪽으로 가라고 하고 B 상사는 서쪽으로 가라고 지시한다. 당신은 어떻게 해야 할까? 이러지도 못하고 저러지도 못하지 않을까?

시계의 법칙이란 무엇인가?

'시계의 법칙'은 '두 시계의 법칙' 또는 '모순적 선택의 법칙'이라고도 부른다. '시계의 법칙'은 이해하기 어렵지 않다. 하나의 시계만 있을 때는 정확한 시간을 알 수 있지만 서로 다른 시간을 보여주는 두 개 이상의 시계를 가지고 있을 때 정확한 시간을 알 수 없어 혼란에 빠진다는 것이다.

'시계의 법칙'은 두 가지 다른 행위 준칙이나 가치관을 동시에 취할 수 없다는 의미가 내포되어 있다. 이 법칙은 기업 관리에서 매우 직관적인 시사점을 제공한다. 동일한 사람이나 동일한 조직은 동시에 두 종류의 다른 방법을 채택해서는 안 된다. 마찬가지로 두 개의 다른 목표를 동시에 설정할 수 없다. 물론, 두 사람이 동시에 한 사람에게 지시할 수도 없다.

기업 관리에서 자주 볼 수 있는 시계의 법칙은?

1. 한 조직을 두 사람 이상에게 맡겼는데 방향성이 다른 경우

회사나 조직이 이런 형태라면 아주 큰 문제다. 상사가 두 사람 이상이라면 반드시 서열을 구분해야 한다. 권한이 균등하면 혼란만 초래할 뿐이다.

누군가는 "두 상사가 같은 목표를 지향하면 괜찮지 않을까?"라고 물을 것이다. 업무 진행에는 문제가 없을지 모르지만, 조직 구조나 자원 운용에는 큰 낭비다. 한 사람이 할 수 있는 일을 왜 굳이 두 사람에게 시키는가?

2. 한 조직에 다른 형태의 두 관리 제도가 존재하는 경우

출퇴근 시간을 예로 들어보자. 한 회사에서 마케팅팀은 9시에 출근하고 재무팀은 10시에 출근하는 제도를 채택해서는 안 된다. 물론 일부 기업에서는 출퇴근 시간을 탄력적으로 조절하기도 한다. 출근 시간에 따라 퇴근 시간을 조정하는 방식이다. 하지만 이런 기업은 임무 지향형 회사로 업무를 효율적으로 완성하기만 하면 그만이다. 이런 회사도 결국에는 통일된 관리 제도가 뒷받침되어야 한다.

또 다른 예는 회사나 부서가 합병하는 경우다. 합병 전에 서로 다른 관리 제도를 채택했기에 직원들은 각자 기존의 관리 제도에 익숙하다. 따라서 합병이 혼란을 초래할 수 있으므로 제도의 통일을 통해 조직의 융화를 꾀해야 한다.

시계의 법칙에 빠졌다면 어떻게 대응해야 할까?

일반적인 업무를 볼 때 위로 여러 명의 상사가 있을 수 있다. 직급이 높은 상사부터 낮은 상사까지 A, B, C가 있다고 해보자. A는 B에게 지시하고 B는 C에게 지시한다. C는 당신의 직속상관이다. 일상적인 업무에서 각 상사 사이에 정보를 모두 공유하는 건 아니므로 세 명의 상사는 직급상의 차이가 있지만 업무를 제대로 처리하지 않으면 '시계의 법칙'에 빠질 수 있다.

이런 상황에서 업무를 효율적으로 처리하면서 상사에게 미움을 받지 않는 방법은 무엇일까?

• 상황 1
직속상관인 C가 직접 업무를 지시하고 A와 B는 이 상황을 잘 모른다. 이럴 때는 단순히 C가 지시한 대로 업무를 수행하면 된다.

• 상황 2
B가 직접 업무를 지시했는데, A와 C는 상황을 잘 모른다. 당신은 B의 업무 지시를 직속상관인 C에게 자세하게 보고하고 C와 함께 상의해 업무를

수행하면 된다.

• 상황 3

C가 업무 지시를 내렸는데, 나중에 B가 동일한 업무에 대해 다른 지시를 내렸다. 이때도 B의 업무 지시 내용을 직속상관인 C에게 자세히 보고해야 한다. 만약 방향이 다른 부분이 있다면 C가 B와 상의해 통일된 방안을 도출하고, 다시 C가 당신에게 지시하도록 해야 한다.

• 상황 4

A가 직접 업무를 지시했다(세 단계 위의 상사가 업무를 직접 지시했다는 것은 당신이 이미 중요한 사람임을 나타낸다). 일단 아무리 높은 직위의 상사가 업무를 지시했다 해도 필히 C에게 보고해야 한다. A가 지시한 업무가 B나 C와 충돌한다면 상황 3을 참조해 상사 C가 윗사람들과 통일된 방안을 도출하게 만들어야 한다.

수직적 관계에서는 보고를 잘해야 한다. 이것이 기본 원칙이다. 자체적으로 결정을 내리면 안 된다. 업무에서 직속상관을 무시하는 것은 반드시 피해야 할 금기다.

관리자는 어떻게 시계의 법칙을 피할 수 있을까?

두 개의 시계는 정확한 시간을 알려줄 수 없을 뿐더러 오히려 정확한 시간에 대한 믿음을 잃게 만든다. 따라서 관리자는 조직 내에 '시계의 법칙'

이 발생하지 않도록 힘써야 한다. 몇 가지 원칙을 아래와 같이 간단히 정리해보았다.

- 업무 계획은 반드시 명확해야 한다. 모호해서는 안 된다.
- 관리 제도는 사람이 아닌 일에 초점을 맞추어야 하며 차별 없이 진행해야 한다. 제도적인 면에서 사람은 평등하다는 원칙을 지키자.
- 성과 평가 조항은 기존의 성과 평가 규정에 따라야 하고 너무 자주 바꾸면 안 된다. 신뢰를 잃을 수 있다.
- 관리 구조 면에서 반드시 '한 명의 상사'라는 원칙을 고수하자. 상사가 많아지면 혼란스럽다.
- 제도를 집행할 때는 투명성과 공정성을 확보하자.

맺음말

니체는 다음과 같은 명언을 남겼다. "친구여, 당신이 행운이라면 단 하나의 도덕만 가지면 된다네. 너무 많을 필요는 없네. 그러면 강을 건널 때 더 수월할 걸세."

인생의 고뇌는 사실 너무 많은 기준과 너무 많은 선택에서 비롯된다. 기준이 많으면 어떤 선택을 해야 할지 몰라 막막하다. 맹자는 '웅장여어(熊掌與魚)'라는 고사성어를 남겼다. 생선과 곰발바닥을 함께 얻을 수 없다는 뜻이다. 우리는 인생 여정에서 수없이 많은 선택의 갈래 길을 만나는데 한 번에 여러 선택을 할 수는 없다. 그중 더 나은 것을 취사선택해야 한다.

'시계의 법칙'에 직면하면 믿을 수 있는 시계를 선택하고 최대한 이에 맞추자. 당신의 기준으로 삼아 시계가 이끄는 방향으로 일을 진행하자. 다른 시계는 무시해도 상관없다.

관리자라면 늘 '시계의 법칙'을 주의하자. 명확하고 통일된 업무 기준을 세워야 조직이 분열되거나 효율이 떨어지는 불상사를 막을 수 있다.

과적 효과
말의 정도를 지켜야 사람의 마음을 얻을 수 있다

과도한 지시

아이들이 부모에게 자주 듣는 잔소리가 있다. "똑같은 말을 몇 번이나 했는데 아직도 말을 안 들어?" 아이가 잘못을 하면 부모는 몇 번이고 반복해서 잔소리를 늘어놓게 된다. 아이도 처음에는 미안해하지만 잔소리가 반복되면 반항심이 생긴다.

상사가 부하직원을 가르칠 때도 비슷한 상황이 연출된다. 직원의 실수를 여러 번 지적해도 고쳐지지 않는다. 이런 상사에게는 '잔소리꾼'이라는 평가가 붙고 직원은 반항심을 갖게 된다. 사실 아이의 훈육이든 성인의 소통이든 정도(程度)를 지켜야 한다. 우리는 먼저 타인의 입장에서 문제를 바라보면서 최대한 위와 같은 상황은 피해야 한다.

과적 효과란 무엇인가?

'과적 효과'는 자극이 너무 많거나 강하면 짜증이나 반항심을 유발하는 심리적 현상을 말한다.

이와 관련한 유명한 일화가 있다. 목사의 설교를 듣던 마크 트웨인은 처음에는 설교에 감동해 헌금 기부를 결심했다. 하지만 10분 후 목사가 아직도 설교를 끝내지 않자 지겨워져 몇 푼만 기부하기로 마음을 바꿨다. 그런데 또 10분이 지났고 목사는 여전히 설교를 하고 있었다. 마크 트웨인은 결국 기부하지 않기로 마음먹었다. 목사가 설교를 끝내고 기부 헌금을 받기 시작했을 때 화가 난 마크 트웨인은 헌금을 내기는커녕 오히려 헌금 바구니에서 2달러를 가져왔다.

과적 효과는 왜 일어날까?

1. 자기중심적인 설교

교육을 받는 사람이 반감을 사는 가장 큰 이유는 설교자가 자기중심적으로 생각하면서 듣는 사람의 상황이나 수용 능력을 적절하게 파악하지 못하기 때문이다.

2. 적절한 화법이 결여된 지도

듣는 사람을 고려하지 않는 화법으로 말하면 염증과 반감을 유발할 수 있다. 누군가를 지도할 때는 상황에 맞는 다양하고 적절한 화법이 필요하다.

3. 정도를 지키지 못한 경우

모든 일에는 정도가 필요하다. 일할 때도 말할 때도 정도를 지켜야 한다. 선을 넘어서면 상대방에게 반감을 살 가능성이 크다.

지나친 관리는 차라리 관리하지 않는 것보다 못하다

직장에서 지나친 관리는 '과적 효과'를 유발한다. 아무리 좋은 의도를 담고 있다 해도 그 효과는 기대하던 것과 전혀 달라진다. 주로 다음과 같은 상황에서 문제가 발생한다.

1. 신뢰의 위기

직원을 관리하면서 상사가 모든 면을 지적하고 가르치려 들면 직원은 상사가 자신을 신뢰하지 않는다고 생각하고 스스로의 힘으로 이 일을 감당할 수 없다고 느낀다. 오랫동안 이런 감정에 젖으면 직원은 업무를 마치 숙제처럼 수행하게 되고 혁신력과 창의력은 떨어진다.

2. 긴장된 분위기

직원이 오랫동안 가르침을 받으면 감정적으로 긴장 상태가 지속되어 이런 생각을 품게 된다. '팀장님은 내가 한 일에 불만이 있나? 나 또 욕먹는 거 아냐?' 직원에게 자율권이 부족해지면 획일적으로 상사의 입맛에 맞추게 되어 어느새 업무의 열정이 떨어진다.

3. 효과 없는 소통

말로 하는 자극은 일시적인 효과를 볼 수 있다. 하지만 자극이 계속되면 정신적 피로가 쌓여 나중에는 한 귀로 듣고 한 귀로 흘려버린다. 소귀에 경 읽기다. 이런 상황에서 소통이 제대로 이루어질 리는 없다.

4. 직원들의 책임 결여

업무의 A부터 Z까지 상사의 가르침을 받으면 직원들은 스스로 창의적인 생각을 하지 않게 된다. 상사는 신이 아니다. 상사도 언제든 실수할 수 있다. 상사의 지시에 따르다가 문제가 생기면 직원들은 상사에게 책임을 돌린다. 하지만 이런 조직은 구성원들이 책임감과 사명감이 결여되어 발전하기 어렵다.

5. 피곤한 스타일의 상사

지나치게 개입하기만 하는 상사는 인력을 적절하게 활용하는 법을 잘 모를 수도 있다. 인력을 적재적소에 배치해 전체적으로 전략을 세우는 기술이 부족해 장기적인 계획을 짜지 못한다. 사소하고 세세한 사안에만 집착해 결국에는 피곤한 상사와 무식한 직원들만 양산될 뿐이다.

관리자는 어떻게 과적 효과를 피할 수 있을까?

1. 무슨 일이든 목적을 분명히 한다

팀원과의 소통을 리더십을 뽐내는 수단으로 사용하는 관리자는 아직 갈 길이 멀었다. 소통은 서로의 타협점을 찾거나 보다 업무의 효율을 높이기 위한 수단일 뿐이다. 반복되는 설교식 화법은 반항심만 낳을 뿐이다.

2. 한 번에 핵심을 찌른다

직장에서 누군가를 가르칠 때 한 번에 빠르고 정확하게 핵심을 찌를 수 있는지 여부가 그 사람의 전문가적 자질을 드러낸다. 지나치게 장황하게 설명하는 비전문가는 존경받기 어렵다.

3. 과도한 자극은 피한다

직장은 능력으로 평가받는 곳이기에 개인의 자존심이 꽤 중요한 곳이다. 누구나 지적을 받거나 질책을 당하면 감정이 흔들리기 마련이다. 따라서 과도한 자극은 피하자. 상대방이 심리적으로 감당할 수 있는 범위를 벗어나면 반감만 살 뿐이다.

4. 자신을 돌아본다

상대를 가르치기 전에 자신에게는 오류가 없는지, 또는 상대가 정말 지도를 바라는지 명확히 파악해야 한다. 본래의 취지나 목적에 이르지 못하면 안 가르치는 것만 못하다.

5. 섬세한 감수성을 키운다

말을 할 때도 상대방의 얼굴 표정이나 목소리를 살피며 말의 완급을 조절해야 한다. 이를 위해서는 상대방의 감정을 헤아릴 수 있는 섬세한 감수성이 필요하다.

맺음말

사람이 가진 말의 매력은 분량이 아니라 내용에 있다. 말이 많다고 말을 잘하는 것은 아니다. 어려운 말을 길게 늘어놓는 사람이 수준 높다고 생각하지 말자. 핵심을 정확히 찌르며 말하는 것이 진짜 말재주다.

끊임없이 잔소리를 늘어놓는 사람은 듣는 이의 감정을 고려하기는커녕 정말 그 사람에게 효용이 있는지 따지지도 못한다. 또한 반론을 제기할 기회도 주지 않아 감정만 상하게 만든다. 말을 하는 본래 목적은 타인의 생각과 태도를 변화시키는 것임을 기억하자. 이 목적을 제대로 달성하지 못하면 효과는커녕 정반대의 결과를 가져올 수도 있다.

21장

먼저 사람을 파악하는 법과
사람을 쓰는 법을 배우자

혼자 일하는 것보다 팀의 여러 사람을 이끄는 것이 훨씬 고된 일이다. 하지만 모든 일은 시작이 어려운 법. 쉽지 않은 관리자의 일, 먼저 사람을 파악하는 것부터 시작하자. 자기 팀에서 누가 숨은 고수고 누가 다크호스가 될지 잘 캐치해야 한다. 인재를 적재적소에 배치해 팀의 기반은 튼튼하게 마련해야 한다.

게으른 개미 효과
두뇌를 사용하는 게으른 개미가
진정한 고수다

'직장의 신'

학교에서는 '공부하는 자세'와 '점수'로 학생을 평가할 수 있다. 각고의 노력 끝에 높은 점수를 받는 학생은 '우등생'이다. 얼핏 보기에는 별로 공부도 열심히 하지 않은 것 같은데 높은 점수를 받는 학생도 있다. 이들은 '공부의 신'이라 불린다.

직장에서도 마찬가지다. '일하는 태도'와 '업무 성적'이 평가 기준이 된다. 이를 기준으로 4분할 도표를 만들 수 있다. 근면 성실하게 노력해 좋은 성과를 거둔 직원을 '우등 직장인'이라 부를 수 있다. 한편 매일같이 하는 일

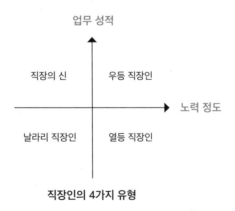

직장인의 4가지 유형

이 없어 보이지만 탁월한 업무 성과를 거두는 '직장의 신'이 있다.

당신 주변에도 이런 동료가 있는지 돌아보자. 매일 근무시간에 한담을 나누고 야근은 거의 하지 않는다. 평소에 특출해 보이는 것도 없는데 결정적인 순간에 사람들을 놀라게 한다. 그래서 승진과 연봉 인상까지 거머쥐는 사람들이 분명히 존재한다. 그렇다고 너무 질투하거나 불공평하다고 생각하지 말자. 이런 사람들이야말로 진정한 고수이자 롤 모델이며, 관리자가 중용해야 할 중요한 인재다.

게으른 개미 효과란 무엇인가?

일본 홋카이도대학교의 진화 생물 연구팀이 각각 30마리의 개미로 이루어진 3개 조의 활동을 관찰했다. 대다수의 개미는 먹이를 찾아 옮기며 성실하게 일했지만, 소수의 개미만이 매일 하는 일 없이 배회했다. 연구진은 이 소수의 개미를 '게으른 개미'라 불렀다.

연구진은 이 게으른 개미 몸에 알아볼 수 있게 표시를 해두었다. 그런 다음 개미 무리의 먹이를 완전히 차단하자 흥미로운 일이 벌어졌다. 평소 성실하게 일하던 개미들은 어쩌할 바를 몰라 우왕좌왕할 때 게으른 개미들이 앞장섰다. 미리 탐색해놓은 새로운 먹이가 있는 장소로 개미 군단을 이끌고 이동한 것이다.

원래 게으른 개미는 대부분의 시간을 '탐색'과 '연구'에 할애한다. 이들은 조직의 취약점을 파악하는 동시에 새로운 먹이를 탐색해 무리에게 먹이가 끊이지 않게 해주었다. 따라서 무리에서 게으른 개미는 매우 중요한 존재다. 이런 현상을 가리켜 '게으른 개미 효과'라고 부른다.

질 낮은 성실함보다 질 높은 게으름이 낫다

근면 성실함은 당연히 존경받아야 할 태도지만, 성실함이 모든 것의 정답은 아니다. 모든 일은 걸맞은 방식과 요령을 따져야 한다. 한 수 높은 전략이 백배 근면한 전술보다 현명하다.

최근 몇 년 동안 '한 우물만 파는 태도'가 유행했다. 많은 사람이 이 말을 오해한다. 한 우물만 파는 태도는 생각 없는 성실함이 아니다. 의지를 굳게 세우고 유연하게 정세에 대처하며 자신을 끊임없이 업그레이드시키는 것을 말한다.

실제로 인류는 천성적으로 '게으르기' 때문에 문명을 고도로 발전시켰고 오늘날 인공지능 시대까지 열 수 있었다. '질 높은' 게으름이야말로 미래를 선도하는 힘이다.

게으른 개미의 탁월한 퍼포먼스

이처럼 평범한 길을 걷지 않는 '게으른 사람'이 보편적으로 성실한 사람보다 훨씬 우수하다. 그 이유가 무엇인지 살펴보자.

1. 20%의 게으른 개미가 80%의 근면한 개미를 이끈다

실험에서 연구진은 다시 게으른 개미들만 따로 모아놓았다. 그러자 그중 80%가 근면한 개미로 바뀌었고 20%만 여전히 게으른 개미로 남았다. 게으른 개미들이 원래 속해 있던 무리는 게으른 개미들이 없어지자 모두 일을 멈추고 혼란에 빠져 있었다. 그러다가 게으른 개미들이 돌아오자 다시 열심히 일을 수행했다. 이 실험을 통해 게으른 개미는 집단에 꼭 필요한 요소라는 사실을 알 수 있었다.

2. 게으른 개미가 조직을 구한다

분업과 협력 체제로 돌아가는 조직에서는 근면한 사람과 게으른 사람 모두 필요하다. 다수의 근면한 사람은 조직의 생존에 필요조건이다. 하지만 조직이 지속적으로 발전하려면 위기를 뛰어넘는 혁신적인 생각을 가진 사람이 필요하다.

일반적인 개미는 그저 고개를 숙인 채 일만 한다. 하지만 진정한 고수는 고개를 높이 들고 멀리 내다본다. 조직 내에 게으른 개미가 없다면 근면한 사람들은 누구를 따라야 할지 몰라 갈피를 잡지 못한다.

3. 게으른 개미는 창의력이 높다

게으른 개미는 잠재력을 가지고 있지만 평소에는 그 가치가 잘 드러나지 않는다. 보통의 직원과는 업무 방식도 다르고 가치관과도 다르다. 업무에서 '보이지는 않지만' 중요한 가능성에 집중하고 결정적인 순간에 번쩍이는 아이디어를 내놓는다.

하지만 바로 이런 특성 때문에 게으른 개미는 독자적이고 조직에 융화하지 못하는 것처럼 보인다. 이때는 관리자의 아량이 필요하다. 이 게으른 개미에게 기회를 주고 일을 맡김으로써 잠재력을 발휘하게 도와주고 조직에 필요한 존재로 활용해야 한다.

게으른 개미의 특징

팀에 다음과 같은 특징을 가진 게으른 개미가 있다면 기뻐해도 좋다. 찾기 힘든 인재를 얻은 것이니까!

- 잡무 처리에 성실하지 않고 나태한 것처럼 보인다.
- 반복적인 업무를 싫어한다.
- 편안한 상태를 구축하기 위해 많은 시간을 할애한다.
- 자신의 능력을 계발하기 위해 많은 시간을 할애한다.
- 조직과 융화되지 않는 것처럼 보이나 정세 판단이 탁월하다.
- 업무나 조직의 장기적인 발전에 독창적인 견해를 가지고 있다.
- 생각이 풍부하고 깊은 통찰력을 가지고 있다.
- 결정적인 순간에 재능과 가치를 드러낼 수 있다.
- 과감하게 추진하고 책임을 질 줄 안다.

맺음말

'게으름'이 꼭 생존하는 데 불필요한 것은 아니다. 잡무에 게으르기 때문에 생각은 게을리 하지 않는다. 치열한 경쟁 사회에서 기업의 모든 구성원이 바쁘게 움직이기만 하고 아무도 외부의 시장 환경이나 내부 경영 상황을 침착하게 돌아보지 않는다면 좁은 시야에서 영원히 벗어나지 못할 것이다. 조직의 발전 방향을 살피고 장기적인 전략과 계획을 세우려면 게으른 개미의 통찰력이 필요하다.

62 메기 효과
팀의 자극제인가, 파괴자인가?

새로운 활기를 불어넣다

업무 스트레스가 가중되고 팀의 성적이 줄곧 침체일로를 걷다가 인사이동이 일어나면 상황은 급변한다. 팀의 인원이 확충되면 비교적 분위기가 좋아지고 누군가가 사직하면 분위기가 나빠진다. 직장생활을 오래 한 사람이라면 한 번쯤 경험해봤을 것이다.

많은 회사가 매년 신입 사원을 뽑는다. 입사 시기가 도래하면 기존 직원들은 기뻐한다. 사람이 늘어나면 자신의 업무도 소폭 줄어들고 여유가 생기지 않을까 기대하는 것이다. 신입 사원은 조직에 수혈된 신선한 피와 같다. 젊고 진취적인 분위기가 조직에 활력을 가져온다. 신입 사원이 들어오면 보통은 한동안 조직의 전반적인 분위기가 활기를 띤다.

상사가 교체될 때도 있다. 고위층은 보통 윗선에서 선발한다. 능력이 출중한 상사가 오는 경우가 많아 팀의 분위기나 업무 습관에 많은 변화가 일어나고 팀원들도 꽤 긴장한다. 자신이 맡았던 업무도 상세히 보고하고 업무의 방향도 새롭게 조정하기 때문이다. 특히 오래 일한 직원들은 그동안 익숙했던 업무 스타일을 새롭게 바꾸는 것을 염려한다. 어쨌든 능력 있는 상사가 팀에 들어오면 업무 효율은 어느 정도 향상된다.

흔히 볼 수 있는 두 가지 인사이동은 팀 분위기에 영향을 주는데, 이런 현상은 '메기 효과'와 유사하다.

메기 효과란 무엇인가?

노르웨이 사람들은 정어리 활어를 즐겨 먹는다. 시장에서 정어리 활어의 가격은 죽은 정어리보다 훨씬 비싸다. 그래서 어부들은 온갖 방법을 동원해 활어 상태의 정어리를 항구로 이송하려 한다. 하지만 정어리 대부분은 중간 유통 과정에서 질식해 죽고 만다. 그런데 정어리가 거의 살아 있는 채로 항구에 돌아오는 어선이 하나 있었다. 선장은 비결을 밝히지 않았고 그가 죽고 나서야 수수께끼가 해결되었다.

선장은 정어리를 가득 넣은 수조에 정어리의 천적인 메기를 넣어두었다. 메기는 수조라는 낯선 환경 때문인지 사방을 헤엄치고 다녔다. 메기를 발견한 정어리는 바짝 긴장해 빠르게 몸을 피했다. 이런 식으로 메기를 피해 도망 다니느라 정어리는 죽을 틈이 없었고 마침내 살아있는 채로 신선하게 항구까지 옮겨졌다. 이것이 그 유명한 '메기 효과'가 등장한 배경이다.

조직 내 메기 효과의 득과 실

1. 팀의 자극제

시간이 흐르다 보면 회사 내부 분위기가 안정되면 일부 직원들은 권태감을 느끼고 활력이 떨어지기도 한다. 이때 회사에서 '메기'를 영입해 긴장된 분위기를 조성하면, 기존 직원들도 자신의 능력을 증명하고자 긴장감을 가지고 열심히 일하게 된다. 적절한 시기에 영입한 '메기' 한 마리가 조직의 전투력을 상승시키고 조직 전체에 혁신을 가져올 수도 있다.

2. 조직의 파괴자

외부에서 영입한 인재는 대부분 직위가 그렇게 낮지 않다. 우리가 흔히 말하는 '낙하산'일 가능성이 높다. 회사에 들어오자마자 높은 직책을 차지하며 중요한 업무를 담당한다.

'낙하산'이 들어오면 기존 구성원이 승진할 확률은 어느 정도 줄어든다. 특히 승진을 위해 열심히 노력해온 직원은 의욕을 상실하고 만다. 일단 승진할 가능성이 사라졌다는 것을 알게 되면 소극적으로 일하던가, 극단적으로는 회사를 떠나게 된다. 이런 분위기에서는 조직 전체의 사기가 떨어진다.

더 심각하게는 기존 직원이 새로 온 상사에게 심리적 저항을 느껴 꽤 오랫동안 지시 사항을 이행하지 않아 업무 효율성이 떨어지는 것은 물론 조직의 존립도 위태로워진다.

메기의 영입 시기와 주의사항

이처럼 '메기'의 영입에는 장단점이 존재한다. 따라서 경영진은 시기와 상황을 잘 저울질해 '메기' 영입을 결정해야 한다.

1. 영입 시기
- 조직의 환경이나 인력에 장시간 변화가 없어 활력을 잃고 업무 효율이 저하되어 있다.

- 팀의 연봉과 핵심 직책에 변동이 없고 직원들의 발전이 막혀 있다.
- 많은 직원이 반복적인 업무를 하고 있고 타성에 젖어 있다.

2. 주의사항

- 팀에 극심한 변동을 가져올 정도로 '메기'의 수가 많아서는 안 된다.
- '메기'로 인해 기존 직원의 승진에 영향을 주면 안 된다. '메기'는 조직의 힘을 보충하는 역할을 해야 한다.
- '메기' 영입으로 불안을 느끼거나 이직을 고려하지 않도록 간부나 직원의 복지와 대우를 적절히 향상해야 한다.

맺음말

'메기 효과'는 기업 관리에서 조직에 자극을 줄 수 있는 효과적인 수단으로 활용되고 있다. '메기 효과'는 두 가지 측면에서 나타난다. 하나는 조직에 새로운 피를 수혈해 활기를 불어넣거나, '낙하산'으로 임명된 관리자를 통해 새로운 관리 방식을 도입해 '정어리'의 나태함을 경계할 수 있다. 다른 하나는 새로운 기술과 방법을 도입해 기존 직원의 정체된 생각에 자극을 주는 방식이다. 다만 모든 일에는 득과 실이 있으니 시기와 주의사항을 고려해 신중하게 활용해야 한다.

63 방관자 효과
책임과 권한은 균형을 이루어야 한다

스님이 세 명이면 마실 물이 없다

산속에 작은 절이 하나 있었다. 절에는 어린 스님이 한 명 살았다. 산 밑에는 작은 천이 흐르고 있어 스님은 매일 물을 길어다가 먹었다. 얼마 후, 큰 스님 하나가 지나가다가 물과 산이 있는 이 절을 명당이라 여겨 어린 스님과 이야기해 함께 살기로 했다. 그가 절에 오고 나서 매일 항아리에 반쯤 채웠던 물은 금세 바닥났다. 어린 스님이 큰 스님에게 물을 길어 오라고 하자, 혼자 물을 길어 오는 건 너무 힘드니 같이 가자고 했다. 두 사람은 함께 충분한 양의 물을 길었다.

나중에 또 다른 뚱뚱한 스님이 절로 왔다. 목이 말랐지만 항아리에 물은 금세 사라졌다. 어린 스님과 큰 스님이 뚱뚱한 스님에게 직접 물을 길어 오라고 하자, 뚱뚱한 스님은 물을 길어 와 혼자 다 마셔버렸다. 세 스님은 싸우기 시작했고 모두 갈증을 느꼈다. 하지만 아무도 물을 길어 오겠다는 사람은 없었다. 각자 염불을 외우며 목탁만 칠 뿐이었다. 불상 앞에 있는 물 주전자에도 물을 채워놓지 않았고 화초도 시들어버렸다.

밤이 되자 생쥐가 음식을 훔쳐 먹으러 왔다. 아무도 제지하는 사람이 없자 생쥐는 마음껏 돌아다니다 그만 촛불을 쓰러뜨려 절에 큰불이 났다. 불길이 대들보에 번지고 나서야 세 스님은 사태의 심각성을 깨달았다. 불을 끄려고 보니 항아리에는 물이 없었다. 재빨리 물통을 들고 산 밑에 가서 물을 길어 와 겨우 절을 구할 수 있었다.

방관자 효과란 무엇인가?

'방관자 효과'는 혼자서는 어떤 사안에 대해 강한 책임감을 느끼고 적극적인 반응을 보이지만, 여럿이 있으면 책임감이 약해져 소극적인 반응을 보이는 현상을 말한다. '방관자 효과'가 일어나는 원인에 대해 심리학자들은 많은 실험과 조사를 진행했다. 그 결과 상황에 따라 사람들의 도움을 주는 정도가 다르다는 사실을 발견했다.

누군가 긴박한 상황에 처해 있을 때 한 사람이 도와줄 수 있다면 그는 자신의 책임을 곧바로 인식하고 도움을 준다. 위험에 처한 것을 알면서도 도움을 주지 않으면 죄책감을 느끼고 큰 심리적 대가를 치러야 하기 때문이다. 하지만 그 장소에 많은 사람이 있다면 도움을 줄 책임이 여러 사람에게 분산된다. 그러면 '내가 나서지 않아도 다른 사람이 하겠지'라는 마음이 생기게 되고 결국에는 '집단적으로 침묵'하는 일이 발생한다.

업무 하나를 여러 사람에게 분담하면 안 된다

업무의 난도가 높다는 이유로 업무 하나를 여러 사람이 함께 수행하도록 지시하는 경우가 있다. 물론 의미는 훌륭하다. '백지장도 맞들면 낫다'고 혼자보다는 여러 사람이 협동하면 일을 수월하게 해낼 수 있다.

하지만 여기서 놓치지 말아야 할 것은 '책임'이라는 두 글자다. 직장에서 관리자가 업무 하나를 여러 사람에게 지시했다고 해보자. 그것이 소소한 일이라면 팀원들은 누군가 금방 끝마칠 수 있다고 생각해 결국 아무도 손대지 않을 것이다. 반대로 크고 복잡한 일이라면 최종 책임자가 없는 상황에서 팀원들은 어떻게 일을 분담할 것인가의 문제로 꽤 많은 에너지를 소모할 것이다. 마지막까지 타협점을 찾지 못해도 모두 회피할 뿐 아무도 나서려 하지 않을 것이다. 또한 여러 사람을 대형 프로젝트의 책임자로 둔다면 '시계의 법칙'이 발생해 업무가 전혀 진척되지 않을 것이다.

따라서 경영자는 어떤 팀에 업무 하나를 지시할 때 반드시 책임자 한 명을 지정해야 한다. 업무에 착오가 발생해도 책임자와 바로 소통할 수 있다면 문제가 없다. 한 가지 주의해야 할 점은 어떤 업무든 직책과 개인의 능력을 고려해 책임을 맡겨야 한다는 것이다.

책임과 권한의 균형이 최후의 수단이다

책임자 한 명을 지정했고 이제 책임이 명확해졌으니 '방관자 효과'는 발생하지 않을 것이라고 단순하게 생각하면 안 된다. '책임', '권력', '이익'이라는 세 요소의 관계가 업무에서 미묘하게 나타나기 때문이다. 세 요소가 균형을 이루지 않으면 곤경에 빠질 수 있다.

1. 책임과 권력의 불균형

두 가지 경우가 존재한다. 먼저, 책임이 권력보다 큰 경우다. 심지어 책임만 있고 권력은 없는 경우도 있다. 책임자는 조직에서 일하면서 발언권을 갖지 못하고 인력이나 자원을 관리하고 배분할 수 없다. 이렇게 되면 결국 모든 업무를 혼자서 수행하게 되어 책임자는 희생물로 전락한다.

반대로 권력이 책임보다 큰 경우에는 권력 남용 현상이 나타날 수 있다. 문제가 일어나도 책임을 회피한다. 문제의 책임은 어디로 튈지 모른다.

2. 책임과 이익의 불균형

이번에도 두 가지 경우가 존재한다. 책임이 이익보다 크면 책임자는 적극성이 줄어든다. 큰 스트레스를 견디며 업무를 달성해도 돌아오는 보상이 적기 때문이다. 구성원이 책임을 회피하는 모습을 보기 싫다면 적절한 보상은 필수다.

반대로 이익이 책임보다 큰 경우에는 다른 사람의 불만을 살 수 있다. 책임자가 일을 적게 하고도 타인보다 월등히 많은 이익을 얻기 때문이다. 이런 불공평은 팀의 사기를 저하시키고 심하면 팀의 분열을 불러올 수도 있다.

맺음말

한 사람이 하나의 일을 진행할 때와는 달리 여러 사람이 하나의 일을 진행하면 책임 소재가 불분명해 '방관자 효과'가 나타난다. 따라서 상사는 조직에 업무를 지시할 때 반드시 책임자 한 명을 지정해야 한다.

또한 책임은 권력이나 이익과 균형을 이루어야 업무가 순조롭게 진행된다. 반대로 불균형을 이룬다면 누군가는 희생양이 되거나 불만을 품을 수밖에 없다. 어떤 조직도 겪고 싶지 않은 최악의 상황이 발생할 것이다.

22장

상사 역할을 제대로 못하는 이유는
결단력이 부족하기 때문이다

조직의 리더가 갖춰야 할 가장 핵심적인 능력은 무엇일까? 전문성? 신망? 인간적 매력? 인맥? 모두 리더가 가져야 할 필수적 요소가 맞다. 하지만 가장 기본적이고 중요한 요소는 결단력이다. 올바른 결정을 내리려면 탁월한 정보 종합 능력과 과감한 결단력이 필요하다. 이것이 리더의 위신을 세우는 기본 조건이다.

뷔리당의 당나귀 효과
결단력은 리더의 기본 소양이다

각기 다른 상황

직장에는 별의별 사람이 다 있다. 특히 주목받는 유형 중 하나는 젊은데도 높은 직위를 차지하고 있는 상사다. 보통 '엄친아'처럼 고귀한 이미지를 갖거나 언행에서 매력이 철철 넘친다. 에너지가 좋고 재능이 뛰어나며 아는 것도 많은 사람으로 인식된다.

특별히 주목받지는 않지만 또 다른 유형이 있다. 같은 직위에서 10~20년 근무하면서 근면 성실의 대명사처럼 여겨지는 사람이다. 이들은 승진이나 연봉 인상은 애당초 글렀고 때로는 타인의 잘못을 뒤집어쓰기까지 한다.

하지만 누구나 능력 있는 경영인으로 성장하길 바라지 몇십 년 동안 같은 직위에서 낮은 연봉을 받고 싶지는 않다. 그렇다면 이런 두 유형의 본질적인 차이점은 무엇일까?

리더의 핵심 자질이란?

직장에서 리더의 역할은 매우 중요하다. 어떤 리더가 이끄느냐에 따라 조직의 운명이 결정된다. 그렇다면 이런 리더가 가져야 할 핵심 자질은 무엇일까? 전문성, 신망, 인간적 매력 모두 중요하지만 탁월한 리더라면 선택하는 능력, 즉 '결단력'이 남달라야 한다. 결단력이란 무엇인가? 결단력은 문제와 기회 및 위기의 내용을 냉철하게 파악하고, 여러 데이터를 치밀하게 비교해 최선의 해결책을 찾고, 과감하게 행동 전략을 실행하는 능력을 말한다.

위에서 소개한 근면 성실의 대명사인 직원을 다시 소환해보자. 이런 부류는 '선택지를 주면 막막해한다'라는 공통점이 있다. 이쯤 되면 여러분도 감을 잡을 것이다. 사소한 일도 쉽게 결정을 내리지 못하면 어떻게 시비를 가르는 큰 문제 앞에서 과감한 선택을 할 수 있겠는가? 나아가 어떻게 리더라는 자리를 감당할 수 있겠는가?

뷔리당의 당나귀 효과란 무엇인가?

'뷔리당의 당나귀 효과'는 15세기 파리대학교의 철학 교수인 뷔리당이 제시한 이론이다. 뷔리당 교수는 완전히 상반되지만 대등한 두 가지 힘이 존재한다면 임의로 행동하기가 불가능해진다는 사실을 증명했다. 이 증명은 흥미로운 이야기에서 유래한다. 뷔리당 교수는 당나귀를 한 마리 키웠는데 매일 신경을 쓸 수 없어 이웃에 사는 농부에게 당나귀한테 먹이를 제공해달라고 부탁했다.

그러던 어느 날 운명 같은 사건이 벌어졌다. 건초를 제공하던 농부는 이 교수를 매우 존경해 건초 한 더미를 더 주고 싶었다. 농부는 양과 질이 똑같은 건초 두 더미를 당나귀 앞에 놓았다. 그런데 예상치 못한 일이 발생했다. 좌우를 번갈아 살펴보던 당나귀는 어느 건초가 더 맛있는지 분별하기 어려워 망설이다가 아무 결정도 내리지 못하고 끝내 굶어 죽은 것이다. 이처럼 결정 과정에서 우유부단한 태도를 보이며 끝내 결정을 내리지 못하는 현상을 '뷔리당의 당나귀 효과'라고 부른다.

뷔리당의 당나귀처럼 굶어 죽지 않으려면?

결단력이 없었던 당나귀는 굶어 죽었다. 직장생활에서 중요한 순간에 결단력을 발휘하지 못하면 최악의 상황에 직면하게 된다. 따라서 평소에도 선택하는 힘, 즉 결단력을 키울 필요가 있다. 그렇다면 결단력을 향상시키기 위해 무엇을 해야 할까?

1. 끊임없이 배워야 한다

탁월한 정책 결정자는 '선구자'적 면모를 갖추고 넓게 멀리 바라보는 한편 보잘것없는 일까지 세세히 살필 줄 안다. 이런 능력은 끊임없는 배움의 자세와 깊은 지적 소양에서 비롯된다.

2. 군중심리를 극복한다

줏대 없는 사람은 독자적인 사고를 할 수 없고 늘 남의 말과 행동에 쉽게 휘둘리며 올바른 결정을 내리지 못한다. 주체적인 판단 능력이 없고 늘 다른 사람의 생각만 따르면 결국 실수를 범할 확률이 높아진다.

3. 목표는 적절하고 명확하게 세운다

목표가 너무 높거나 낮으면 결정을 하는 순간에 별로 도움이 되지 않는다. 또한 목표 설정이 막연하면 난감하므로 반드시 구체적이고 명확해야 한다. 성공적인 정책 결정의 전제는 적절하고 뚜렷한 목표 설정이다.

4. 과감하게 리스크에 대응한다

정책 결정에 능한 사람이라고 해서 모든 일을 100% 파악한 다음 결정하는 건 아니다. 정책 결정에는 항상 어느 정도의 리스크가 따른다. 사안의 윤곽이 완전히 드러난 다음 선택하는 것은 결정이라고 말할 수 없다. 이미 적절한 시기를 놓쳤기 때문이다. 모든 것을 파악할 때까지 기다리다가는 절호의 기회를 놓칠 수 있다.

5. 용기 있게 책임진다

정책 결정에 리스크가 따르면 책임지겠다는 각오가 있어야 한다. 그리고 실제로 리스크가 생기면 책임져야 한다. 마땅히 책임지지 못하는 결정권자는 자신의 직책에 어울리는 사람인지 의심해봐야 한다.

6. 실전에서 융통성을 발휘한다

세상의 모든 사물은 복잡다단하다. 정책 결정도 많든 적든 일정한 주관이 담겨 있으며 절대적인 정확함이란 있을 수 없다. 그래서 실전에서 검증이 필요하며 계속 수정하고 개선하는 과정을 거쳐야 한다.

맺음말

모든 사람은 이런저런 선택의 기로에 놓인다. 중대한 선택의 순간은 인생의 성패에 결정적인 영향을 준다. 물론 모든 사람은 올바른 선택을 통해 가장 이상적인 결과를 얻고 싶어 한다.

하지만 현실은 냉정하다. 한 번 놓친 기회는 다시 오지 않는다. 우리에게는 충분히 고려하고 선택할 시간이 없다. 대부분은 속전속결로 일을 진행해야 한다. 우유부단하면 어느 것도 손에 넣지 못한다. 리더에게 결단력은 가장 기본적이고도 중요한 소양임을 명심해야 한다.

3분의 1 효과
기준을 정하고 즉시 결정하자

흥미로운 선택 심리

객관식 시험에서 답을 모를 때는 찍는 수밖에 없다. 그런데 사지선다형 문제에서는 주로 2번과 3번을 많이 찍는다고 한다. 그 이유는 무의식적으로 답은 맨 처음과 맨 마지막에 나오지 않을 것이라고 생각하기 때문이다. 따라서 1번이나 4번이 답이 아니라고 보는 것이다.

포커 추첨 게임에서도 첫 번째 장과 맨 마지막 장에는 심리적 저항이 존재한다. 특별한 힌트가 없으면 대부분은 중간 어디선가 임의로 뽑은 한 장이 맞을 확률이 더 높다고 생각한다.

배우자를 선택할 때도 마찬가지다. 미혼 남녀는 매우 좋은 선택의 기회가 와도 한두 번은 그 기회를 놓친다. '다음번' 남자가 더 괜찮을 것이라 기대하기 때문이다. 하지만 비현실적으로 완벽한 사람만 기다리다가 어느새 나이가 차고 만다.

쇼핑할 때도 처음 들어간 가게의 물건을 바로 사지는 않는다. 나중에 더 좋은 물건이 있을 수도 있다는 생각에 좀 더 둘러보게 된다. 보통은 가장 마지막에 들어간 가게의 물건도 사지 않는다. 더 둘러볼 가게가 없으면 앞 가게로 다시 돌아간다. 가게가 죽 늘어선 거리에 시작 지점과 끝 지점을 찍으면 일반적으로 3분의 1 지점에서 구매가 이루어질 확률이 높다.

3분의 1 효과란 무엇인가?

살다 보면 무언가를 선택할 일이 많다. 항상 둘 중 하나를 선택하는 건 아니다. 다수 중 하나를 선택하는 경우도 많다. 둘 중 하나를 택하는 것도 어렵지만 선택지가 늘어나면 오히려 따져야 할 것이 많아 난도는 올라간다.

어느 사회심리학자가 실험 하나를 진행했다. 제비뽑기 세 개를 만들어 그중 두 개에는 표시를 남기고 하나는 아무 표시도 남기지 않았다. 표시한 제비는 양쪽 끝에 놓고 가운데에는 표시하지 않은 제비를 놓았다. 그런 다음 피실험자에게 하나를 뽑아보라고 말했다. 각각의 제비를 뽑을 확률은 1:1:1이었지만, 다수의 사람이 심리적으로 첫 번째와 세 번째 제비를 뽑는 것에 거부감을 가지고 있었다. 그래서 대부분의 피실험자는 중간에 있는 제비를 뽑았다. 이 실험을 통해 사람들은 물건을 구매할 때 '중간'에 있는 것을 구매하는 경향이 있다는 '3분의 1 효과'가 증명되었다.

우리는 무언가를 선택할 때 성공 확률이 엇비슷하다는 것을 잘 알면서도 여전히 '다음 것'을 기다리다가 잘못된 결정을 하게 된다. 직장에서도 특히 관리자나 경영자는 결정할 사안이 많은데 다음을 기다리면 결국 적기를 놓치게 되지 않을까?

관리자가 결정을 미룬다면?

내일 연간 업무 보고서를 제출해야 한다. 컴퓨터를 켠 당신은 내용 없는 빈 문서를 바라보고 있다. 하지만 전혀 조급하지 않다. 저녁 시간이 남아 있지 않은가? 온라인 쇼핑을 즐길 시간은 충분하다. 일을 미루는 습관은 흔하게 나타난다. 하루 만에 완성할 수 있는 일이라면 마감일로부터 아직 열흘이나 남았기에 전혀 조급하지 않다. 그래서 미루고 미루다 꼭 하루 전날 일을 시작한다.

관리자도 어떤 업무에 대한 수행 방법을 결정해야 할 때가 많다. 그런데 지금 눈앞에 보이는 방법을 선택하지 않고 팀에서 더 좋은 방법을 제시해주길 바란다. 팀에서 A, B, C, D… 수많은 방법을 내놓는 경우, 게다가 최적의 방법을 고르지 못한 경우에는 '3분의 1 효과'에 빠지고 만다.

'다음번'에 올 더 좋은 방안을 기다리다가 적기를 놓치고, D 방안이 나온 다음 그보다 더 좋았던 A 방안을 이제는 진행할 수 없다는 점에 아쉬워한다. 그렇게 더 좋은 방안을 찾지 못한 채 계속 미루기만 한다.

관리자가 결정을 미루는 것은 일반 직원이 업무를 미루는 것보다 파급력이 크다. 첫째, 미확정된 업무는 진행할 수 없어 조직의 효율이 떨어진다. 둘째, 직원은 업무의 결정을 관리자에게 넘긴 상태에서 자신의 책임이 대폭 감소했다고 여겨 편안히 기다리는 상태에 빠진다. 셋째, 결정을 오랫동안 지연할 경우 직원은 관리자의 결단력을 의심할 수 있다.

기준을 세워 과감하게 결정하자

결단력은 구체적으로 올바른 평가 능력, 정확한 예측 능력, 과감한 결단력 등 세 가지 측면을 포함한다. 이 세 가지 능력을 갖추려면 풍부한 관리 경험과 심리적 소양이 필요하다. 신참 관리자가 결단력을 키우려면 어떻게 해야 할까?

1. 기준을 세워 신속하게 판단한다

대뇌의 결정은 경험을 근거로 하는 결정과 이성적 판단을 근거로 하는 결정으로 나눌 수 있다. 일상에서 단순하고 반복되는 업무라면 굳이 머리를 짜내며 결정할 필요는 없다. 일련의 평가 기준을 세워놓으면 정확하고 신속하게 정책을 결정하는 데 효과적이다.

2. 전문적인 업무는 신중하게 접근한다

여기서 전문적인 업무는 관리자가 감당할 수 있는 범위를 넘어선 전문 기술과 지식을 요하는 업무를 말한다. 관리자가 이런 업무에 관한 결정을 내릴 때는 자신을 과대평가하지 말고 전문가의 의견을 최대한 수용해야 한다.

3. 돌발적인 업무는 OX 방식으로 전환한다

돌발적으로 생기는 업무는 빠른 선택이 필요하다. 이럴 때는 다양한 선택지보다 OX 방식으로 최대한 단순화시키는 것이 유리하다. 둘 중 하나를 선택한다는 전제하에서 다양한 데이터와 정보를 참고하면 좀 더 정확한 판단을 내리기 쉽다. 또한 결정 기한을 정해놓는 것이 좋다. 모든 결정에는 정답이 없다. 어떤 방안도 결점이 있기 마련이다. 그러므로 과감하게 결단한 뒤에는 실행 중에 계속해서 방안을 개선하자.

맺음말

더 좋은 결정을 내리려면 결정에 부정적 영향을 끼치는 것이 무엇인지 파악해야 한다. 선택지가 증가할수록 결정의 난도가 낮아지기는커녕 오히려 결정자가 혼란에 빠진다. 다음 방안이 더 좋을 수 있다는 막연한 기대감은 버리자. 미리 세워놓은 기준에 따라 과감하게 결정을 내리고 계속해서 방안을 수정할 수 있는 관리자가 되어야 한다. 결단력도 결국에는 후천적인 교육과 훈련을 통해 키울 수 있는 능력이다.

관계 상황 효과
다수의 의견을 듣고, 소수와 상의하고, 혼자서 결정하자

집단 결정 상황

사극 드라마나 영화를 보면 다음과 같은 장면이 나온다. 왕과 신하들이 모여서 정사를 논하고 있다. 왕이 의제를 던지면 신하들이 앞다투어 발언하고 때로는 논쟁이 일어나기도 한다. 왕은 지위와 명성이 높은 한두 사람을 지목해 의견을 간략히 묻고 최종적으로 자신이 결정한 뒤 지시를 내린다.

직장에서도 회의를 진행할 때 이런 형식을 취한다. 회의에 여러 직급의 직원이 참여하지만 결정권자는 단 한 명이다. 팀원들이 의견을 차례로 말하고 때로는 팀원들 간에 토론이 벌어진다. 마지막에는 결정권자가 사안에 대한 결정을 내린 다음 업무를 배분한다.

이 회의 방식은 비교적 효율적인 편이다. 회의에서 팀원들이 공유하는 정보와 의견을 관리자가 신속하게 파악할 수 있어 결정을 내리는 데 도움이 된다. 그렇다면 다수의 의견은 조직이 결정을 내리는 데 어떤 작용을 할까? 관리자가 팀 안에서 비교적 정확하고 빠른 결정을 내리기 좋은 구체적인 방법은 없을까?

관계 상황 효과

여러 사람이 모여서 활동하면 효과는 플러스가 될 수도 있고 마이너스가 될 수도 있다. 1+1+1이 3보다 크면 플러스 효과고, 1+1+1이 3보다 작으면 마이너스 효과다. 이렇게 개개인이 모인 집단에서 생기는 긍정적 결과나 부정적 결과를 사회심리학에서 '관계 상황 효과'라고 부른다.

'관계 상황 효과'가 시사하는 점은 집단이 개인보다 지혜로울 수도 있지만 반대로 집단이 한 개인의 역량보다 못할 수도 있다는 것이다. '집단의 결정'과 '개인의 결정'을 비교해보면 전자가 후자보다 정확성이 높은 편이다. 집단 구성원 간의 아이디어와 정보가 공유되기 때문이다. 또한 구성원 간에 상호 의견을 점검할 수도 있다. 이에 비해 개인의 결정은 정보 공유나 의견 점검 과정이 부족해 상대적으로 리스크가 크다. 그렇다고 집단의 결정이 항상 바람직하기만 할까?

개인의 결정과 집단의 결정

업무적인 결정을 내릴 때 관리자는 개인의 결정과 집단의 결정 사이에 놓인다. 더 효과적이고 올바른 결정을 내리려면 먼저 개인의 결정과 집단의 결정을 구별하고 득과 실을 확실히 이해해야 한다.

1. 집단의 결정은 정확성은 높지만 속도는 느리다

집단의 결정 과정에는 여러 사람이 참여하게 된다. 구성원 간 논의 과정을 통해 정보가 교류되고 때로는 토론을 통해 오류를 검증할 수도 있다. 따라서 결정 과정에서 오류를 피할 가능성은 더 높다. 하지만 충분히 토론하고 검증할 시간이 필요하기 때문에 시간이 오래 걸린다. 반면, 개인의 결정은 상대적으로 더 빠르게 이루어질 수 있다.

2. 집단의 결정은 개인의 결정에 비해 창의성이 낮다

집단의 결정은 서로의 의견을 검증하는 과정에서 대다수의 사람은 자신이 특이한 부류로 분류되는 것이 싫어 창의성을 표출하지 않는다. 반면, 개인의 결정은 좀 더 자유롭게 독특하고 대담한 아이디어를 내놓을 수 있다. 따라서 집단의 결정은 개인의 결정보다 창의성이 낮을 우려가 있다.

3. 집단의 결정이 가지는 리스크는 타격이 크다

리스크의 정도로 따지면 집단의 결정은 '모 아니면 도'다. 일단 집단의 결정은 다수의 의견을 포용하기 때문에 보수적이라 비교적 리스크가 적다. 하지만 '방관자 효과'가 나타나기 쉬워 결정에 대한 개개인의 책임이 분산됨으로써 리스크가 증가할 수 있다. 반면, 개인의 결정은 새로운 시도에 따른 리스크가 생길 수 있지만 어느 정도 통제 가능하고 책임이 다른 사람에게로 전가되지 않는다.

다수의 의견을 듣고, 소수와 상의하고, 혼자서 결정하자

다시 왕과 신하들이 정사를 논하던 장면으로 돌아가보자. 많은 직장에서도 이런 결정 방식을 채택하는 이유는 어느 정도 과학적이기 때문이다. 이 회의 방식은 집단 결정과 개인 결정의 장단점 사이에서 균형을 잡고 조직이 빠르고 정확한 결정을 하도록 돕는다. 이 방법은 세 단계로 나뉜다.

1단계에서는 다수의 의견을 듣는다. 이 단계에서는 팀 안에서 구성원들이 마음껏 이야기할 수 있도록 장려해야 한다. 이 과정에서 다양한 의견과 아이디어가 도출되고 토론을 통해 일부 오류를 바로잡을 수 있다. 팀의 리더는 필요한 정보를 최대한 파악할 수 있다.

2단계에서는 소수와 상의한다. 이 단계에서 팀의 리더는 정책 결정 방향에 어느 정도 기본적인 판단을 했다. 1단계 토론 단계에서는 관점이 중구난방이지만 2단계에서 신뢰할 만한 소수의 사람들과 의논해 결정 방향을 확정할 수 있다.

3단계에서는 리더 혼자서 결정해야 한다. 충분히 검토하고 토론까지 거쳤어도 불확실한 부분이 남아 있을 수 있다. 이때는 리더의 마지막 판단만 남아 있다. 정책 결정을 계속 미루어서는 안 되고 어느 시점에는 과감하게 결단을 내리고 업무를 지시해야 한다.

맺음말

역사 속에서 왕이 판단 능력이 없어 좋은 기회를 놓치거나 간언을 듣지 않고 독단적으로 일을 행하다가 실패한 사례를 수없이 볼 수 있다. 모든 일에서 리더는 집단 결정과 개인 결정의 득과 실을 가늠할 줄 알아야 한다. 먼저, 다수의 의견을 경청하고 정보를 최대한 충분히 파악한다. 그다음, 소수와 상의하고 기본적인 판단을 내려 정책 방향을 정한다. 마지막으로 스스로 결정을 내린다. 이견이 있더라도 어느 순간 과감하게 결단을 내려야 한다. 우물쭈물 대다가는 조직이 타격을 입고 리더도 위신을 잃고 만다.

23장

관심과 칭찬의 힘은 상상 그 이상이다

팀 구성원의 능력은 천차만별이다. 일부 직원은 업무 성과가 기대에 못 미친다. 당신은 그에게 혹독하게 피드백하며 내심 그 직원이 이를 이겨내고 성장하길 바랄 것이다. 하지만 예상보다 효과는 미미하다. 오히려 팀원들은 속내를 내비치지 않고 어색한 분위기만 흐른다. 팀 구성원이 변화되길 바라는가? 그렇다면 직원들의 일상 업무에 관심을 보이는 것부터 시작해 기대와 칭찬으로 팀의 잠재력을 끌어올려야 한다.

호손 효과
관심은 잠재력을 계발하는 신비한 힘

관심이 불러일으킨 효과

1924년 11월 하버드대학교 심리학 교수인 엘튼 메이요가 이끄는 연구팀이 웨스턴 전기회사 산하의 호손(Hawthorne) 공장에 파견되었다. 연구팀은 업무 조건과 환경 등 외부 요인을 개선해 노동 생산성을 높이는 방법을 연구하고자 했다.

계전기 공장에서 일하는 여섯 명의 여직원을 관찰 대상으로 선정했고, 7단계의 실험 과정에서 조명, 임금, 휴식 시간, 점심, 작업 환경 등 여러 요인을 계속 바꾸면서 생산성과의 상관관계를 밝히고자 했다. 하지만 안타깝게도 외부 요인이 바뀌어도 피실험자의 생산성은 좀처럼 올라가지 않았다.

연구팀은 심리학자를 비롯한 여러 전문가를 초빙했다. 2년 동안 2만여 명의 직원들과 상담하면서 직원들의 의견과 불만을 묵묵히 들으며 최대한 감정을 분출하게 했다. 그 결과, 호손 공장의 업무 효율이 대폭 향상되었다.

호손 효과란 무엇인가?

'호손 효과'는 누군가 자신에게 관심을 보이면 자신의 행동을 변화시키려는 현상을 가리킨다. 호손 실험에서 직원들은 특별한 관심을 받고 마음속 불만도 쏟아냈기에 생산성이 높아졌다.

시선을 자신에게 돌려보자. 우리는 직장인을 크게 주니어, 시니어, 관리자 세 단계로 나눌 수 있다. 단계가 뒤로 갈수록 그 사람에게 쏟아지는 관심의 정도가 계속 높아진다. 이에 따라 업무 태도도 확연히 달라진다.

주니어 직원은 크게 책임을 질 만한 업무를 맡지 않으니 업무적인 면에서 상사의 주목을 크게 받지 않는다. 오랫동안 주목을 받지 못하면 간혹 자포자기하는 심정으로 이직을 꿈꾸는 사람도 더러 있다.

시니어 직원 정도 되면 자신이 맡은 독자적인 업무에 관해 관리자의 주목을 받기 시작한다. 이때는 점차 자신의 가치를 발견하고 업무 동기도 대폭 향상된다. 진지한 태도로 업무에 임하고 궂은일도 마다하지 않으며 더욱 발전하기 위해 노력하지만 때로는 피로감과 초조함을 느낀다.

관리자로서 정책 결정자가 되면 회사의 대표나 외부 투자자의 주목을 받게 된다. 이 단계에서는 시야가 전반적으로 확대되어 열정이 충만한 상태가 되기 쉽다.

흔히 보이는 관리자의 잘못된 인식

1. 돈이 유일한 장려 정책이다

"돈이 있으면 귀신과도 통할 수 있다(錢可通神)"라는 고사성어가 있다. 많은 기업가들이 이 말의 뜻대로 월급이 직원들을 일하게 만드는 유일한 방법이라고 생각한다. 하지만 실제로 직원들의 자발성을 일깨우려면 여러 측면에서 접근할 필요가 있다.

2. 직원의 근무 태도는 개인에게 달려 있다

기업가들은 직원에게 월급만 주면 그만이고 직원의 근무 태도나 자발성은 개인의 인성 문제라고 생각한다. 하지만 많은 기업가가 직원의 감정에 관해서는 세심한 관심을 가지지 않고 그저 업무 결과만 따질 뿐이다.

3. 비공식 조직은 업무에 타격을 준다

여기서 말하는 비공식 조직이란 업무에 필요한 임시 조직이나 팀을 말한다. 일부 기업들은 이런 임시 조직조차 회사에서 규정한 정식 업무에 타격을 준다고 생각한다. 하지만 의외로 이런 무형의 조직이 생산 효율을 높이는 역할을 하기도 한다.

호손 효과를 어떻게 활용할 수 있을까?

1. 직원이 마음을 터놓고 업무 환경에 융화되도록 장려한다

직장에서 성공을 거두고 싶은 직원은 적극적이고 열린 마음으로 업무 환경에 융화되고 좋은 인간관계를 맺어야 한다. 따라서 회사는 직원들이 업무 환경에 더 잘 동화될 수 있도록 장려해야 한다.

2. 직원을 적극적으로 관찰하고 주목한다

조직의 리더는 직원의 업무 내용뿐 아니라 애로사항이나 감정까지 이해해주어야 한다. 사람은 누군가에게 존중받고 관심을 얻으면 자발성이 일어난다. 존중과 관심만큼 확실한 촉진제도 없다.

3. 감정 피드백 채널을 통해 직원의 이야기에 경청한다

대부분의 기업은 직원의 생각이나 감정에 그다지 큰 관심을 두지 않는다. 오히려 관리자의 생각과 기호에 따라 업무를 진행할 뿐이다. 이에 직원들은 불만이 생겨도 표출할 길이 없다.

호손 실험을 통해 보았듯이, 관리자는 직원의 의견뿐 아니라 불만까지도 경청할 줄 알아야 한다. 어떤 액션을 취하지 않더라도 경청만으로 감정이 해소될 수 있다. 따라서 관리자는 별도의 채널을 만들어 부하 직원이 상사와 감정을 소통하고 적극적으로 의견을 반영할 수 있도록 해야 한다.

4. 관리 제도를 개선해 조직을 풍요롭게 만든다

최근 IT기업들이 많이 생겨나면서 수평적 관리 모델이 하나의 추세가 되고 있다. 친구 같은 직장 동료, 출퇴근 카드 없애기, 무료로 제공되는 간식, 생일 모임, 정기 여행 등이 업무 효율을 높이는 중요한 기업 문화 수단이 되고 있고 기업 브랜드를 외부에 홍보하는 효과도 있다.

맺음말

'호손 효과'는 관심의 힘이 얼마나 대단한지 보여준다. 아무리 업무 환경이 좋아져도 사람에 대한 진심어린 관심과 이해만큼 생산성과 효율을 높이는 좋은 도구도 없다. 특히 조직의 관리자는 직원들에게 감정을 표출할 수 있는 통로를 제공해주어야 한다. 이러한 배려가 결국 회사 발전에 유익한 결과를 안겨줄 것이다.

피그말리온 효과
기대와 칭찬은 기적을 만든다

피그말리온의 사랑 이야기

고대 키프로스의 왕 피그말리온은 매우 유명한 조각가였다. 그는 정성을 다해 상아로 아름다운 소녀 형상을 조각했는데, 결국 이 '소녀'를 사랑해 갈라테이아라는 이름을 붙여주었다. 심지어 이 조각에 아름다운 옷을 입히고 어루만지며 입을 맞추었다. 그는 이 '소녀'가 자신의 사랑을 받아주길 진심으로 바랐지만 소녀는 조각상에 불과했다.

절망한 피그말리온은 더 이상 짝사랑하기 괴로워 제물을 준비해 아프로디테 신전으로 갔다. 그는 여신 아프로디테에게 갈라테이아처럼 아름다운 여인을 하사해달라고 기도했다. 진심 어린 마음에 감동받은 아프로디테는 그를 도와주기로 한다.

집으로 돌아온 피그말리온은 곧장 소녀 조각상 앞으로 갔다. 그 순간 조각상의 뺨에 조금씩 혈색이 돌기 시작하더니 눈동자에 빛이 났고 입술은 천천히 벌어지며 달콤한 미소를 지었다. 갈라테이아는 피그말리온에게 다가가 사랑이 가득한 눈으로 바라보며 따뜻한 숨결을 내뿜었다.

갈라테이아가 말을 걸자 놀란 피그말리온은 뭐라 대꾸도 하지 못했다. 사람이 된 갈라테이아 조각상은 마침내 피그말리온의 아내가 되었다.

피그말리온 효과란 무엇인가?

위의 이야기에서 간절히 바라고 기대하면 기적이 일어난다는 '피그말리온 효과'가 유래했다. '피그말리온 효과'는 '로젠탈 효과' 또는 '기대 효과'라고도 불린다.

긍정적인 생각을 가지거나 일이 순조롭게 진행되리라 믿으면 실제로 상황과 분위기가 그렇게 흘러간다. 반대로 부정적인 생각을 품거나 일이 순탄치 않을 것이라고 생각하면 이상하게도 방해하는 상황이 자꾸 생긴다. 성공한 사람은 늘 자신감 있는 태도를 유지하며 좋은 일이 일어날 것을 믿은 사람이다. 이것이 바로 심리학에서 말하는 '피그말리온 효과'다.

긍정적인 생각을 품고 칭찬과 관심을 아끼지 않는다는 것은 비판적인 태도를 버리고 가식적으로 행동해야 한다는 말이 아니다. 때에 맞는 적절한 칭찬은 누구에게나 활력이 되고 동기 부여가 된다.

피그말리온 효과와 헛된 망상의 차이

처음에 '피그말리온 효과'라는 용어를 들었을 때 이것은 헛된 망상을 꿈꾸도록 부추기는 것 아닌가 의심을 품었다. 꿈을 꾸기만 하면 다 이루어진다고? 나는 '피그말리온 효과'가 무엇인지 따로 공부해보았다. 이 효과는 '동경-기대-행동-피드백-수용-외재화'라는 체계적인 매커니즘에 따라 생성된다. 이것이 헛된 망상과 근본적으로 다른 점이다.

매커니즘의 구체적 과정은 다음과 같다. 가장 먼저 기대하는 사람은 기대 대상에 동경을 갖는다. 기대하는 바를 이루기 위해 적극적인 평가, 인정,

칭찬, 도움, 지도 등 구체적인 행동을 한다. 기대 대상은 기대자가 자신에게 보이는 특별한 관심과 격려를 느끼고, 그것을 진심으로 수용하며, 이에 상응하는 노력과 잠재력을 발휘해 기대자가 예상한 결과에 이른다. 이 과정에서 어느 한 단계라도 오류가 생기면 효과는 사라진다.

반면에 헛된 망상은 꿈만 꾸고 아무런 액션도 취하지 않는다. 그저 호박이 넝쿨째 굴러들어오기만 바랄 뿐이다.

관리자는 피그말리온 효과를 어떻게 활용할까?

1. 칭찬과 격려에 능해야 한다

사람은 누구나 칭찬받을 만한 구석이 있다. 칭찬과 격려는 한 사람의 잠재력을 끌어내는 가장 이상적인 방법이다. 좋은 말을 해주는 것은 어렵지 않다. 단 몇 초에 불과하지만 그 효과는 실로 대단하다. 한 사람의 일생에 영향을 줄 수도 있다.

아마 대다수의 관리자는 칭찬과 격려의 효과를 잘 알고 있을 것이다. 하지만 부하 직원에게 이를 적용하는 관리자는 소수에 불과하다. 칭찬과 격려를 할 줄 아는 것도 하나의 능력이다. 다만, 진심이 묻어나야 한다는 점을 잊지 말자.

2. 실수에 신경을 곤두세우지 않는다

탁월한 리더는 실수를 저지른 부하 직원의 교육을 매우 중요하게 여긴다. 조심스럽게 질문하듯 말하며 그 실수를 꼬투리 잡아 비난하지 않는다. 데일 카네기는 이렇게 말했다. "다른 사람을 변화시키고 싶을 때 우리는 왜 칭찬보다 비난을 하는 것일까? 설사 아주 작은 발전이라도 칭찬해야 한다. 그래야 용기를 북돋울 수 있고 지속적으로 변화시킬 수 있다."

3. 타인의 자존심과 자신감을 보호한다

가장 잔인한 상처는 자존심과 자신감을 다치게 하는 것이다. 우리는 최대한 직원의 자존심과 자신감을 보호할 수 있는 자세와 방법을 찾아야 한다. 현명한 관리자는 진심으로 직원의 모든 성장을 즐긴다. 칭찬하는 과정에서는 직원의 장점이 강화되고 단점이 줄어들며 이런 가운데 직원은 올바른 방법을 체득하게 된다.

맺음말

칭찬과 신뢰, 기대는 사람의 행동을 바꾸는 힘을 가지고 있다. 신뢰를 얻고 칭찬을 받으면 자신감이 생기고 자존감이 높아진다. 그러면서 적극적으로 발전하고자 하는 동기를 갖고 최선을 다해 상대방의 기대를 충족시키려는 마음이 생긴다.

격려와 칭찬은 바보도 천재로 만들지만 비난과 욕설은 천재도 바보로 만든다. 다른 사람을 칭찬할 줄 아는 것도 능력이다. 칭찬하는 법을 배우자.

비누 거품 효과
칭찬 속에 지적을 끼워 넣는 소통 기술

사람을 기쁘게 하는 지적

캘빈 쿨리지 미국 대통령에게는 여비서가 한 명 있었다. 외모는 예쁘장한데 꼼꼼하지 못해 업무 중 실수가 잦았다.

어느 날 아침 쿨리지는 사무실로 들어오는 비서를 보고 말했다.

"오늘 입은 옷 정말 예쁘네. 자네같이 예쁜 아가씨에게 딱 어울리는 옷이군."

대통령이 이렇게 말하자 여비서는 몸 둘 바를 몰랐다. 쿨리지는 다시 말을 이었다.

"업무도 멋지게 잘할 수 있을 거라 믿네."

그날 이후 여비서는 업무에서 실수를 거의 하지 않았다고 한다.

친구는 이 이야기를 듣고 쿨리지에게 물었다.

"그렇게 절묘한 방법을 어떻게 생각해낸 거야?"

쿨리지는 자랑스럽게 말했다.

"별거 아냐! 이발소에서 면도할 때 어떻게 하지? 먼저 비누 거품을 바르잖아. 면도할 때 아프지 말라고."

진심 어린 칭찬은 효과적인 소통 수단이 될 수 있다. 특히 직장이라는 환경에서는 칭찬과 인정 욕구를 누구나 가지고 있다. 지극히 정상적인 심리 욕구다. 칭찬은 부하 직원을 지적할 때도 활용할 수 있다. 캘빈 쿨리지처럼 말이다.

비누 거품 효과란 무엇인가?

'비누 거품 효과'란 타인에 대한 지적을 긍정적인 말 앞뒤에 끼워 넣으면 부정적 효과를 감소시켜 상대가 지적을 흔쾌히 받아들인다는 것이다. 지적을 칭찬의 형식에 숨긴 교묘한 방식이지만 꽤 큰 효과를 거둘 수 있다.

'비누 거품 효과'는 사람의 내면에 잠재된 칭찬받고 싶은 욕구에서 비롯된다. 칭찬을 받으면 일단 기분이 좋아진다. 이때 완곡하게 상대방의 부족한 점을 지적하면 오히려 동기부여가 된다.

어떤 관리자는 부하 직원의 실수에 무자비한 말로 되받아친다. 그러면 직원은 오히려 심리적 압박을 받아 문제를 효율적으로 해결하지 못한다. 신이 아닌 이상 사람이 어찌 실수가 없을 수 있겠는가? 일하다가 실수하면 관리자가 바로 고쳐주면 된다. 직원은 그렇게 성장하는 것이다.

비누 거품 효과를 어떻게 활용할 수 있을까?

모든 문제는 상황에 맞게 처방해야 한다. 특히 직원의 유형에 따라 각각 다른 방법이 필요하다. '비누 거품 효과'를 활용할 때는 상황을 잘 살피고 효과적으로 소통하는 기술이 필요하다.

1. 캔 커피 기술: 자신의 결점을 고치려고 노력하는 경우

자신의 실수나 결점을 잘 알고 이를 고치려고 부단히 노력하는 사람에게 지적이나 비난을 하는 것은 상대에게 찬물을 한 바가지 붓는 것과 같다. 굳이 확인 사살을 할 필요가 있겠는가. 오히려 격려가 필요하다. 추운 날 조용히 따뜻한 캔 커피 하나를 건넨다면 이 사람은 오히려 더 열심히 자신의 실수나 결점을 고칠 마음의 동기를 얻을 것이다.

2. 샌드위치 기술: 자신의 결점을 잘 모르는 경우

당사자는 잘 모를 수 있다. 심지어 현재 상황에 만족하고 있다면 스스로 결점을 찾기 어렵다. 그런데 누군가가 비난과 지적을 한다면 심리적 저항은 더 커질 것이다. 하지만 샌드위치처럼 지적 사항을 칭찬의 말 사이에 끼워넣으면 효과는 전혀 달라진다. 쿨리지는 먼저 비서의 아름다운 용모를 칭찬하고 그다음 일 처리를 지적했더니 좋은 결과를 얻었다. 샌드위치처럼 잘 포장하면 받아들이는 사람도 심리적 거부감을 느끼지 않을 수 있다.

3. 촉진제 기술: 자신의 결점은 알지만 바꾸려는 동기가 부족한 경우

전문성이 있고 근면 성실한데 다만 PPT 발표력이나 보고서 작성이 약한 직원이 있다. 본인도 그 사실을 알고 있지만 굳이 학습을 통해 나아지려고 하지 않는다. 이런 경우는 먼저 장점을 칭찬하고 부족한 부분을 좀 더 보완하면 커리어 발전에 도움이 될 것 같다고 조언하자. 누군가 이 부분을 명확히 지적해주면 자신의 부족한 부분을 채워 한 단계 업그레이드되기 위해 노력할 것이다. 이는 마치 어떤 사람의 가슴에 희망의 촉진제를 주입하는 것과 같다.

4. 반증법: 자신의 결점은 알지만 자기 비하나 자책에 빠진 경우

눈에 띄는 결점을 지니고 있고 스스로도 잘 알지만 자포자기 상태라면 절대로 옆에서 비난해서는 안 된다. 자신도 고치려고 노력했지만 별 성과가 없었을지도 모르니 말이다. 이럴 때 관리자는 기회를 봐서 직원의 장점을 알려주며 격려해야 한다. 이런 반증법을 통해 스스로 장점이 많은 사람이고 좀 더 나은 방법을 찾는다면 탁월한 사람이 될 수 있다고 알려줘야 한다. 격려의 효과는 분명 예상을 뛰어넘을 것이다.

맺음말

본인이 자신의 상태를 제대로 판단하지 못할 때는 제3자가 객관적으로 파악하도록 도울 수 있다. 평상시에 우리는 실수가 많지만 알아채지 못하거나 개선하려는 동기가 부족해 그냥 내버려둔다. 따라서 다른 사람의 비난이나 지적이라는 자극이 영향을 주기도 한다. 하지만 사람은 타인의 인정이나 칭찬을 받길 원하며 이런 심리는 지극히 정상적인 욕구다. 질책을 받으면 누구든 변명하는 것도 정상적인 방어기제다.

훌륭한 관리자는 부하 직원의 심리적 욕구를 고려할 줄 안다. 부하 직원에게 부정적 피드백을 주기보다는 창의력을 발휘하고 어려움을 극복하도록 도와준다. 반대로 부하 직원의 결점만 찾아내기 좋아하고 거만한 태도를 가진 관리자는 신망을 얻기 힘들다. 지혜로운 관리자는 칭찬이 비난보다 더 강한 힘을 지닌다는 사실을 잘 알고 있다.

24장

성공과 실패는 한 끗 차이다

성공과 실패는 늘 극명하게 갈린다. 승리자는 선이 되고 패배자는 악이 된다. 하지만 '실패는 성공의 어머니'라는 말도 있지 않은가. 이 말은 사람들에게 힘과 위로를 준다. 그런데 의외로 성공이 성공의 어머니가 되고 실패가 실패의 어머니가 되는 경우가 많다. 따라서 최대한 실패를 피하는 것이 좋다.

70 깨진 유리창의 법칙
사소한 실수로 공든 탑을
무너뜨리지 말자

기이한 현상

횡단보도를 건너려고 신호를 기다리고 있었다. 옆에도 많은 사람이 있었다. 그런데 갑자기 한 사람이 신호를 무시하고 횡단보도를 건너자 몇 사람이 그를 따라 건넜고, 신호등을 무시하고 건너는 사람 수가 점점 많아지면서 신호를 무시하지 않고 기다리는 내가 마치 바보처럼 느껴졌다.

깔끔하게 정돈된 신도시에는 공공시설이 아직 완비되지 않은 경우가 많아 쓰레기통을 찾기 쉽지 않다. 어느 날부터 갑자기 마을 구석에 쓰레기 몇 개가 쌓이기 시작했고, 관리실에서 즉각 처리하지 않자 금세 그곳은 '쓰레기 산'이 되어버렸다.

처음에는 콘서트 장에 사람들이 모두 앉아 있었다. 그런데 갑자기 누군가가 일어섰다. 뒷자리에 앉아 있던 사람이 앉으라고 해도 소용이 없자 어쩔 수 없이 뒷자리에 앉은 사람도 일어섰고, 금세 모든 사람이 일어섰다. 사실 앉아 있든 서 있든 보이는 것은 별 차이가 없었는데도 말이다.

직장에서도 이런 현상은 흔히 볼 수 있다. 회사에서는 원래 정장이나 비즈니스 룩을 입고 출근하길 바랐지만, 어느 여름날에 갑자기 한 직원이 반바지에 슬리퍼를 신고 출근했다. 처음에는 눈총을 많이 받았으나 아무도 제지하지는 않았다. 그 후로 캐주얼 차림으로 출근하는 직원이 많아졌고, 나중에는 모두 개성 강한 옷차림으로 출근하게 되었다. "회사가 직원들을 배려해 자유롭게 옷을 입게 했다"는 말까지 나왔다.

깨진 유리창의 법칙이란 무엇인가?

1969년 미국 스탠퍼드대학교의 심리학 교수인 필립 짐바르도는 실험을 하나 진행했다. 완전히 똑같이 생긴 자동차 두 대를 구해 한 대를 캘리포니아 팔로 알토의 중산층 거주지에 놓았고, 다른 한 대는 조금 혼잡스러운 뉴욕의 브롱크스의 거리에 놓았다.

브롱크스에 놓은 자동차는 번호판을 떼고 보닛을 열어놓았다. 자동차는 그날 바로 사라졌다. 팔로 알토에 놓은 차량은 일주일이 지나도 아무도 신경 쓰지 않았다. 나중에 필립 교수는 차의 유리창을 망치로 쳐 구멍을 냈다. 그후 몇 시간이 지나자 차는 사라져버렸다.

이 실험을 토대로 정치학자 제임스 월슨과 범죄학자 조지 L. 켈링은 '깨진 유리창의 법칙'이라는 이론을 만들었다. 누군가가 건물 유리창을 부수고 바로 고치지 않으면, 다른 사람들이 방치해도 된다는 신호로 받아들이고 더 많은 유리창을 부순다는 것이다. 이런 상태가 지속되면 깨진 유리창은 질서가 없다는 느낌을 주고, 이렇게 대중의 무관심 속에 범죄가 창궐하게 된다.

'깨진 유리창의 법칙'에서는 나쁜 현상이 방치되면 사람들이 이를 모방해 더 악화될 수도 있다고 주장한다. 누군가 벽에 낙서를 했는데 지우지 않으면 금세 벽은 차마 눈으로 볼 수 없을 정도로 엉망진창이 된다. 누군가 인도에 휴지를 버리면 금세 더 많은 쓰레기가 쌓이고 결국 사람들은 당연하다는 듯 쓰레기를 길가에 버린다.

직장 내 '작은 실수'의 폐해

직장에서 직원이 작은 실수를 했을 때 관리자가 즉각 제지하지 않으면 다른 직원들도 이런 실수 정도는 괜찮다고 판단한다. 그러면 작은 실수가 쌓여 나중에는 해당 조직뿐 아니라 회사 전체가 무질서해지고 혼란을 초래할 수도 있다.

관리자가 사태의 심각성을 인식하고 바로잡으려고 할 때는 이미 작은 실수들이 일상화되어 있다는 사실을 깨닫게 될 것이다. 이런 상황에서 갑자기 엄격하게 조직을 관리하면 직원들은 적응하지 못하고 심리적 저항을 느낀다. 직원들의 마음은 뿔뿔이 흩어져 관리에 협조하지 않거나 심하면 이직을 택하기도 한다. 깨진 유리창의 파괴력은 무시무시하다.

어떻게 깨진 유리창의 법칙을 피해야 할까?

기업 경영자나 조직 관리자는 '깨진 유리창'에 주의해야 한다. 별것 아닌 듯 보여도 조직에 영향을 주는 '작은 잘못'은 결코 그냥 지나쳐서는 안 된다. 조금 과하게 느껴지더라도 그때그때 처리해야 한다. '처음 깨진 유리창'을 바로 고쳐야 다른 사람의 모방을 막을 수 있다.

1. 규율을 명확히 한다
규율이 없으면 일을 돌리기 어렵다. 먼저 조직 전체가 일종의 게임 법칙에 따라 일을 해야 무엇이 '잘못'인지 확실히 인식할 수 있다. 절대 개인의 기호에 따라 타인의 행위를 판단해서는 안 되고 공개적이고 통일된 규율이 업무의 기반이 되어야 한다.

2. 잘못은 단호하게 처리한다

'처음 깨진 유리창'을 발견했다면 반드시 단호하게 처리해야 한다. 군중 심리에 휘둘리지 말고 경미하게 느껴지더라도 회사의 핵심 가치에 어긋나는 '작은 잘못'에는 경각심을 가져야 한다. 또 규정에 따라 엄중하게 관리하고 처벌 결과를 직원들에게 공개해야 한다.

3. 위기를 예측한다

'깨진 유리창'은 언제든 발견될 수 있다. 따라서 위기 예측 매커니즘을 미리 만들어 위기 신호에 따라 적시에 깨진 유리창을 발견하거나 곧 깨질지 모르는 유리창을 발견하는 것도 중요하다.

맺음말

회사에서 일어나는 큰 문제는 대부분 작은 문제들이 누적되어 발생한다. 기업에서 '처음 깨진 유리창'을 제때 수리하지 않으면 나중에 가서는 메울 수 없을 정도의 손실이 발생할지도 모른다. 따라서 '깨진 유리창의 법칙'을 피하려면 사소한 일부터 신경 써야 한다. 직원이 범하는 '작은 잘못'도 관리자는 충분히 인지하고 적절한 시기에 처리해야 한다. 그래야 "개미구멍 하나가 큰 제방을 무너뜨리는 일"을 막을 수 있다.

셀리그만 효과
좌절을 통해 발전시키려 하지 말자

학습된 무기력

미국의 유명한 심리학 교수인 셀리그만은 개들을 A조와 B조로 나눠 실험을 진행했다. 먼저 A조 개들은 전기 충격 장치가 설치된 케이지에 넣어 계속 전기 충격을 주었다. 개들은 처음에 전기 충격을 받았을 때 케이지에서 나가려고 발버둥쳤지만 나갈 수 없자 저항 횟수가 점점 줄어들었다.

나중에 셀리그만은 전기 충격을 받은 A조 개들을 칸막이로 나눈 케이지에 넣었다. 칸막이 한쪽은 전기 충격이 전혀 없고 다른 한쪽은 전기 충격이 있었다. 칸막이 높이는 개가 뛰어넘을 수 있을 정도였다. 실험을 진행하자 앞에서 전기 충격을 받았던 개들은 계속 바닥에 누워 절망에 빠진 채 전기 충격의 고통을 견뎌낼 뿐 도망칠 생각을 하지 않았다.

하지만 전기 충격 실험을 하지 않은 B조 개들을 칸막이가 있는 케이지에 넣자 전기 충격의 고통을 피하려고 안전한 구역으로 가볍게 뛰어넘어갔다. 원래는 적극적으로 도망칠 수 있지만 절망에 빠져 도망칠 생각조차 하지 못하는 개의 이런 심리 상태를 심리학에서는 '학습된 무기력'이라고 말한다.

셀리그만 효과란 무엇인가?

셀리그만은 인간에게도 이런 '학습된 무기력'이 나타나는 것을 확인했다. 현실에서 오랫동안 실패를 경험한 아이, 오랜 병마와 싸운 환자, 의지할 곳 없는 노인에게서는 '학습된 무기력'이 나타난다. 아무리 노력해도 결과는 실패밖에 없으므로 자기 힘으로는 전반적인 상황을 통제할 수 없다고 생각한다. 이런 사람들은 정신적 지지대가 무너져 투지도 잃고 절망에 빠져든다. 이런 현상을 '셀리그만 효과'라고 한다. '셀리그만 효과'로 생기는 절망과 우울은 많은 심리·행동 문제가 발생하는 근본 원인이다.

사실은 정말로 아무것도 할 수 없는 것이 아니다. '학습된 무기력'이 뿌리내려 스스로 장벽을 만든 것뿐이다. 반복된 실패로 용기와 자신감이 사라져 아예 시도조차 하지 못하게 만드는 것이다. 직장에서도 '셀리그만 효과'가 자주 나타난다. 어떤 업무에 계속 실패할 경우 더 노력하려는 마음을 접고 심지어 자신이 아무것도 할 수 없는 사람이라 의심하기까지 한다.

지나친 지적은 자신감을 무너뜨린다

지적을 좋아하는 리더는 잘못이 항상 부하 직원에게 있고 자신은 늘 옳다고 생각한다. 자신의 권위를 공고히 하려고 부하 직원을 비난하거나 지적하는 리더도 적지 않다. 일부러 달성하기 힘든 업무를 부과해 직원의 마음에 충격을 주고 이런 식으로 직원을 단련할 수 있다고 자부한다.

물론 리더의 적절한 지적은 부하 직원에게 어느 정도 자극을 주어 스스로 반성하고 능력을 향상시키는 데 도움을 준다. 하지만 지나친 지적으로

'셀리그만 효과'가 일어나면 팀에 어떤 유익도 가져오지 못한다. 심리적으로 압박과 좌절감을 느낀 직원은 업무에서 손을 떼거나 퇴직까지 하게 돼 결국 조직의 안정성에 큰 영향을 줄 수도 있다.

지적을 좋아하는 리더는 상호 비난하는 기업 문화를 만들기 쉬운데, 이것처럼 나쁜 조직 문화도 없다. 사장은 부사장을 지적하고 부사장은 중견 간부를 지적하고 중견간부는 직원을 지적한다. 그럼 직원은 다시 회사를 지적하며 악순환이 계속된다. 누구도 책임지지 않고 서로에게 손가락질만 하는 회사는 머지않아 실패를 맛보게 될 것이다.

코치형 리더가 되어 잠재력을 발굴하자

코치형 리더는 지적형 리더와는 다르게 부하 직원이 충분히 회사에 기여할 수 있는 방법을 찾기 위해 노력한다. 팀의 목표뿐 아니라 팀원의 자신감까지 조직의 효율을 높일 수 있는 모든 요소를 고려한다. 훌륭한 코치형 리더가 되려면 아래 일곱 가지 기본 소양을 갖춰야 한다.

1. 굳건한 믿음

자신과 조직의 노력을 통해 반드시 목표를 달성할 수 있다고 굳게 믿어야 한다. 이러한 믿음은 목표와 방법, 자신감이 하나로 결합되어야 생길 수 있다. 본질적으로 긍정적 에너지라 볼 수 있지만 맹목적인 낙관은 금물이다.

2. 명확한 목표

명확한 목표가 있어야 임무를 적절히 분배하고 업무도 제대로 평가할 수 있다. 특히 팀을 이끌 때는 '상황에 따라서'라는 전략은 무의미하다.

3. 올바른 방법

올바른 업무 방법이 없다면 업무의 목표는 '모래 위에 지은 집'에 불과하다. 어떤 일을 실행하려면 정확한 분석을 바탕으로 명확한 목표를 설정하고 철저한 계획을 세워 적극적으로 추진해야 한다.

4. 적절한 혁신

여기서 말하는 혁신은 급격한 변화가 아니다. 적절한 혁신이란 업무 성과와 조직 관리에 도움이 되는 혁신과 변화를 말한다. 때에 맞는 혁신과 변화가 있어야 팀에 지속적으로 활력을 불어넣을 수 있다.

5. 지속적 반성

다른 사람을 지적하기 전에 먼저 자신의 문제를 생각해보자. 이는 자신을 객관적이고 냉정하고 분명하게 바라보는 데 큰 도움이 된다. 자기반성에 능한 관리자는 타인을 존중할 줄 알고 타인에게 존중을 받는다.

6. 여유로운 마음가짐

여유, 너그러움, 긍정적 태도, 인내심, 끈기는 하나의 조직을 이끄는 리더라면 반드시 가져야 할 마음가짐이다.

7. 자신감과 상호 신뢰

무기력도 학습되고 긍정적인 마음도 학습된다. 일을 하다 보면 늘 술술 풀리는 건 아니다. 언제든 좌절을 겪게 마련인데 이때는 자신감과 상호 믿음이 필요하다. 절망적인 지경에 이르렀다 해도 희망을 찾아야 한다.

맺음말

이 세상에 뛰어난 사람은 극소수일 뿐이며 사실 대부분은 평범한 사람이다. 누구나 언제든 실패를 경험할 수 있다. 실패가 반복되면 자신감을 잃고 포기하고 싶은 마음이 간절해진다.

따라서 조직의 관리자는 부하 직원에게 지나친 지적이나 심리적 압박을 주지 않도록 주의해야 한다. 난이도가 알맞은 업무를 지시해야 하고, 지적을 통해 성장시키겠다는 생각은 버려야 한다. 대신 뛰어난 코치형 지도자가 되어 팀원들의 능력을 발굴하는 데 힘써야 한다.

성공 효과와 실패 효과
성공은 성공의 어머니다

72

성공과 실패의 경험이 직장의 고수를 만든다

직장에서 파죽지세로 성장해 어느새 높은 자리에 우뚝 서는 사람을 본적이 있을 것이다. 반면, 항상 착실하고 부지런히 일하지만 매번 좌절을 겪는 사람도 있다. 얼핏 보기에는 똑같이 노력하는데 왜 결과가 다른 것일까?

업무는 문제 해결의 연속이다. 우리는 문제를 해결할 때마다 성취감을 느낀다. 설사 승진이나 연봉 인상과 관계가 없고 상사나 동료에게 인정을 받지 못하더라도 스스로 만족하면서 새로운 도전을 준비한다. 아마도 많은 사람이 경험해보았을 것이다.

반대로 업무 중 문제가 계속 해결되지 않고 아무리 노력해도 벗어나지 못하면 절망을 느낀다. 이런 상황이 자주 발생하고 심지어 내가 감당할 수 있을지 의심하게 되면 나의 대외적 이미지에도 타격을 준다.

두 가지 상황 모두 문제 해결을 위해 노력했지만 결과는 완전히 달랐다. 누군가는 성공하지만 누군가는 실패한다. 그렇다면 성공과 실패가 '직장의 고수'를 만드는 결정적 요인이 될까? 물론 그렇다.

성공 효과와 실패 효과란 무엇인가?

성공과 실패는 완전히 다른 상황이다. "실패는 성공의 어머니"라며 스스로를 위로하고 용기를 북돋우기도 한다. 하지만 무수히 많은 실패 끝에 포기하지 않고 성공을 거둔 사람은 과연 몇이나 될까? 실제로는 성공이 더 쉽게 성공을 가져오고, 실패가 더 쉽게 실패를 가져온다. 이와 관련해 심리학에는 '성공 효과'와 '실패 효과'라는 것이 있다.

1. 성공 효과

연구 결과에 따르면, 능력이 우수한 학생일수록 전형적인 유형의 문제를 해결한 후 비슷한 유형의 문제를 풀기보다는 더 복잡한 문제를 풀길 원하고 새로운 방식으로 접근하는 것에 더욱 흥미를 보였다.

학생의 흥미는 단순히 성공에 기인한 것이 아니다. 자신의 노력으로 어려움을 극복하고 얻은 성공이기에 진정으로 기쁨과 만족감을 느낀 것이다. 이것이 바로 노력 후의 '성공 효과'다.

2. 실패 효과

다른 측면에서 살펴보면, 능력이 떨어지는 학생은 노력을 기울여도 성공하지 못하고 실패 경험이 누적되면서 절망과 낙담을 느끼게 된다. 심지어 학업을 포기하는 일도 발생한다. 이것이 노력 후의 '실패 효과'다.

성공 효과가 주는 시사점

직장을 다니는 직원은 우수한 업무 수행 능력과 좋은 성과를 통해 상사와 동료에게 인정을 받고 조금씩 승진하며 연봉도 인상된다. 일상적인 업무의 승패가 모두 누적되어 커리어 발전에 영향을 준다. 그렇다면 크고 작은 업무에서 어떻게 더 많은 성공을 거둘 수 있는지 알아야 한다.

우선 업무의 난이도를 적절히 평가해 '조금만 노력하면 이룰 수 있는' 수준의 업무를 선택해야 한다. 다시 말해 자신의 능력 범위를 벗어난 터무니없이 어려운 업무는 피해야 한다는 것이다. 노력 후에 얻은 작은 성공은 만족감과 자신감을 강화시키고 지속적으로 업무 능력을 단련시켜 다음번 문제도 극복할 수 있겠다는 믿음을 갖게 한다.

만약 불가피하게 자신의 능력 범위를 벗어난 업무를 지시받았다면 최대한 업무 목표를 세분화해야 한다. 아무리 큰 프로젝트라도 여러 작은 업무가 모여서 구성된 것이므로 각각의 작은 업무를 공략하자. 그런 다음 자신이 진짜 넘을 수 없는 벽에 부딪히면 최대한 상사와 동료의 협조를 구하자.

감당하지 못할 일은 거절해도 좋다. 선택의 여지가 있다면 상사에게 충분히 합리적으로 이유를 설명하자. 예상되는 실패는 최대한 피해야 한다.

성공 효과를 어떻게 활용할까?

부하 직원들이 성공할수록 관리자도 성공한다. 따라서 조직의 모든 사람이 더 쉽게 더 많이 성공을 거둘 수 있는 방법을 모색해야 한다. 다만 조직 구성원의 능력은 천차만별이므로 관리자는 업무와 직원의 능력을 연결하는

'매칭 게임'을 잘해야 한다. 직원 누구나 자신의 노력을 통해 부과된 업무를 성공하게 해야 하는 것이다.

'성공 효과'의 심리에 따르면, 조직의 사람들이 업무의 목표를 달성하면 전체 구성원이 자신감을 갖게 된다. 사기가 오른 구성원들은 관리자를 믿고 따르게 되어 이후 조직 관리에도 도움이 된다. 물론 관리자는 반드시 솔선수범의 자세를 가져야 한다. 자기 업무를 엉망으로 하는 상사를 어떻게 신뢰할 수 있겠는가?

맺음말

성공은 성공의 어머니다. 따라서 가능하면 성공을 많이 거둘수록 좋다. 물론 실패도 받아들일 줄 알아야 한다. 그렇지 않으면 더 큰 실패를 맛볼지도 모른다. 실패를 피할 수 없다면 두려워하지 말자. 실패 후 객관적으로 원인을 분석하면 다음 실패는 최대한 피할 수 있다.

성공과 실패는 우리가 관리할 수 있는 영역이다. 자신감을 가지고 두려움에 맞서면 성장하는 길목에 놓인 모든 어려움을 이겨내고 성공에 도달할 수 있을 것이다.

옮긴이 | **이지은**

동국대학교 중어중문학과를 졸업하고, 한국외대 통번역대학원 한중과를 졸업했다. 부산국제영화제에서
영화 자막 번역을 했으며, 한국외대 한국어문화교육원에서 통번역 과정을 가르치고 있다. 현재 번역집단
실크로드에서 중국어 전문 번역가로 활동 중이다. 옮긴 책으로는 『너에 대한 두근거리는 예언』, 『황권 4』
등이 있다.

일잘러의
무기가 되는 심리학
직장에서 바로 써먹는 72가지 심리 기술

1판 1쇄 발행 2021년 12월 7일
1판 4쇄 발행 2023년 2월 7일

발행인 박명곤   **CEO** 박지성   **CFO** 김영은
기획편집 채대광, 김준원, 박일귀, 이승미, 이은빈, 이지은, 성도원
디자인 구경표, 임지선
마케팅 임우열, 김은지, 이호, 최고은
펴낸곳 (주)현대지성
출판등록 제406-2014-000124호
전화 070-7791-2136 **팩스** 0303-3444-2136
주소 서울시 강서구 마곡중앙6로 40, 장흥빌딩 10층
홈페이지 www.hdjisung.com **이메일** main@hdjisung.com
제작처 영신사

ⓒ 현대지성 2021

※ 이 책은 저작권법에 따라 보호받는 저작물이므로 무단 전재와 복제를 금합니다.
※ 잘못 만들어진 책은 구입하신 서점에서 교환해드립니다.

"Inspiring Contents"
현대지성은 여러분의 의견 하나하나를 소중히 받고 있습니다.
원고 투고, 오탈자 제보, 제휴 제안은 main@hdjisung.com으로 보내 주세요.